벌거벗은 세계사

벗겼다, 세상을 뒤바꾼 인물

벌거벗은 세계사

인물편

tvN 〈벌거벗은 세계사〉 제작팀 지음

교보문고

벌거벗은
세계사

인물편

목차 ─────────────────────────────

벌거벗은 정복자, 알렉산드로스

세계화 시대를 연 최고의 정복자

김헌

● 프랑스의 영웅 나폴레옹Napoléon은 이집트를 정복하고 이런 말을 남겼습니다.

"내가 알렉산드로스Alexandros가 왔던 곳을 더 넓게 정복했다."

고대 로마의 최고 권력자 카이사르Caesar(시저)는 알렉산드로스의 책을 읽고 눈물을 흘리며 이렇게 말했습니다.

"그는 나보다 더 젊은 나이에 세계를 정복했는데, 나는 지금 아무것도 이룬 것이 없구나."

'전략의 아버지'라 불린 고대 카르타고의 명장 한니발이 가장 닮고 싶어 했던 인물 역시 알렉산드로스입니다.

역사에 커다란 족적을 남긴 위인들의 우상 알렉산드로스. 그의 이름에 항상 따라붙는 수식어는 '위대한 정복자'입니다. 알렉산드로스는 유럽과 아시아, 아프리카 3대륙을 정복한 거의 유일한 고대 인물입니다. 그는 13년에 걸쳐 그리스를 넘어 페르시아, 이집트, 인도까지 이르는 광활한 지역을 정복했는데 거리로 환산하면 3만 5천km에 달합니다. 지구 둘레인 4만km에 근접한 길이입니다. 알렉산드로스는 정복자인 동시에 마케도니아의 왕, 이집트의 파라오, 페르시아의 왕으로 등극하면서 '알렉산드로스 대왕'이라는 명칭을 얻게 됩니다.

알렉산드로스 대왕이 다른 정복자보다 위대한 이유는 단순히 군사적·정치적 목적으로 광활한 지역을 정복하기만 한 게 아니라, 문화적 업적도 달성했기 때문입니다. 동서양을 아우른 거대한 제국을 건설한 알렉산드로스는 효과적인 통치를 위해 동서 융합 정책을 펼쳤습니다. 서양의 그리스 문화와 동양의 오리엔트 문화가 결합한 헬레니즘 문화가 그것이죠. 그리스 문화가 꽃피운 동서양의 융합에서 자연과학, 미술, 철학 등의 학문이 크게 발달하면서 우리가 알고 있는 '헬레니즘 문명'이 탄생합니다. 그뿐 아니라 알렉산드로스는 동서양을 아우른 거대 제국을 하나의 정치적인 공동체로 묶어 기존의 도시 국가인 '폴리스'를 세계 국가인 '코즈모폴리스cosmopolice'로 발전시켰습니다. 이는 자연스레 코즈모폴리턴cosmopolitan, 즉 세계 시민 의식을 낳았죠. 인류 역사에서 '세계화'라는 개념을 처음 만든 인물이 바로 알렉산드로스 대왕입니다. 이처럼 알렉산드로스는 한 사람이 이루기 어려운 초인적인 업적을 세웠고 그에 관한 수많은 전설과 신화를 만들어냈습니다. 스스로 신화의 주인공이 된 역사적 인물인 셈이죠.

알렉산드로스의 정복의 역사에 관해서는 수많은 기록이 남아 있습니다. 하지만 그가 남긴 업적에 비해 알렉산드로스라는 인물의 삶은 잘 알려지지 않았습니다. 다들 그의 정복 업적에만 집중했을 뿐, 그가 업적을 이루기 위해 했던 개인적 고뇌에는 관심을 두지 않았던 것이죠. 위대한 정복자 알렉산드로스 대왕. 과연 그는 어떤 사람이었을까요? 그의 비밀을 본격적으로 벌거벗겨 보기 전에 우리는 두 가지 사실에 유의해 살펴봐야 합니다.

첫째, 그에 관한 기록 가운데 무엇이 사실이고, 무엇이 허구적인 전설인가? 역사가 사실을 바탕으로 하는 실증적인 탐구인 한 허구를 가려내고 벗겨내야만 알렉산드로스 대왕의 실체에 가깝게 다가설 수 있습니다.

둘째, 그에 관한 사실적인 기록이라고 하더라도, 기록한 사람의 편견과 평가에 조심해야 합니다. 알렉산드로스 대왕은 위대하고 훌륭한 정복자인가? 아니면 정복욕에 눈이 먼 광기 어린 사람인가? 고대 그리스 역사학자 디오도로스 시켈로스Diodorus Sikelos가 집필한 《역사 총서

Bibliotheca Historica》는 알렉산드로스를 매우 호의적으로 기록했습니다. 반면 로마의 역사학자 퀸투스 쿠르티우스 루푸스Quintus Curtius Rufus는 《알렉산드로스 대왕 전기》에서 알렉산드로스를 전쟁의 광인이자 이중인격자 등으로 표현하며 그의 부정적인 부분도 서술했습니다. 이처럼 알렉산드로스 대왕에 대해 극단적인 평가가 엇갈리는 것 또한 사실입니다. 역사에는 절대적인 사실이나 기록은 없습니다. 따라서 앞으로 펼쳐질 이야기를 모두 읽은 후 역사를 대하는 열린 자세를 가지고 각자의 알렉산드로스를 만들어보기 바랍니다.

알렉산드로스 탄생의 비밀과 어린 시절

알렉산드로스는 아버지 필리포스 2세Philippos II와 어머니 올림피아스 Olympias 사이에서 태어났습니다. 아버지 필리포스 2세는 마케도니아의 왕이었고, 어머니 올림피아스는 에피로스의 공주였죠. 두 사람의 신화적 족보를 따라 올라가다 보면 필리포스 2세는 그리스 최고의 영웅 헤라클레스Heracles의 혈통이고, 올림피아스는 트로이아 전쟁의 영웅이자 최고의 전사 아킬레우스Achilleus의 혈통임을 알 수 있습니다. 필리포스 2세는 왕권 강화와 스파르타를 제외한 그리스 대다수의 영토를 정복하며 강대국의 기틀을 마련한 것으로 칭송받는 왕이기도 합니다.

어마어마한 부모를 둔 알렉산드로스는 태몽부터 남달랐습니다. 하늘에서 번개가 치더니 그 번개가 올림피아스의 배를 때렸고, 그 번개에서 나온 불길이 온 세상으로 번져나갔다고 합니다. 번개는 곧 제우스의

올림피아스를 유혹하는 제우스

상징이며 번개가 배를 때렸다는 것은 제우스의 기운이 들어온 것으로
해석할 수 있습니다. 즉 알렉산드로스는 인간이 아닌 제우스 신의 아
들이며, 그 불길이 세상으로 번져나갔다는 것은 신의 아들이 세상을 정
복할 것이라는 뜻입니다. 이탈리아의 화가 줄리오 로마노Giulio Romano
는 이 이야기를 모티브로 한 작품을 남겼습니다. 그림 속 여성은 올림피
아스이고 뱀의 다리를 가진 남성은 제우스입니다. 그 옆의 독수리는 전
통적으로 제우스를 상징하는 새로 알려져 있습니다. 방문을 살짝 열고
이 장면을 몰래 훔쳐보는 사람은 바로 필리포스입니다.

이렇게 태몽부터 시끌벅적했던 알렉산드로스였지만 필리포스 2세와 올림피아스의 사이는 그리 좋지 않았습니다. 어린 시절 부모를 잃고 힘들게 자란 올림피아스는 종교와 미신에 광적으로 집착했습니다. 특히나 뱀을 신성시하는 종교에 빠져 침실에 뱀을 두고 지냈다는 기록이 있을 정도입니다. 두 사람 사이가 멀어진 계기 역시 뱀이었습니다. 어느 날 필리포스 2세는 올림피아스가 자고 있는 침실에 들어가 그녀 곁에 누우려다가 깜짝 놀랐습니다. 침상 위에는 물론 침대 주위 곳곳에 섬뜩한 뱀들이 혀를 날름거리면서 기어 다니고 있었던 것입니다. 그 뒤로 필립포스는 올림피아스를 멀리하게 되었습니다.

이 외에도 두 사람 사이가 멀어지게 된 전설이 존재합니다. 필리포스 2세는 전쟁에 나가 적의 화살에 한쪽 눈을 잃고 마는데, 그 이유인즉 뱀이 된 제우스가 올림피아스와 밤을 보내는 모습을 몰래 엿봤기 때문에 그 재앙으로 눈을 잃는 벌을 받았다는 것입니다. 옆의 그림에도 이 전설이 담겨 있습니다. 제우스와 올림피아스의 정사 장면을 엿보는 필립포스를 응징이라도 하듯, 독수리가 날카로운 번개 창으로 필립포스의 눈을 찌르고 있죠? 이런 이야기가 있을 정도로 두 사람의 사이는 좋지 않았고 남편의 사랑을 못 받은 올림피아스는 대신 아들에게 집착했습니다. 오직 알렉산드로스를 왕으로 만들겠다는 일념 하나로 버텨낸 것이죠.

어머니의 기대에 답하듯 알렉산드로스는 비범한 유년 시절을 보냈습니다. 그의 특출남을 보여주는 일화가 있습니다. 하루는 말을 파는 상인이 부케팔로스(황소 머리)라는 이름의 말을 필리포스 2세에게 팔기 위해 데려왔습니다. 최고의 명마로 손꼽히는 말의 값으로 상인은 군사 1천 명을 마련할 수 있는 13달란트를 요구했습니다. 그런데 부케팔로스는 사람이 타려고 하면 피하고 접근만 해도 뒷다리로 서서 위협했습니다. 이 모습을 본 상인은 "과연 마케도니아에 이 말을 다룰 수 있는 사람이 있을까요?"라며 필리포스 2세의 자존심을 은근히 자극했죠. 필리포스 2세는 이 말을 다스릴 사람을 찾았지만 내로라하는 마케도니아 병사들도 모두 실패하고 말았습니다. 결국 아무리 명마라도 성질이 사나워 길들일 수 없다면 소용없으니 도로 끌고 가라는 필리포스 2세의 말에 조용히 서 있던 14세의 알렉산드로스가 직접 길들이겠다며 나섰습니다.

"저 말이라면, 제가 누구보다 더 잘 다룰 수 있습니다!"

그는 자신이 말을 다루지 못한다면 직접 말의 값을 치르겠다며 호언장담했습니다. 알렉산드로스는 사람들의 비웃음을 뒤로한 채 아무도 길들이지 못하던 말을 손쉽게 길들였습니다. 관찰력이 뛰어났던 알렉산드로스는 부케팔로스가 자신의 그림자를 보고 두려워한다는 것을 눈치챘습니다. 그리하여 그림자를 보지 못하도록 말을 태양 쪽으로 돌려 세웠습니다. 그렇게 진정시킨 뒤 등에 올라타 달리기 시작했죠. 이를 지켜보던 사람들은 그에게 환호와 박수갈채를 보냈습니다. 그 모습을 본 아버지는 감격해 이런 덕담을 건넸습니다.

"아들아, 네게 맞는 왕국을 찾거라. 마케도니아는 너를 만족시키기에는 너무 작구나."

그날 밤 알렉산드로스는 어머니에게 그날의 일을 자랑했습니다. 올림피아스는 아들을 칭찬하는 동시에 "네 아버지를 항상 조심해라"라며 경고했습니다. 아버지의 반응은 단순한 칭찬이 아니라 질투이며 권력을 위해서라면 자식도 버릴 수 있다고 알려준 것입니다. 기록에 따르면 필리포스 2세는 아들에 대해 질투와 경쟁심을 느꼈다고 합니다. 하지만 그만큼 아들을 사랑했기에 후계자로 삼기로 결심했고 알렉산드로스를 위한 교육에도 힘을 쏟았습니다.

　필리포스 2세가 아들의 교육을 위해 특별히 선택한 스승은 서양학문의 토대를 세운 고대 그리스의 철학자 아리스토텔레스Aristoteles입니다. 그는 알렉산드로스가 13세 때부터 3년간 각종 학문을 가르쳤습니다. 당시 아리스토텔레스는 약 20년 동안 공부하던 아카데미아를 떠나 소아시아 지역에서 지내고 있었습니다. 필리포스 2세는 알렉산드로스의 스승으로 아리스토텔레스를 데려오기 위해 어마어마한 대가를 치렀습니다. 그것은 바로 아리스토텔레스의 고향을 재건해 주는 것입니다. 필리포스 2세가 왕이 된 당시의 마케도니아는 왕권이 약하고 지방 귀족 세력이 매우 센 상황이었습니다. 필리포스 2세는 왕권을 강화하는 과정에서 몇몇 도시를 함락시켰는데 아리스토텔레스의 고향 스타게이라 역시 이 과정에서 파괴되었습니다. 그리하여 그의 고향을 새로 세워주겠다는 약속을 내걸고 아리스토텔레스를 아들의 스승으로 데려올 수 있었습니다. 단순히 고향의 건물을 새로 짓기만 한 게 아니라 추방당해 노예가 된 시민들까지 모두 불러들였습니다. 아들의 교육을 위해 아버지가 엄청난 투자를 한 것이죠.

　왕궁에서 서쪽으로 조금 떨어진 미에자 지역에 왕실학교를 세운 뒤 스승이 된 아리스토텔레스는 알렉산드로스에게 정치학과 수사학, 윤리학 등을 가르쳤습니다. 특히 청중을 설득하는 수사학을 통해 언변을 키우고 연설하는 방법을 지도하며 왕의 자질을 키워주었습니다. 그 외에도 형이상학, 자연학, 생물학, 의학 등 다양한 분야의 교육을 받았습니다. 알렉산드로스는 스승을 매우 존경하며 따랐는데《플루타르코스 영웅전》에는 이런 기록이 남아 있습니다.

"나의 아버지 필리포스 2세는 내게 생명을 주었지만, 아리스토텔레스는 내게 세상을 아름답게 사는 방법을 가르쳐 주었다."

이처럼 두 사람은 서로를 믿고 의지하는 스승과 제자 사이였습니다. 아리스토텔레스는 알렉산드로스가 거의 매일 읽을 정도로 좋아했던 인생 책 《일리아스》를 직접 필사해 알렉산드로스에게 선물하기도 했습니다. 이 책은 고대 그리스 최고의 서사시인인 호메로스Homeros가 트로이아 전쟁을 소재로 쓴 장편 서사시로 알렉산드로스는 등장인물 중에서도 아킬레우스를 롤 모델로 삼았습니다. 그는 이 책을 통해 전쟁 영웅들의 모습을 본받고 전쟁을 이끄는 전술을 배운 것으로 알려져 있습니다. 알렉산드로스는 스승이 직접 필사한 책을 평생 지니고 다녔으며, 훗날 전투에서 승리하고 얻은 귀중한 황금 상자에 그 책을 넣어두었다고 합니다.

이 시기 아리스토텔레스의 학교에서 수업을 들은 것은 알렉산드로스만이 아니었습니다. 장차 알렉산드로스를 도울 인재를 육성하기 위해 지휘관이 될 인재들을 모아 함께 교육했습니다. 이들 중에는 이집트 클레오파트라Cleopatra가 속했던 왕조의 시조인 프톨레마이오스Ptolemaios와 알렉산드로스의 가장 특별한 친구이자 참모였던 헤파이스티온Hephaistion도 있었습니다. 외모가 아름답고 무술이 뛰어난 헤파이스티온은 알렉산드로스와 각별했으며 두 사람은 사랑하는 사이였을 것으로 추측합니다. 스승 아리스토텔레스가 두 사람을 보고 "하나의 영혼이 두 개의 육체로 나뉘어 있구나"라고 말했을 정도죠. 헤파이스티온은 평생 알렉산드로스의 조력자가 되었고, 아리스토텔레스의 교육 아래 함께 공부한 친구들은 훗날 알렉산드로스의 가장 든든한 지원군이 되었습니다.

아리스토텔레스에게 교육을 받은 지 3년이 지날 무렵, 그리스 통합에 힘쓰던 필리포스 2세가 알렉산드로스를 불러들입니다. 그는 잦은 전쟁으로 자리를 비우는 자신을 대신해 아들에게 섭정을 맡겼습니다. 그렇게 알렉산드로스는 기원전 340년, 16세의 나이에 본격적으로 정치에 입문하게 됩니다.

마케도니아의 왕이 왕좌를 비우고 전쟁에 나갈 수밖에 없었던 것은 당시 그리스가 매우 혼란했기 때문입니다. 강대국 페르시아가 틈만 나면 그리스를 정복하려 한 탓에 1세기 반이나 시달린 것입니다. 페르시아는 실제로 두 차례에 걸쳐 그리스를 침략했는데 모두 대패했습니다. 첫 번째 전쟁은 마라톤 전투로 그리스의 아테네가 혼자 힘으로 페르시아군을 무찔렀습니다. 이후 두 번째 전쟁에서는 아테네와 스파르타를 중심으로 그리스의 도시국가들이 힘을 모아 페르시아 대군을 몰아냈습니다. 이 이야기는 영화 〈300〉의 배경이 되는 전쟁이기도 하죠.

하지만 전쟁은 여기서 끝이 아니었습니다. 페르시아와의 전쟁은 막을 내렸지만 한때 동맹이었던 아테네와 스파르타가 등을 돌리고 돌아서 각자 군사동맹을 결성하고 확장하면서 서로를 눈엣가시처럼 여기기 시작한 것입니다. 두 나라는 끝내 펠로폰네소스 전쟁을 시작했고, 이는 27년이나 지속되었습니다. 결국 스파르타가 승리했지만 그리스 전체를 효율적으로 지배하지는 못했죠.

이렇게 내부가 혼란하니 페르시아는 또 호시탐탐 그리스를 넘봤고, 마케도니아의 왕 필리포스 2세는 페르시아를 견제하기 위해 그리스 통합에 앞장섰습니다. 그는 왕권을 강화한 뒤 막강한 군사력을 바탕으로 조금씩 그리스 통합을 이뤄나가고 있었습니다. 이렇게 그리스 안팎으로 싸움이 잦았던 혼란한 시기에 알렉산드로스가 태어난 것입니다.

질투가 갈라놓은 부자 관계

필리포스 2세가 원정을 떠났다는 소식이 알려지자 마케도니아 주변 국들은 그 틈을 노려 반란을 일으켰습니다. 알렉산드로스는 단숨에 침략자들을 무찌르고 그들의 땅을 모두 정복합니다. 그곳에 새 도시를 건설하고 알렉산드로폴리스라는 이름을 붙이기도 하죠. 안으로는 알렉산드로스가 마케도니아를 지키며 든든한 조력자 역할을 하고, 밖으로는 필리포스 2세가 주변 도시 국가를 정복하며 그리스의 통합을 다져가고 있었습니다.

한편 알렉산드로스는 아버지가 중요한 도시를 함락하거나 큰 승리를 거두었다는 소식을 들을 때마다 아쉬워했습니다. 그만큼 자신이 정복할 땅이 적어진다고 생각했기 때문이죠. 이처럼 두 사람은 서로를 신뢰하는 사이좋은 부자 관계였지만 때로는 경쟁심을 느끼며 서로의 자극제가 되어 성장의 발판으로 삼았습니다. 하지만 시간이 지나며 두 사람의 미묘한 신경전이 시작되었습니다. 종종 두 사람이 함께 전투에 참가했는데 한 번은 목숨을 잃을 뻔한 필리포스 2세를 알렉산드로스가 구해준 일이 있었습니다. 아들의 보호를 받은 아버지는 스무 살도 안 된 아들에게 뜻밖의 질투심을 느꼈습니다. 추측하건대 필리포스 2세가 경계했던 것은 알렉산드로스 자체이기도 했지만 아내 올림피아스였을 것입니다. 올림피아스가 알렉산드로스를 왕으로 만들고 권력을 장악하기 위해 자신을 죽일 수도 있다고 생각했기 때문이죠. 한쪽 눈을 잃었고 점점 쇠약해지는 자신과 달리 강해지는 아들에게 열등감까지 느낀 필리포스 2세는 아들과 아내를 경계할 수밖에 없었습니다.

그러던 중 두 사람의 사이가 틀어지는 결정적 사건이 발생합니다. 지방 귀족 세력이 강했던 마케도니아는 왕권 강화를 위해 왕이 여러 지역의 지도자들(귀족들)과 혼인 관계를 맺어 결속을 다지곤 했습니다. 알렉산드로스의 아버지 필리포스 2세도 이 정책으로 왕권을 강화하고자 했죠. 그는 자신이 신임하는 아탈로스Attalos 장군을 온전히 자신의 편으로 만들기 위해 그의 조카 클레오파트라Cleopatra(이집트의 클레오파트라 아님)를 새로운 아내로 맞이했습니다. 순수 마케도니아 혈통인 클레오파트라와 결혼한다는 소식에 왕의 주변 사람들은 크게 환영했습니다. 그동안 많은 사람들이 필리포스 2세에게 마케도니아의 왕권을 강화하기 위해서는 순수 마케도니아 혈통의 아들이 대를 이어야 한다고 말하곤 했습니다. 올림피아스는 옆 나라인 에피로스 출신이기에 알렉산드로스는 순수 혈통이 아니라는 것이었죠.

필리포스 2세와 새 아내의 결혼식을 축하하는 연회가 벌어졌고 알렉산드로스와 올림피아스도 참석했습니다. 이들 입장에서는 아버지의 결혼식이자 내 남편의 결혼식인 셈이었죠. 이때 새 아내의 삼촌인 아탈로스 장군이 "이제야 마케도니아 순수 혈통의 정당한 왕자가 태어날 결혼식이 거행되고 정식 왕위 계승자를 기대할 수 있게 되었습니다"라며 축하의 건배를 제의했습니다. 이는 필리포스와 클레오파트라의 아들이 순수 혈통이자 후계자가 될 것이라 공표한 것과 같습니다.

이 말에 화가 난 알렉산드로스는 "그럼 내가 서자란 말이냐?"라고 소리 지르며 아탈로스의 머리를 향해 술잔을 집어 던졌습니다. 그 모습을 지켜보던 필리포스 2세는 결혼의 흥을 깬 아들을 향해 칼을 뽑아 달려들었으나 만취한 나머지 몸을 가누지 못하고 넘어지고 말았습니다. 알렉산드로스는 그런 아버지를 보면서 이렇게 말했습니다.

"마케도니아인들이여, 보시오. 여기 이분은 유럽에서 아시아로 건너갈 준비를 한다면서 의자에서 의자로 넘어가다 넘어져 누워 있소!"

자신을 도발하고 조롱하는 아들의 말에 충격을 받은 필리포스 2세는 알렉산드로스에게 추방 명령을 내렸습니다. 죽음을 감지한 알렉산드로스는 어머니와 함께 그녀의 고향인 에피로스로 달아나야 했고, 그와 함께 공부했던 친구들까지 모두 추방당했습니다. 필리포스 2세는 여전히 분노가 풀리지 않았으나 왕의 본분을 잊지 않기 위해 그리스의 정세를 살폈습니다. 그러나 그를 아끼던 친구 하나가 그에게 집안 단속도 못 하면서 나라 걱정을 한다며 뼈를 때리는 일침을 가했고, 그 말에 숨은 진의를 깨달은 필리포스 2세는 알렉산드로스를 다시 불러들였죠.

필리포스 2세는 화해의 의미로 자신의 딸과 올림피아스의 동생이자 알렉산드로스의 외삼촌인 네오프톨레모스Neoptolemos의 결혼식을 추진합니다. 이 결혼식에서 필리포스 2세는 자신의 경호원인 파우사니아스Pausanias에게 암살당합니다. 이 죽음에는 많은 설이 있지만 파우사니아스가 필리포스를 죽인 표면적 이유는 그의 변심에 모욕을 당했다는 앙심을 품고 살인했다는 것입니다. 알고 보니 두 사람은 생각 이상으로 깊은 관계였던 것이죠.

갑작스런 아버지의 죽음으로 알렉산드로스는 20세에 왕위에 올랐습니다. 그는 즉시 왕위 유지에 위협이 될 만한 모든 경쟁자를 처단했습니다. 먼저 아버지의 암살범을 처형했고, 살해 음모에 가담했다는 혐의로 새엄마의 삼촌이자 자신을 모욕했던 아탈로스와 그의 가족들도 처형합니다. 올림피아스도 필리포스 2세와 결혼한 클레오파트라를 살해하고 그녀가 낳은 아들은 불에 던졌습니다. 이로써 어린 나이에 왕위에 오른 알렉산드로스의 왕권 내부 단속은 어느 정도 성공합니다.

알렉산드로스가 왕위에 오르자 주변의 그리스 도시 국가들은 필리포스 2세의 죽음에 안도했습니다. 젊은 나이에 왕이 된 알렉산드로스는 아버지와 달리 그리스 통합을 제대로 이뤄내지 못할 것이라 생각했기 때문이죠. 실제로 알렉산드로스가 왕이 된 뒤, 필리포스가 살아있을 때 동맹에 참여했던 그리스의 일부 국가들은 마케도니아의 지배에 반발하려는 움직임을 보였습니다. 이에 알렉산드로스는 동맹국을 직접 찾아가 설득했고, 동맹국은 하나둘씩 뜻을 같이하겠다며 마음을 돌렸습니다. 스무 살의 어린 왕이었지만 그에게는 다른 나라의 지도자를 설득할 만한 능력이 있었던 것이죠. 아리스토텔레스에게서 배운 수사학의 힘이 여기서 나타난 셈입니다.

하지만 아테네와 테베에서는 설득은커녕 '반反마케도니아' 분위기가 피어올랐습니다. 알렉산드로스는 이들의 반란을 막지 못한다면 그리스의 여러 나라가 반발할 수도 있다는 생각에 빠르게 움직였습니다. 가장 먼저 반발이 심했던 테베로 가서 철저하게 파괴해 버렸습니다. 남자들은 가차없이 몰살하고 여인들은 노예로 만들었는데, 그 수가 3천 명이 넘었습니다. 전쟁에서 죽은 사람도 6천 명이 넘었죠. 이 모습을 지켜본 아테네는 순순히 꼬리를 내리고 말았습니다. 덕분에 반마케도니아 인사들을 적절히 추방하고 처형하는 선에서 아테네는 도시를 유지할 수 있었습니다.

동방 원정의 첫 발을 내딛다

테베와 아테네까지 장악한 알렉산드로스는 코린토스 동맹을 결성합니다. 필리포스 2세의 주도 아래 그리스 도시 국가들이 맺은 일종의 군사 동맹을 재건한 것입니다. 알렉산드로스는 코린토스라는 곳에 그리스의 모든 지도자들을 불러 모은 뒤 그들의 동의하에 그리스의 총사령관이 되었습니다. 그의 지휘 아래 동방 원정이 시작됐죠.

알렉산드로스의 동방 원정은 페르시아를 겨냥한 것이었습니다. 그곳은 오늘날의 터키를 비롯해 남쪽으로는 이집트, 동쪽으로는 파키스탄과 인도 서부에 이르는 거대한 제국이었습니다. 이 페르시아 제국을 치기 위해 가야 할 첫 번째 관문은 오늘날의 터키로, 터키의 주요 도시 중 하나인 이스탄불은 당시에는 비잔티온(라틴어로 비잔티움)이라고 불렀습니다. 비잔티온은 유럽과 아시아를 잇는 길목이 되는 중요한 도시입니다. 필리포스 2세가 16세밖에 되지 않은 알렉산드로스에게 섭정을 맡기고 원정을 떠난 것도 비잔티온을 정복하기 위해서였습니다.

페르시아의 영토로 건너간 알렉산드로스가 가장 먼저 한 일은 아킬레우스의 무덤을 찾아가는 것이었습니다. 무덤 앞에서 그는 제2의 아킬레우스가 되어 전쟁을 이끌고 거대한 제국의 주인이 되겠다고 결심했습니다. 그 역시 아킬레우스처럼 영원히 남을 불멸의 명성을 열망했던 것

페르시아 제국의 영토와 현대 지명

입니다. 그러면서 "나의 곁에는 아킬레우스를 노래한 호메로스와 같은 위대한 시인이 없구나!"라며 한탄했죠. 이렇게 결의를 다진 알렉산드로스는 본격적으로 동방 원정을 시작했습니다. 당시 그의 나이는 22세였습니다.

그런데 전쟁에서는 '명분'이 중요합니다. 알렉산드로스는 어떤 명분을 세웠을까요? 그는 과거 페르시아가 그리스를 침략한 것에 대한 정당한 복수라고 말하며 페르시아의 지배를 받는 그리스 도시 국가의 해방을 전쟁 명분으로 내세웠습니다. 또한 위대한 그리스 문명을 야만의 땅에 심겠다는 문명사적인 업적을 쌓고자 했죠. 알렉산드로스가 페르시아 원정을 떠난 것은 이처럼 싸움을 좋아하는 광기와 야망, 정복욕 때문만은 아니었습니다.

하지만 페르시아 정복은 결코 쉬운 여정은 아니었습니다. 당시 페르시아 제국의 거대한 영토는 다레이오스Dareios가 다스리고 있었습니다. 넓은 제국을 통치하는 그를 잡는다는 것은 페르시아를 손에 넣는 것과 같았죠. 다레이오스는 알렉산드로스의 야심을 이미 알고 있었습니다. 하지만 그저 경솔한 어린아이가 무모한 전쟁을 한다고 여길 뿐이었습니다. 페르시아는 강대국이었고, 알렉산드로스의 군대는 상대적으로 매우 적은 병력에 물자도 부족했기 때문이죠. 그럼에도 알렉산드로스는 그리스의 오랜 숙적 페르시아를 점령하기 위해 첫발을 내디뎠습니다.

알렉산드로스가 소아시아의 해변에 도착했을 때, 그는 땅에 창을 꽂으며 페르시아를 무력으로 정복하겠다는 강한 의지를 보여주었습니다. 그의 첫 번째 전투는 기원전 334년에 벌어진 그라니코스강 전투였습니다. 알렉산드로스가 페르시아 땅으로 들어왔다는 소식을 들은 다레이오스는 그들을 막기 위한 군대를 파견했고, 그들은 알렉산드로스의 동선을 파악하여 그라니코스 강변에 진지를 쳤습니다. 학자마다 다르지만 대략 10만~30만 명으로 추정합니다. 알렉산드로스는 당시 약 4만 명의 군대를 이끌고 있었습니다. 그리스 원정군이 그라니코스강에 도착했을 때는 칠흑 같은 어둠에 비까지 내리면서 급류가 흘렀고 전투가 매우 어려운 상황이었습니다.

강 건너편에 진을 치고 있던 엄청난 페르시아군을 본 한 장군은 알렉산드로스에게 우선 야영을 하고 밤을 보내면서 피로를 푼 뒤 날이 밝으면 공격하자고 제안합니다. 하지만 알렉산드로스는 바로 전투태세를 취할 것을 명령했습니다. 그는 자신들이 겁먹은 모습을 보이면 이길 수 없으며, 이 역경을 뚫고 승리해야만 자신감을 얻을 것이라고 소리쳤습니다. 그러고는 곧장 강을 건넜습니다. 알렉산드로스는 앞장서서 돌파구를 열어 적에게 돌진했고 페르시아군은 강력하게 저항했습니다. 이 전투에서 알렉산드로스는 페르시아 장군의 칼에 일격을 당해 투구가 갈라져 목숨을 잃을 뻔했지만 클레이토스Kleios 장군의 도움으로 위기에서 벗어납니다. 필립포스 왕의 곁을 지키던 충직한 지휘관이었던 클레이토스는 알렉산드로스의 호위무사와 같이 그를 보필했는데, 무슨 일이 있어도 왕을 지켜야 한다는 사명감으로 알렉산드로스를 공격하는 상대편 장군의 팔을 잘라버렸습니다.

알렉산드로스는 머리와 허벅지 등에 심한 부상을 입었음에도 맹렬한 기세로 싸웠습니다. 그 모습을 본 일부 병사들이 '알렉산드로스는 제우스의 아들이다'라는 소문을 진짜라고 믿을 정도로 그는 거침없이 전투를 치렀죠. 이때부터 페르시아군은 겁을 먹고 도망치기 시작했고 승리의 여신은 끝내 알렉산드로스의 손을 들어주었습니다. 기록에 따르면 이 전투에서 알렉산드로스군은 115명이 목숨을 잃었고, 페르시아군은 보병 2만 명과 기병 2,500명을 잃었다고 합니다.

첫 전투에서 큰 승리를 거둔 이후 알렉산드로스가 이끄는 군대는 주변 도시들을 제압하며 승승장구했습니다. 덕분에 소아시아 연안의 도시들은 대부분 싸울 필요도 없이 알렉산드로스에게 귀순하게 됐습니다. 반면 알렉산드로스에게 저항한 도시는 철저하게 파괴했습니다. 승승장구의 기세로 진군하던 알렉산드로스는 유명한 예언이 있던 고르디온Gordion에 도착합니다. 이곳에는 고르디온의 첫 왕이었던 고르디아스 Gordias의 아들 미다스Midas가 신전 기둥에 수레를 묶으면서 남겨둔 매우 복잡한 매듭이 있었습니다. 그 매듭에는 신탁이 내려져 있었는데, 그 매듭을 푸는 자가 소아시아 전체를 지배하리라는 것이었죠.

고르디우스의 매듭

매듭을 끊는 알렉산드로스

고르디아스의 매듭은 정확한 기록이 없어 다양한 이미지가 존재하는데, 너무도 복잡해서 푼 사람이 없었다고 합니다. 매듭을 본 알렉산드로스는 이를 풀 방법을 고심했습니다. 자신이 페르시아의 새로운 주인임을 증명하기 위해서였죠. 그는 마침내 해답을 찾았습니다. 칼을 빼들어 매듭을 단숨에 잘라버린 것입니다. 이는 알렉산드로스의 성격을 잘 나타내는 일화라 할 수 있으며, 이에 대한 후세의 평가는 크게 갈립니다. 매듭을 푸는 대신 자른 것에 대한 창의력과 결단력을 칭찬하는 사람이 있는가 하면, 반대로 비판하는 의견도 많습니다. 프랑스의 역사학자 가브리엘 마블리Gabriel Mably는 알렉산드로스의 이런 행동을 비판하며 필리포스 2세와 비교하는 글을 남겼습니다.

"필리포스 2세라면 찬찬히 풀어갔을 고르디온의 매듭을 무모하고 참을성 없는 용기로 단번에 끊어 버리는 방법을 택한 무모한 전사가 바로 알렉산드로스였다."

다레이오스와의 맞대결, 이수스 전투

페르시아와의 첫 전투에서 기선 제압에 성공한 알렉산드로스의 위상은 매우 높아졌습니다. 그럼에도 다레이오스는 여전히 알렉산드로스를 애송이 취급합니다. 이듬해인 기원전 333년에 두 사람은 '이소스'라는 지역에서 제대로 맞붙게 됩니다. 다레이오스는 직접 알렉산드로스를 저지하기 위해 약 60만 명의 대군을 이끌고 이소스로 왔습니다. 엄청난 숫자에 그리스군도 겁을 먹지 않을 수 없었죠. 비록 상황은 좋지 않으나 알렉산드로스는 병사들을 모아놓고 희망에 찬 격려 연설을 했습니다.

"저기 앞의 적들은 허수아비에 가깝다. 저들은 자신의 의지로 싸우지 않는다. 그들은 대의가 아니라 쥐꼬리만 한 보수 때문에 다레이오스의 편에 서서 싸울 뿐이다. 저들은 싸우는 이유를 모른다. 그러니 노예일 뿐이다. 반면 우리 그리스인들은 대의를 위해, 위대한 이념을 위해 싸운다. 게다가 적의 사령관은 다레이오스인 반면, 여러분의 사령관은 알렉산드로스다! 그리고 우리는 위대한 문명을 가진 그리스인이다. 이 야만인들에게 우리의 문명을 심어줄 역사적 사명을 가지고 있다. 이건 신의 명령이다!"

알렉산드로스의 말에 따르면 이 전쟁은 자유인 대 노예의 싸움인 셈이었습니다. 자신의 생각을 믿어 의심치 않았던 그는 그리스군이 싸워야 할 이유를 알리는 동시에 페르시아가 저지른 일을 되갚아주자며 군사들을 독려했습니다. 알렉산드로스는 자신의 정예 부대를 돌격시켜 페르시아군의 대형을 무너뜨린 다음 다레이오스와 직접 맞대결을 펼쳤습니다. 그에게는 다레이오스만 잡으면 전투에서 이긴다는 확신이 있었습니다. 그는 애마 부케팔로스를 타고 갑옷과 투구를 번쩍거리며 근위부대를 이끌고 적을 향해 돌진했습니다. 알렉산드로스는 전투에 나갈 때면 투구를 쓰고 양쪽에 흰 깃털 장식을 꽂았습니다. 이는 자신이 알렉산드로스임을 적에게 과감히 드러낸 것으로 적의 표적이 될 수도 있지만, 그의 존재가 적에게 더 큰 공포를 안겨주었다고 합니다.

알렉산드로스는 겹겹이 둘러싼 적을 뚫고 들어가 오직 다레이오스만을 향해 돌진했습니다. 다레이오스와 직접 대결을 벌이는 승부수를 던진 것이죠. 알렉산드로스의 전술에 당황한 다레이오스는 창을 던지는

알렉산드로스(왼쪽)와 다레이오스(오른쪽)

알렉산드로스의 기세에 눌려 황급히 전차를 뒤로 돌려 도주했습니다. 지휘관이 등을 보이며 도망치자 남은 페르시아군은 속수무책으로 당할 수밖에 없었습니다. 수적 열세에도 불구하고 알렉산드로스는 페르시아의 대군을 물리치며 이수스 전투에서 승리했습니다.

그 후 알렉산드로스는 파죽지세로 남쪽을 향해 내려갔습니다. 시리아와 팔레스타인을 거쳐 마침내 이집트까지 정복했습니다. 도시마다 강력한 저항에 부딪히기도 했지만 알렉산드로스는 난공불락으로 보였던 도시들을 차례로 정복해 나갔죠. 그리고 마침내 이집트의 중심지인 멤피스에 도착합니다. 이집트인들은 당시 페르시아의 지배를 받고 있던 터라, 알렉산드로스를 침략자로 보지 않고 오히려 페르시아인들을 몰아낸 해방자로 환영하기도 했습니다.

변방의 작은 나라에서 세계를 다스리는 정복자로

탁월한 전술로 이집트까지 정복한 알렉산드로스는 암몬 신전에서 세계를 정복할 운명이라는 신탁을 받습니다. 그는 신탁대로 세계를 지배하기 위해서는 동방 깊숙이 들어가 세계의 끝으로 가야 한다고 생각합니다. 그리고 아시아의 진정한 지배자가 되려면 남은 페르시아 영토를 손에 넣어야 했죠. 그러려면 다레이오스를 완벽하게 제압해야 했습니다. 이집트의 파라오가 된 알렉산드로스는 이제 페르시아의 중심부를 향해 새로운 진군을 시작했습니다.

다레이오스는 알렉산드로스와의 전투를 앞두고 그에게 편지를 썼습니다. 지금까지 빼앗긴 영토를 양보하고 자신의 딸과 알렉산드로스의 결혼을 제안하는 내용이었죠. 이렇게라도 알렉산드로스와의 전쟁을 피하려 한 것입니다. 알렉산드로스는 다레이오스의 제안을 일언지하에 거절하며 자신 앞에 무릎 꿇고 빌 것을 요구했습니다. 협상은 끝내 결렬됐고 마침내 결전의 아침이 찾아왔습니다. 기원전 331년, 2년 만에 가우가멜라에서 알렉산드로스를 다시 만난 다레이오스는 마지막 결전을 벌이겠다는 각오로 100만 대군을 집결했습니다. 알렉산드로스는 자신의 전사들 앞에서 하늘에 기도했습니다.

"제우스 신이시여, 제가 당신의 아들인 것을 여기에서 확실히 보여주십시오."

그리고 '가우가멜라 전투'가 시작됐습니다. 수적으로 열세인 알렉산드로스의 목적은 오직 다레이오스였죠. 정면승부를 하게 된 알렉산드로스는 페르시아군이 양쪽으로 군을 벌려 쳐들어오는 틈을 노렸고 다

가우가멜라 전투 지역

레이오스가 있는 본진으로 쳐들어갔습니다. 수많은 적을 헤치고 선두에서 돌격하던 알렉산드로스는 다레이오스를 향해 창을 던졌습니다. 기록에 의하면 알렉산드로스 역시 많은 부상을 당했으나 그럼에도 앞만 보고 달렸다고 합니다. 다레이오스는 이번에도 역시나 겁을 먹고 도망갔습니다. 알렉산드로스는 다레이오스를 잡기 위해 계속 추격을 시도했지만 그를 생포할 수는 없었습니다. 그는 최측근 중의 하나였던 베소스Bessos 무리에게 배신의 칼을 맞고 최후를 맞이했기 때문입니다. 다레이오스의 죽음을 확인한 알렉산드로스는 자신이 입고 있던 망토를 벗어 그에게 덮어준 뒤 그의 시신을 페르세폴리스로 보내 왕의 죽음에 걸맞은 장례식을 치러주었습니다. 알렉산드로스는 다레이오스를 죽이고 스스로를 페르시아의 새로운 왕이라고 선포한 베소스를 죽이지 않으면 페르시아인의 지지를 받을 수 없다고 생각했습니다. 그는 왕을 죽인 배신자인 베소스를 끝까지 추격하기로 합니다. 배신자를 처단함으로써 페르시아의 새로운 정복자로서의 권위와 정통성을 인정받기 위함이었습니다. 알렉산드로스에게 잡힌 베소스는 결국 끔찍한 죽임을 당했고 드디어 알렉산드로스는 페르시아의 새로운 지배자로 등극하게 됩니다.

　세 번의 큰 전투를 통해 페르시아를 정복한 알렉산드로스는 바빌로니아의 수도인 바빌론에 입성했습니다. 알렉산드로스를 새로운 권력자로 인정한 바빌론 시민들은 그를 환대했습니다. 이때 알렉산드로스는 바빌론의 모습을 보고 크게 놀랐습니다. 야만적인 이곳에 그리스의 우수한 문명을 전파할 것이라는 그의 생각과 달리 문명의 발전이 상당했던 것입니다. 자신이 보지 못했던 바빌로니아의 우수한 문명을 목격한 알렉산드로스는 생각을 바꿨습니다. 정복 활동으로 그리스의 문명을 전파하는 동시에 새로운 문화를 존중하고 습득하는 데 적극적인 노력을 기울였습니다. 그리고 바빌론에서 동쪽으로 진격해 마침내 페르시아의 수도였던 페르세폴리스에 다다랐습니다. 그리스 변방의 작은 나라였던 마케도니아에서 태어난 알렉산드로스는 이제 그리스를 넘어 세계를

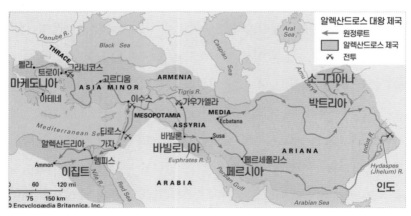

알렉산드로스 원정 지도

인도의 왕 포루스와의 전투

다스리는 위대한 정복자가 되었습니다.

알렉산드로스는 정복한 곳곳에 수십 개의 새로운 도시를 건설하고 자신의 이름을 따서 알렉산드리아라고 불렀습니다. 가장 대표적인 곳이 이집트의 '알렉산드리아'입니다. 그는 알렉산드리아가 자신이 세운 제국의 수도가 되길 원했습니다. 페르세폴리스를 정복한 알렉산드로스는 페르시아 제국을 넘어 세상 끝까지 가고자 했습니다. 그는 파르티아-박트리아-소그디아나를 넘어 인더스강 유역까지 계속해서 동쪽으로 나아갔습니다. 그의 부하들은 계속되는 정복 전쟁에 점점 지쳐갔지만, 알렉산드로스는 멈추지 않았고 마침내 인도까지 갔습니다. 인도의 왕 포로스Poros는 그리스 군대가 한 번도 본 적 없는 코끼리 부대를 이끌고 맞섰고, 알렉산드로스에게 큰 타격을 입혔습니다. 그러나 결국 승리는 알렉산드로스의 것이었습니다. 알렉산드로스는 포로스에게 무엇을 원하느냐고 물었죠. 포로스는 "나는 계속 왕으로서 내 왕국을 다스리고 싶다"라고 당차게 대답했습니다. 포로스의 기개에 감동한 알렉산드로스는 그의 뜻대로 포로스를 왕으로서 대우해주었다고 합니다.

한 번도 진 적 없는 알렉산드로스의 전술

원정에 나선 이후 단 한 번도 진 적이 없는 알렉산드로스의 백전백승에는 몇 가지 비법이 있습니다.

첫 번째는 탁월한 전술입니다.

알렉산드로스가 이끌던 마케도니아군에는 필리포스 2세 때부터 이어져 온 두 가지 대표 무기가 있습니다. 먼저 6m가 넘는 거대한 창 '사리사sarissa'입니다. 이는 일반적으로 전투에서 사용하는 창보다 3배 이상 길었습니다. 이를 활용한 알렉산드로스 전술의 핵심은 팔랑크스phalanx 전법입니다. 영화나 드라마를 통해 널리 알려진 고대 보병 전법으로 방패와 창을 든 수많은 병사들이 질서 정연하게 자리를 잡고 방패로 밀고 창을 앞으로 내세워서 앞으로 진격하는 것입니다. 마치 고슴도치처럼 밀집 대형으로 배치해 적을 압박하는 방식으로 전면의 적을 상대할 때 매우 효과적입니다. 사리사로 무장한 마케도니아 군대는 수적 열세에도 불구하고 자신의 자리만 지킴으로써 정면으로 돌진해 오는 적을 완벽하게 제압할 수 있었습니다.

그러나 이 전법은 정면을 향해서는 철통같은 전선을 유지할 수 있지만, 측면으로 공격해 오면 기민하게 대처하기 어려운 약점을 가지고 있었습니다. 이런 약점을 막기 위해 기동성이 좋은 강력한 기병대가 팔랑크스 대열의 측면에 자리를 잡았죠. 이들이 바로 마케도니아 군대가 자랑하는 두 번째 대표 무기입니다. 알렉산드로스는 기병을 전투에 적극적으로 활용하기 위해 말을 가질 수 있는 귀족 자제들을 집중 훈련 시켜 '헤타이로이hetairoi'라는 정예 기병 부대를 창설합니다. 헤타이로이는

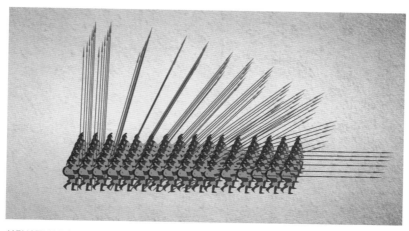

사리사를 이용한 팔랑크스 전법

'왕의 동료'라는 뜻으로 귀족 자제들을 단순한 병력이 아닌 동지로 삼아 굳게 단결하고자 한 것입니다. 실제로 알렉산드로스 대왕과 함께 공부했던 친구들이 기병 부대의 일원이었습니다. 기병대가 팔랑크스 대열의 측면을 방어하면 대열의 중심에 있는 군인들은 긴 사리사를 전면으로 내밀면서 강력하게 적들을 공격할 수 있었습니다.

두 번째 승리 비법은 포용 정책과 공포 정책입니다.

알렉산드로스가 가장 우선시한 전술은 싸우지 않고 이기는 것이었습니다. 전투를 벌이기 전에 먼저 타협안을 제시하고 동맹을 맺자고 설득하는 협상을 시도했습니다. 이때는 매우 공손하고 품격 있게 상대를 대했다고 합니다. 실제로 정복 과정에서 협상을 맺은 동맹이나 포로로 잡힌 다레이오스 가족에게는 한없이 관대한 모습을 보였습니다. 이처럼 항복하는 적에게는 관용을 베풀었으나 그렇지 않은 적은 철저하게 파괴했습니다. 특히 페르시아 원정 초기, 자신에게 격렬하게 저항했던 친

페르시아 세력이 지배하던 밀레토스와 할리카르나소스라는 두 도시는 처참하게 짓밟았죠. 알렉산드로스는 싸우지 않을 때는 예의와 관대함으로 무장하고, 싸울 때는 철저하게 짓밟는 포용 정책과 공포 정책으로 적들을 상대했습니다. 특히 동맹 관계를 맺는 포용정책은 장기간에 걸친 머나먼 원정에 필요한 물품의 보급과 병력의 보충을 원활하게 해주었습니다.

세 번째는 스스로를 신격화, 영웅화시킨 것입니다.

그는 자신이 제우스의 아들이라는 이야기를 십분 활용했습니다. 《플루타르코스 영웅전》에는 이런 내용이 있습니다.

> '알렉산드로스는 자신의 신성에 대한 믿음에 현혹되거나 우쭐대지는 않고 남들을 복속시키는 데 이용했음이 분명하다.'

이는 적에게 '당신이 싸우려는 상대는 신의 아들이다. 당신이 그에게 맞서 싸운다면 신에 대한 불경죄를 저지르는 것이며, 반드시 패배할 수밖에 없다'라는 의식을 심어준 것입니다. 이로써 그의 군대와 싸우지도, 항복하지도 못하고 우왕좌왕하는 적들에게 그와 동맹을 맺는 것이 최선이라는 명분을 제공한 것이죠.

이렇듯 알렉산드로스는 전투에서는 뛰어난 전술 운용 능력을 보여줬으며, 협상을 통해 싸우지 않고 이기는 방법을 알았습니다. 그러나 저항하는 적들에겐 무자비했으며, 이마저도 통하지 않을 때는 자신을 제우스의 아들이라 신격화하며 쉬지 않고 승리를 이어가며 진격했습니다.

알렉산드로스에게 닥친 위기

하지만 승승장구하던 알렉산드로스에게도 위기가 찾아오기 시작합니다. 당대 신적인 존재로 여겨졌던 천하의 알렉산드로스 대왕을 무너트린 사건들을 지금부터 짚어보겠습니다.

첫 번째 사건은 다레이오스가 죽은 다음에 벌어졌습니다. 박트리아와 소그디아나를 점령한 알렉산드로스는 다음 도시 정복에 자신이 아끼는 동료 클레이토스를 책임자로 내세웠습니다. 클레이토스는 전투 중 죽을 뻔한 위기에 처한 알렉산드로스를 구해준 생명의 은인과도 같은 사람입니다. 하지만 필리포스 2세를 섬겼던 클레이토스는 알렉산드로스가 무모한 진군을 계속하려고 한다며 노골적으로 알렉산드로스에게 반박했습니다. 또한 필리포스라면 그렇게 하지 않았을 것이라라며 알렉산드로스를 자극합니다. 아버지와 자신을 비교하는 말에 알렉산드로스는 분노했습니다. 클레이토스가 떠나기 전 열린 연회에서 사건이 발생합니다. 알렉산드로스는 술김에 아버지와의 업적을 비교하며 자신이 더욱 우월하다는 것을 강조했습니다. 맞장구치는 부하들과 달리 클레이토스는 알렉산드로스에게 이렇게 말했습니다.

"그라니코스강 전투에서 내가 당신의 생명을 구하지 않았다면 여기서 아버지를 부인하고 자신을 신의 아들이라고 부를 수는 없었을 것이다."

불만을 여과 없이 이야기하는 클레이토스에게 분노한 알렉산드로스는 술김에 옆에 있던 근위병의 투창을 빼앗아 던졌습니다. 투창은 클레이토스의 가슴에 정확히 명중하고 말았죠. 클레이토스가 죽자 알렉산드로스는 곧바로 후회했지만 이미 일은 벌어진 뒤였습니다. 순간의 실수로 무너져버리고 만 알렉산드로스는 이후 자신의 의견에 반대하거나 동조하지 않는 사람들을 차례로 제거해 나갔습니다.

엎친 데 덮친 격으로 자신을 믿고 따르던 부하들의 반발에도 부딪치게 됩니다. 알렉산드로스는 페르시아 정복 이후 인도를 넘어 세계의 끝까지 가겠다는 커다란 꿈을 키웠습니다. 하지만 그의 군대는 생각이 달랐습니다. 다레이오스도 죽고 페르시아 제국까지 정복했는데 왜 전쟁을 더 해야 하는지 의문을 품게 된 것이죠. 병사들은 이렇게 하소연했습니다.

"세계 끝까지 가는 것은 폐하에게는 어울릴지 모르겠지만 저희에게는 어울리는 일이 아닙니다. 저희 몸을 봐주십시오. 저희는 지금 쇠약해졌고, 흉터들이 썩어갑니다. 모든 곳을 정복한 저희는 지금 모든 것이 부족합니다."

기나긴 원정에 지친 부하들은 더 이상의 진격을 거부했습니다. 오랜 시간 부모님과 아내, 자녀를 보지 못한 상황에 힘들어한 병사들의 호소에 알렉산드로스는 끝내 굴복하고 말았습니다. 지금껏 알렉산드로스는 백전무패였으나 그의 인생에도 단 한 번의 패배가 존재합니다. 바로 자신의 병사들에게 패배한 것이죠. 함께 열심히 싸웠던 전우들이 자신과 다른 생각을 한다는 사실에 알렉산드로스는 깊은 절망에 빠졌습니다. 대의명분이 사라지면서 무적이었던 알렉산드로스의 군대도 흔들리기 시작합니다.

결국 알렉산드로스는 길고 긴 12년의 원정을 마치고 바빌론으로 복귀했습니다. 그곳에서 전쟁에 지친 병사들을 다독이기 위해 마케도니아 병사들과 페르시아 여성들의 결혼식을 올렸습니다. 여기에는 두 가지 설이 있습니다. 병사를 포함해 약 1만 쌍이 결혼했다는 설과 약 1만 명의 하객이 참석한 일부 귀족들의 합동결혼식이라는 설입니다. 알렉산드로스 대왕도 다레이오스 왕의 딸, 그리고 또 다른 왕족과 결혼했습니다. 여러 기록에서 전하는 내용을 살펴보면 당시 결혼식은 페르시아 전통으로 5일 동안 거행되었고, 오늘날에도 상상하기 어려운 연회 규모였다고 합니다. 인도에서 온 마술사의 공연부터 그리스 하프의 연주까지, 다양한 무용과 연극이 어우러졌다고 전해집니다. 이런 집단 결혼을 통해 페르시아인들은 그리스인들과 결합하여 그리스 문명에 동화되고, 그리스인들은 페르시아에 정착하리라 생각한 것이죠. 그리하여 자신이 정복한 땅이 거대한 그리스 문명의 세계가 되리라 기대했습니다.

하지만 이런 평화도 잠시였을 뿐, 알렉산드로스 대왕은 헤파이스티온의 죽음과 함께 무너지고 말았습니다. 헤파이스티온은 어린 시절부터 아리스토텔레스 밑에서 함께 공부한 친구이자 연인이었습니다. 알렉산드로스가 즉위한 후에는 측근에서 호위를 담당했고 동방 원정 시절에는 부관으로 함께했을 정도로 각별한 사이였죠. 특별한 친구 헤파이스티온이 갑작스레 병에 걸려 죽은 이후 알렉산드로스는 3일 동안 식사도 하지 않은 채 비탄에 빠져 지냈습니다. 그날 이후 알렉산드로스는 폭음을 하며 흐트러진 생활을 하게 됩니다. 그 이듬해인 기원전 323년 어느 날, 그는 강에서 수영을 하다가 감기에 걸렸는데 이를 이기기 위해 술을 마셨고 계속된 폭음으로 쇠약해져 갔습니다. 이후 열이 나고 등을 찌르는 것 같은 고통을 느끼며 이름 모를 열병에 걸렸죠. 고열은 멈추지 않고 12일 동안이나 지속됐고 결국 그는 33세의 나이로 세상을 떠났습니다. 세상을 정복한 사람의 삶이 허무하게 끝나버리고 만 것입니다.

알렉산드로스는 최후의 순간마저 인상적이었습니다. 오랜 시간 의식을 잃은 채 있다가 잠시 의식이 돌아왔을 때 알렉산드로스는 자신을 보좌하던 가장 신뢰하던 장군에게 유언을 남겼습니다. 자신의 옥새를 맡기는 알렉산드로스에게 부하들은 "후계자는 누구로 하면 좋을까요?"라고 물었습니다. 알렉산드로스는 몽롱한 정신을 붙잡은 채 이렇게 말했습니다.

"크라티스토Kratistöi."

이는 '가장 강한 자에게'라는 뜻입니다. 알렉산드로스가 끝내 후계자를 정하지 못하고 죽자, 그를 따르던 장군들은 각기 자신을 후계자로 자처하며 세력을 다퉜는데 이를 '후계자의 전쟁(디아도코이)'이라 부릅니다. 알렉산드로스의 갑작스러운 죽음 이후 그가 통치했던 그리스 제국은 다시 분열됐고 싸움은 40여 년간 계속되었습니다. 그중에서 가장 오랫동안 제국을 유지했던 게 이집트를 거점으로 했던 프톨레마이오스 왕조입니다. 그는 알렉산드로스의 후계자를 자처하면서 이집트의 파라오가 된 인물입니다. 프톨레마이오스 왕조의 마지막 파라오였던 클레오파트라가 로마의 실력자 안토니우스와 연합군을 구성하여 옥타비아누스(후에 아우구스투스 황제가 된 인물)와 싸운 악티움 해전에서 패배할 때까지를 헬레니즘 시대라고 합니다. 헬라스, 즉 그리스의 문명이 지배하던 시대라는 뜻이죠. 그 시대를 열었던 인물이 바로 알렉산드로스입니다.

알렉산드로스 대왕, 그는 분명 위대한 정복자였으며 단순한 군사 정복이 아닌 문화적·정치적으로 활발한 교류를 이뤄내 세계화 시대의 개막을 알린 인물입니다. 그의 정복을 계기로 동양과 서양을 연결한 헬레니즘이라는 문화가 만들어졌고, 이는 우리나라 역사 유물에까지 영향을 미치기도 했습니다. 경주 불국사의 석굴암 불상은 간다라 미술의 영향을 받은 것인데, 간다라 미술은 인도 불교 미술과 그리스 문화가 융합된 결과라고 할 수 있습니다. 두 나라의 이질적인 문화를 통합해 새로운 문화를 만들어낸 것이죠. 이처럼 알렉산드로스 대왕은 자신의 목표를 이루기 위해 불가능을 가능케 만들었던 인류 최고의 영웅이었습니다. 그러나 자신의 꿈을 모두 이룬 후에는 어느 인간보다 나약한 행동을 많이 했던 왕이기도 합니다.

그렇다면 지금도 알렉산드로스 대왕과 같은 인물이 나타날 수 있을까요? 아마도 그처럼 군사력과 무력을 이용한 세계 정복은 인류에게 치명적인 재앙이 될 것입니다. 그러나 경제와 문화, 학문, 예술, 패션 등의 분야에서는 다른 방식의 알렉산드로스 같은 인물이 계속 나올 것이라고 생각합니다. 분단된 작은 나라인 우리에게도 그 가능성은 있습니다. 기업에서 훌륭한 제품을 만들어서 전 세계에 수출한다면 그들 역시 이 시대의 알렉산드로스라고 할 수 있죠. 더 나아가 지구를 벗어난 우주의 시대를 여는 지도자가 나타난다면, 그는 21세기형 알렉산드로스가 될 것입니다. 이 모든 것이 우리 인류의 평화와 발전과 행복을 가져다주는 방향으로 전개된다면 그는 우리 시대의 알렉산드로스라고 할 수 있습니다. 그러니 역사를 단순히 옛날이야기라고만 평가하기보다 그것이 현재 어떤 모습으로 나타나는지를 생각한다면 우리는 중요한 교훈을 역사로부터 얻을 수 있습니다.

벌거벗은 정복자, 진시황제

천하 통일의 비밀과 몰락의 징후들

조관희

● 중국 산시성 시안에는 광활한 대륙을 통일한 절대 권력자 진시황제 秦始皇帝의 무덤이 있습니다. 개인의 무덤으로는 세계에서 가장 큰 규모의 진시황릉은 약 60만 평으로 멀리서 보면 언덕이나 작은 산처럼 보입니다. 무덤 전체의 규모는 아직 발굴되지 않았는데, 기록에 의하면 지하 4층까지 내려가는 구조로 하나의 지하 도시 수준이라고 합니다. 무덤 안에는 온갖 보석이 묻혀 있고 수은을 흘려보내 강과 바다를 만들었으며 무덤 위에는 별자리를, 지하에는 땅의 모형을 세웠다고 합니다. 그리고 도굴을 막기 위한 기계 장치가 설치되어 있다고 전해지는데 그 장치가 무엇인지는 아무도 모릅니다.

진시황릉에 관해 알려진 사실이 별로 없는 것은 무덤 내부의 비밀을 유지하기 위해 특별한 조처를 했기 때문입니다. 바로 비밀 장치를 만든 사람들을 모두 생매장한 것입니다. 게다가 진시황릉은 현대의 과학기술로는 완벽한 발굴이 불가능해 무리한 발굴을 추진하지 않고 있습니다. 중국에서는 최소 300년~최대 1천 년 후에나 복원이 가능할 것이라고 추정하고 있죠.

진시황릉은 전 세계에서 부장품이 가장 많은 무덤이기도 합니다. 그중에서도 진시황릉에서 동쪽으로 약 1.5km 떨어진 곳에 있는 병마용갱兵馬俑坑이 가장 유명합니다. 세계 8대 기적이라 불리는 병마용갱은 실물처럼 보이는 병사와 말을 흙으로 만든 모형이 있는 갱도를 말합니다. 병사와 말은 무덤 속 진시황제를 지키는 대규모 친위군단이라 할 수 있습니다. 1974년에 우물 공사를 하던 농부가 도기 인형과 쇳조각을 발견하면서 병마용갱이 모습을 드러냈고, 기록으로만 전해지던 고대 중국의 이야기가 수천 년 만에 세상 밖으로 나왔습니다. 이곳 역시 아직 발

진시황릉 전경

병마용갱

굴 중이며, 발굴을 완료하면 8천여 기의 병사와 500여 필의 말, 130여 대의 전차가 출토될 것으로 예상합니다. 실제로 보면 어마어마한 규모에 압도당하고 각각의 섬세함이 살아 있는 모습에 저절로 감탄이 나옵니다. 병사들은 저마다 다른 표정과 신체를 가지고 있으며 옷차림을 보고 당시의 계급과 신분, 연령까지 알 수 있을 정도입니다. 대체 진시황제는 얼마나 대단한 인물이기에 이런 거대한 무덤의 주인이 되었을까요?

진시황제는 5천여 년의 길고 긴 중국 역사에서 최초로 천하를 통일한 인물입니다. 오늘날 우리는 중국을 영어로 China라고 합니다. 이는 진시황제가 다스린 진나라의 진Chin이라는 국호가 서양으로 건너가 중국을 일컫는 China라는 명칭이 된 것입니다. 그뿐 아니라 중국의 왕을 지칭하는 단어 '황제'를 동양에서 처음 만든 사람 또한 진시황제입니다. 진나라의 첫 번째 황제라는 의미에서 진시황제라고 부른 것인데, 요즘과 비교하자면 본인을 위한 신조어를 만든 것이라 할 수 있죠.

이처럼 중국의 가장 강력한 황제 중 한 명이었던 진시황제가 천하를 통일하고 강력한 왕권을 얻은 비결은 무엇일까요? 또한 천하 통일이라는 대업을 이루고도 죽은 지 3년 만에 진나라가 무너질 수밖에 없었던 이유는 무엇인지, 지금부터 진시황제의 비밀을 벌거벗겨 보겠습니다.

진시황제, 출생의 비밀

진시황제는 기원전 200년대 인물로, 지금부터 2천여 년 전의 이야기를 시작할 예정입니다. 우리가 이렇게 오래전 과거를 알 수 있는 것은 중국의 위대한 역사가 사마천司馬遷 덕분입니다. 그는 《사기》라는 역사서에 3천 년에 달하는 중국의 통사를 기록했는데 여기에 진시황의 이야기도 있습니다. 지금부터 《사기》 속 진시황의 모습을 이야기하겠습니다.

진시황이 중국을 한 손에 놓고 주무르는 황제의 자리에 오를 수 있었던 데는 기막힌 출생의 비밀과 킹메이커라는 존재가 숨어 있습니다. 이야기는 진시황의 아버지 자초子楚에서 시작됩니다. 자초는 당시 진나라의 왕자였으나 적장자는 아니었습니다. 왕을 계승할 수 있는 위치가 아니었기에 그는 주변국인 조나라에 볼모로 끌려간 상태였죠. 이 시기 중국은 동방의 제齊, 남방의 초楚, 서방의 진秦, 북방의 연燕, 그리고 중앙의 위魏, 한韓, 조趙 등 7개 나라로 나뉘어 있었습니다. 자초가 조나라에 볼모로 보내진 이유는 진나라와 조나라가 인질을 교환하면서 서로 견제했기 때문입니다.

자초가 볼모로 잡혀간 뒤에도 진나라는 조나라를 자주 공격했습니다. 그러다 보니 자초는 조나라로부터 미운털이 박혀 냉대 속에서 궁핍하게 살아야 했죠. 그러던 어느 날 자초를 보고 "진귀한 물건이다!"라면서 단번에 그가 왕이 될 재목임을 알아본 사람이 나타납니다. 그는 국경을 넘나들며 뛰어난 장사 수완으로 막대한 재산을 모은 거상 여불위呂不韋입니다. 여불위는 물건값이 쌀 때 몽땅 사놨다가 비쌀 때 되파는 식으로 많은 재산을 불렸는데, 오랜 장사 경험은 그에게 물건의 잠재적 가치를 알아보는 안목을 가져다주었습니다. 지금은 별 볼 일 없어 보여도 미래에는 훨씬 큰 가치를 가진 상품을 꿰뚫어 보는 것이죠. 이는 물건에만 한정된 게 아니었고, 여불위는 사람을 보는 눈도 탁월했습니다. 그런 그가 장사 때문에 간 조나라에서 자초의 숨은 가치를 직감한 것입니다. 여불위는 여러 나라를 돌아다녔기에 진나라 왕실의 속사정을 꿰뚫고 있었습니다. 《사기》의 〈여불위 열전〉은 이 상황을 "이 진귀한 재화는 사둘 만하다"라고 기록하고 있습니다. 그날 이후 여불위는 왕위 계승 서열에서 밀려나 있던 자초를 진나라의 왕으로 만들 계획을 세웁니다.

자초의 아버지 안국군安国君은 당시 진나라의 태자, 즉 차기 왕위계승자였는데 그가 가장 총애하는 정부인과의 사이에 자식이 없었습니다. 이때 여불위가 장사꾼의 수완을 발휘합니다. 후계자를 정할 때 정부인에게 아들이 있다면 당연히 그가 1순위가 될 것이므로 정부인이 자초를 양자로 삼게 할 계획을 세운 것이죠. 이에 자초는 계획대로만 된다면 여불위에게 진나라의 절반을 주겠다고 약속합니다. 여불위는 자초에게 500금을 주며 세력 있는 사신들과 친분을 맺게 하고 자신도 500금으로 값비싼 예물과 진귀한 물건을 사서 진나라로 떠났습니다. 당시 보통 사람들의 재산이 10금 정도였는데, 1천 금의 재산을 투자했으니 여불위가 얼마나 통이 크고 대담했는지 알 수 있습니다.

진나라에 도착한 여불위는 안국군의 정부인에게 의도적으로 접근했습니다. 그러고는 영원히 권력을 잃지 않고 평생 부귀영화를 누리려면 하루빨리 양자를 얻어 그를 후사로 삼아 왕위에 올려야 하는데, 조나라에 인질로 가 있는 자초가 현명하고 명성이 높으니 그를 후계자로 삼아야 한다고 사주했죠. 여불위의 꼬드김에 넘어간 정부인은 눈물로 남편인 안국군을 설득했고 자초는 결국 여불위의 계획대로 정부인의 양자가 되어 후계자 자리에 올랐습니다.

그즈음 여불위는 운명적 만남을 갖게 됩니다. 여불위의 집에 초대받은 자초는 여불위가 데리고 있던 조나라의 무희 '조희趙姬'를 보자마자 첫눈에 반합니다. 사실 조희는 여불위가 가장 아끼는 애첩이었습니다. 전 재산을 자초에게 투자했던 여불위는 화가 났지만 이를 억누르고 자초에게 조희를 보냈습니다. 그런데 여기에는 자초가 모르는 비밀이 존재합니다. 당시 조희가 임신 중이었던 것입니다. 여불위는 이 사실을 숨긴 채 두 사람이 결혼하는 것을 지켜보았습니다. 얼마 후 두 사람 사이에서 아들이 태어났고, 정이라 이름 붙인 그 아이가 훗날 중국을 최초로 통일한 진시황제입니다. 《사기》에는 이 내용이 다음과 같이 기록되어 있습니다.

> "그녀는 임신한 몸을 숨기고 자초와 살며 만삭이 되어 아들 정政을 낳았다. 자초는 마침내 그녀를 아내로 맞이했다."

기록에 따르면 진시황제는 자초가 아닌 여불위의 아들인 셈이죠. 다만 사마천은 그런 설도 있었음을 기록하여 후세에 판단을 맡겼습니다.

킹메이커 여불위의 최후

전 재산을 바치고 사랑하는 애첩까지 보낸 여불위의 바람대로 자초는 왕의 자리에 오를 수 있었을까요? 당시 진나라를 다스리던 왕, 즉 자초의 할아버지가 죽고 마침내 아버지가 왕(효문왕)의 자리에 올랐습니다. 그리고 여불위의 바람대로 자초는 차기 왕위 계승자가 되었죠. 운명의 장난처럼 자초의 아버지 효문왕이 즉위 1년 만에 세상을 떠났고, 드디어 자초가 진나라 왕(장양왕)으로 즉위합니다. 장양왕은 자신을 왕으로 만든 일등공신 여불위를 왕을 보필하는 최고 관직인 승상에 임명했습니다. 지위뿐 아니라 세금을 징수할 수 있는 10만 호의 땅을 내려 경제적 보상도 해주었습니다. 그러나 천수를 누릴 줄 알았던 자초 역시 3년 만에 죽었고 진시황이 왕위를 이어받게 됩니다.

당시 그의 나이는 겨우 13세였습니다. 그런 어린 왕의 뒤에서 권력을 손에 쥐려는 이가 있었으니…. 어린 나이에 왕이 된 진시황이 가장 의지할 사람은 어머니 조희였습니다. 그리고 조희가 가장 믿는 사람은 바로 여불위였죠. 때문에 여불위는 이전보다 더욱 강력한 권력을 잡게 됩니다. 승상보다 지위가 높은 상국이라는 자리에 올랐고 아버지와 다름없는 사람이라는 뜻의 '중부仲父'라고 불리기까지 했습니다. 집에서만 무려 1만 명의 노비를 부릴 정도로 그가 누린 권력은 어마어마했습니다. 그는 주변 국가의 학자들을 3천 명이나 모아 《여씨춘추》라는 책을 편찬하기도 했습니다. 지금의 백과사전과 같은 책으로 당시 세상의 모든 정보를 모아놓은 것이었죠. 여불위가 《여씨춘추》에 얼마나 큰 자부심을 가졌는지는 그가 내걸었던 방의 내용으로 확인할 수 있습니다.

"만일 이 책에서 한 글자라도 고칠 것을 찾아내는 사람이 있다면 천금을 주겠다."

이 말은 매우 빼어난 글자나 시문을 비유하는 '일자천금一字千金'의 유래가 되었습니다. 당시 이러한 행동은 왕이나 가능한 일이었습니다. 그런데 여불위는 왕이 아님에도 왕권을 넘어선 무소불위의 권력을 누렸던 것이죠.

막강한 권력을 누리던 여불위지만 그에게도 고민이 있었습니다. 가장 큰 문제는 진시황의 생모이자 자신의 애첩이었던 조희와 계속 관계를 맺고 있었다는 것입니다. 위험한 관계를 이어가던 여불위는 진시황이 성인이 되자 두 사람의 사이가 알려질 것이 두려웠습니다. 그런데 태후인 조희는 여불위와 헤어지려 하지 않았습니다. 태후를 떼어낼 묘책을 생각하던 여불위는 그녀에게 자신을 대체할 노애嫪毐라는 남자를 소개했습니다. 두 사람은 여불위의 계획대로 사랑에 빠졌습니다.

조희와 노애는 몰래 사랑을 키우며 두 명의 아이까지 낳았습니다. 하지만 세상에 비밀은 없는 법. 진시황에게 태후와 노애의 비밀이 담긴 고발장이 날아옵니다. 놀랍게도 고발장에는 두 사람 사이에 낳은 아이를 후계자로 삼겠다는 계획까지 들어 있었습니다. 태후를 등에 업고 권력이 커진 노애는 진시황의 옥쇄와 인장까지 위조해 반란을 일으키려 했던 것입니다. 이 사실이 들통나자 진시황은 가신들을 동원해 노애와 태후가 기거하던 기년궁을 공격하는 한편 함정을 파서 노애의 부하들을 처단합니다. 그리고 노애에게 사지를 찢어 죽이는 거열형을 처했죠. 진시황은 두 사람을 소개한 여불위도 죽이려 했습니다. 하지만 나라의 큰 공을 세웠다는 점과 여러 대신이 그를 변호했기에 파면시키는 것으로 만족하고 지방으로 보내 칩거하도록 합니다.

쫓겨난 여불위의 명성은 그전과 달라질 것이 없었습니다. 오히려 주변 국가에서 여불위를 만나려고 날마다 줄을 이을 정도였죠. 이 사실을 안 진시황은 여불위가 반란을 일으키지 않을까 하는 두려움을 느꼈습니다. 결국 여불위에게 '귀공은 진나라와 어떤 혈연관계가 있어 중부로 행세하고 있는가? 즉시 일가를 이끌고 촉으로 옮겨 살 것을 바라노라!'라는 내용의 친서를 보냅니다. 이를 읽은 여불위는 진시황이 어떤 식으로든 자신의 죄를 물어 죽일 것임을 깨닫고, 그때 가서 치욕스럽게 죽느니 스스로 목숨을 끊겠다며 음독으로 생을 마감합니다. 자초를 왕으로 만들고 진시황을 왕의 자리에까지 오르게 만든 여불위는 권력의 단맛에 취한 대가로 비참한 최후를 맞이했습니다. 이로써 진시황은 자신만이 제국의 유일한 권력자임을 천하에 확실하게 선언합니다.

진시황제 천하 통일의 비밀

타국에 볼모로 잡혀간 왕자의 아들에서 하루아침에 왕이 된 진시황. 어린 나이에 왕위에 오른 그는 이제 본격적으로 자신의 운명을 만들어가기 시작합니다. 그리고 마침내 중국 역사상 최초로 통일 국가라는 대업을 달성합니다.

당시 중국은 철기 시대의 시작으로 농기구를 만들면서 농업이 발전하고, 무기 제작으로 군사력이 강력해졌으며, 다양한 장식품을 만들어 수공업까지 발달했습니다. 생산력이 높아지면서 자연스레 경제와 문화가 성장해 유례를 찾아볼 수 없을 만큼 호황을 누렸죠. 하지만 이런 상승세에 큰 걸림돌이 있었으니, 바로 중국이 7개로 나뉘었던 것입니다. 진시황제가 통일된 국가를 이루기 전까지만 해도 중국은 진, 조, 위, 한, 제, 연, 초라는 7개의 나라로 나누어져 있었습니다. 이렇게 여러 나라가

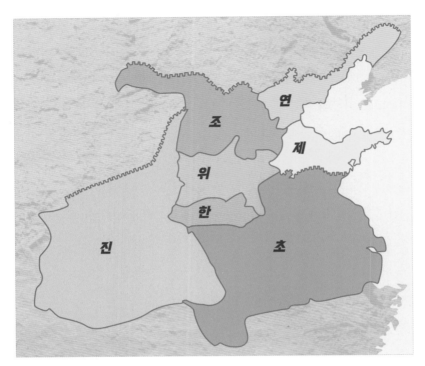

전국 7웅 시대

패권을 다투던 시기를 '전국 시대'라고 합니다. 나라마다 서로 다른 화폐를 사용했기 때문에 나라 간 교역이 어려웠고 단위를 재는 도량형도 제각각이어서 홍수나 가뭄 같은 자연재해에 대한 대책도 제대로 마련되지 않은 혼돈의 상황이었죠.

무엇보다 500여 년 동안 7개 나라가 각국의 명운을 걸고 밀고 밀리는 전쟁을 반복하다 보니 백성들의 삶이 이루 말할 수 없이 피폐해졌습니다. 엎친 데 덮친 격으로 북쪽의 강력한 유목 민족인 흉노의 침입까지 계속되자 전국 시대 말기에 이르러서는 왕과 귀족, 평민을 막론하고 누구나 통일 국가를 열망하게 됩니다. 즉 천하 통일은 누군가 했어야 할 시대의 책무와도 같은 것이었죠. 이 많은 나라 가운데 진시황의 진나라가 통일을 주도할 수 있었던 비결은 무엇일까요?

천하 통일의 첫 번째 비결은 '뛰어난 인재 등용'입니다.

진시황의 곁에는 적국의 멘탈을 흔드는 전략과 전술을 가진 뛰어난 학자들이 있었습니다. 특히 진나라는 다른 나라에 비해 타국 출신 학자가 많았습니다. 진시황은 출신에 상관없이 유능한 인재라면 적극적으로 등용했기 때문에 각 나라의 훌륭한 학자들이 그의 곁으로 모여들 수밖에 없었죠. 전국을 통일하겠다는 진시황의 결심은 초나라 출신의 이사李斯라는 학자의 한마디에서 시작되었습니다.

진시황이 이사를 인정하고 등용하자 그를 눈엣가시처럼 여긴 기존의 신하들은 진나라 출신이 아닌 이사가 간첩이 될 수 있으니 그를 배척해야 한다고 주장했습니다. 이 사실을 알게 된 이사는 〈간축객서〉라는 산문을 써서 진시황에게 바쳤습니다. 글의 내용은 '외부에서 온 사람이라도 나라에 이익이 된다면 쓰지 못할 이유가 없다'라는 것이었죠. 이는 곧 다른 나라 출신의 신하도 천하의 대업을 이루는 데 한몫할 수 있으며, 이들을 내치면 진나라는 발전할 수 없다는 뜻이기도 했습니다. 글을 본 진시황은 이사의 주장을 받아들여 그를 중요한 자리에 등용합니다. 그렇게 왕의 신임을 얻어 심복이 된 이사는 진시황이 중국 통일을 결심하는 결정적인 조언을 합니다.

"진나라의 강대한 힘과 대왕의 현명함이 있으니 모든 나라를 멸망시키고 천하를 통일하는 것은 화덕의 재를 털어내는 것만큼 쉬운 일입니다. 지금이야말로 천 년에 한 번 있을까 말까 한 절호의 기회이니 놓치지 마십시오."

이사의 조언을 들은 진시황은 본격적으로 천하 통일을 결심하고 움직이기 시작합니다. 그는 이사의 계책을 받아들여 그대로 실행하는데, 그 계책이란 각 나라의 왕과 실세들을 황금과 같은 다양한 방법으로 설득하는 것입니다. 만일 매수에 실패한다면 이들을 날카로운 검으로 가차 없이 죽이기로 하죠. 또한 여러 나라의 사이를 이간질해 분열시킨 다음 나라가 혼란스러운 틈을 타 뛰어난 장수와 병사들을 보내 공격하도록 합니다. 당시 진나라를 제외한 국가들은 합종책合縱策을 맺었는데, 이는 7개 나라 가운데 가장 강국인 진에 대항하기 위해 나머지 6개 나라가 힘을 합쳐 대항하자는 것입니다. 합종책으로 각국은 한동안 균형 상태를 이뤘습니다. 그런데 어느 날 갑자기 이제까지와는 반대로 6개 나라가 진나라와 화친을 맺어 평화를 이루자는 연횡책連橫策이 등장합니다. 이로 인해 합종책으로 연합한 여러 나라가 분열되기 시작했습니다. 이는 각각의 나라를 고립시키려는 진나라의 의도였죠. 진나라는 연합이 깨진 6개 나라를 하나씩 격파해 나갔습니다. 이러한 전략이 가능했던 것은 외부의 인재를 받아들인 진시황의 포용력과 개방성 덕분이었습니다.

천하 통일의 두 번째 비결은 '법치주의'입니다.

진나라는 엄격한 법과 냉철한 통치력으로 반란이나 역모의 싹을 잘 랐습니다. 전국 시대 가장 대표적인 사상은 유가와 법가였습니다. 유가 사상은 현재까지 우리나라에도 이어져 오는 사상으로 인간의 본질은 선하다는 성선설을 기본 믿음으로 삼습니다. 반면 법가는 인간의 본질은 악하다는 성악설을 바탕으로 법으로 다스리는 법치주의를 주장하죠. 진나라는 두 사상 중 강력한 법치주의를 내세운 법가 사상을 채택

했습니다. 법치주의란 인간의 본성은 악하기 때문에 덕이 아닌 강력한 법으로 백성을 다스려야 한다는 사상입니다. 때문에 군대도 엄격한 제도로 통솔했습니다. 전쟁의 공로는 우대하되 개인적 싸움은 단호히 다스렸습니다. 또한 나라를 더욱 부유하게 만들기 위해 20세 이상 남자는 분가시켜 농사를 짓게 하고 귀족의 혜택을 없앴습니다. 여기에 20개의 등급을 만들어 성과에 따라 상과 벌을 분명하게 내렸죠. 덕분에 지위의 높고 낮음과 친분에 관계없이 누구라도 노력한다면 출세할 수 있었습니다. 이러한 법을 통해 진나라는 부국강병의 기틀을 마련했습니다.

천하 통일의 세 번째 비결은 '지리적 위치'입니다.

진나라는 서쪽으로 떨어진 곳에 위치해 문화의 중심지에서 벗어난 변방국이었습니다. 게다가 진나라 밖에는 오랑캐라 불리는 북방의 유목민들이 자리하고 있었죠. 변방에 치우친 나라가 어떻게 중원의 나라를 제압할 수 있었을까요?

전국 시대에는 '변방의 역설'이라는 말이 있었습니다. 모든 변혁과 혁명은 기득권 세력으로부터 멀리 벗어난 변방에서 일어난다는 뜻입니다. 변방이라는 지리적 위치는 외래 민족의 침입이라는 단점이 있지만 다양한 문물을 받아들일 수 있는 장점도 있습니다. 원래 중화 문명은 황하강 중류 지역에서 꽃을 피웠는데, 진나라는 여기서 벗어난 곳에 위치했죠. 하지만 역설적으로 변방국이기 때문에 가질 수 있는 역동성과 활력이 있었습니다. 그리고 변방이기에 개발의 여지가 큰 미개척지가 많았는데 이에 비해 인구가 적어서 성장의 잠재력도 뛰어났습니다. 지리적 조건뿐 아니라 진시황 역시 외래 문화와 외부 인재들에게 개방적인 태도를 보였고, 이는 진나라를 강대국으로 만들었습니다.

뛰어난 인재 등용과 법치주의에 따른 강력한 군대, 지리적 이점으로 진나라는 최대 강국으로 성장했습니다. 한·조·연·위나라를 무너뜨린 진나라는 이제 초나라를 칠 준비하고 있었죠. 초나라와의 전쟁에 천하 통일이 달렸을 정도로 초나라는 강했습니다. 진시황은 여러 장군을 모아 초나라를 무너뜨리는 데 군사가 얼마나 필요한지 의논합니다. 이때 용맹한 젊은 장군이 20만 명이면 충분하다고 장담합니다. 하지만 그간의 전투에서 여러 공을 세운 노장군은 60만 명은 필요하다고 주장했습니다. 진시황은 노장군이 겁이 많아졌다며 젊은 장군에게 20만 명의 병력을 주었고 초나라와의 전쟁을 맡겼습니다. 이에 속이 상한 노장군은 병이 들었다는 평계를 대고 고향으로 돌아갔습니다. 그런데 기세등등했던 젊은 장군은 초나라군에 크게 패하고 말았습니다. 진시황은 노장군에게 달려가 사과한 뒤 60만 군사를 초나라로 보냈습니다.

초나라는 진나라의 60만 대군의 공격에 버티지 못한 채 무너졌습니다. 그 사이 진나라의 기세에 재도전하며 반기를 든 연나라와 조나라를 다시 한번 제압합니다. 이제 남은 것은 제나라뿐이었죠. 오랜 전쟁으로 지친 진나라는 전략을 바꿔 제나라 왕을 회유하기로 합니다. 항복하면 500리의 땅을 하사하고 조상의 제사를 올릴 수 있도록 하며, 자손들을 보존해 줄 것이라고 제안하죠. 궁지에 몰린 제나라는 진시황의 약속을 철석같이 믿고 항복을 선언했습니다. 그러나 진시황은 약속을 뒤집고 제나라 왕을 멀리 추방해 산속에서 굶어 죽게 만들었습니다. 다시는 제나라가 일어날 수 없도록 그 싹을 잘라버린 것입니다. 그만큼 진시황은 냉혹한 인물이었습니다.

통일과 함께 대업을 이루다

전국 시대에 마침표를 찍으며 천하 통일의 대업을 이룬 진시황의 나이는 39세에 불과했습니다. 그는 가장 먼저 지금까지 자신이 이룬 성공에 어울리는 호칭을 만들 것을 명령했습니다. 신하들은 위대한 성황을 부르는 '황皇'과 하늘의 신, 즉 전 세계를 지배하는 유일의 절대자라는 뜻의 '제帝'를 더해 '황제'라는 칭호를 올렸습니다. 이를 받아들인 진시황은 중국 최초로 황제라는 호칭을 사용합니다. 또한 왕의 사후에 신하가 시호를 붙이는 것을 불경하다고 여긴 그는 첫 번째 황제라는 의미에서 '시始'를 붙여 자신을 시황제라고 칭했습니다. 이후 자신을 뒤이을 황제들을 2세, 3세 황제라고 부르도록 하죠.

스스로를 황제로 만든 뒤에는 가장 큰 골칫거리를 해결하기 시작합니다. 전국 시대는 수백 년간 여러 나라로 쪼개져 있었던 만큼 문자, 화폐, 제도, 법 등의 체계가 제각기 달랐습니다. 이들 국가를 하나로 통일

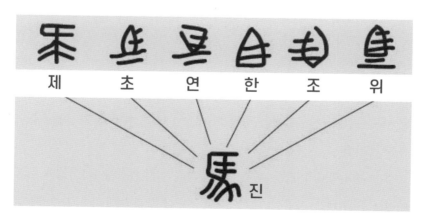

서로 다른 문자 체계

한 진시황제는 백성들이 실생활에서 사용하는 모든 제도 역시 통일하기로 합니다. 앞의 그림은 말을 뜻하는 한자 馬를 7개 나라의 문자로 표현한 것입니다. 이처럼 같은 의미의 글자가 서로 다른 모양을 하고 있었죠. 진시황제는 다양한 문자 체계를 통일시키면서 백성들의 생활을 편리하게 만들었습니다.

그 외에 나라마다 달랐던 화폐 역시 반량전이라는 화폐로 통일했습니다. 또한 일정한 폭의 도로를 만들고 수레바퀴 폭도 똑같이 맞춘 뒤, 방사선형으로 뻗친 도로망으로 재정비합니다. 이는 수도인 함양과 각 지역의 도로를 연결함으로써 황제의 명령을 신속하게 전달하고 지방에서 반란이 일어나도 군사 전용 직도를 통해 재빨리 진압하기 위함이었죠. 그리고 무게나 길이, 용량까지도 모두 통일했는데, 기록에 따르면 '해와 달이 비추고 배와 수레가 다니는 곳이라면 어디나 모든 것을 다 누릴 수 있게 되니 만족하지 않는 자가 없었다'라고 합니다. 심지어 한 번 떠나면 1년이나 걸리는 전국 시찰을 5번이나 강행하기도 했습니다.

진시황제는 백성들을 위해 아침부터 저녁까지 게으름을 피우지 않고 노력하는 왕이었습니다. 그는 어떤 일이든 자신의 손을 거치도록 했고 스스로 약속한 업무량을 처리하지 못하면 잠을 자지 않았습니다. 당시에는 종이가 없던 시기라 모든 상소문이나 서류는 대나무 조각인 죽간에 새겼습니다. 진시황제는 죽간을 저울에 달아 하루에 약 30kg의 서류를 처리했다고 합니다.

사실 진시황제가 모든 제도를 통일하고 직접 상소문을 처리한 이유는 백성을 위하는 마음보다는 황제의 권력을 강화하기 위한 것이었습니다. 어지러운 제도를 하나로 정리해야 효율적으로 통치할 수 있고, 신하

죽간

들에게 나랏일의 결정권을 주지 않기 위해 직접 모든 일을 처리한 것이 죠. 또한 진시황제는 과거와 완전히 다른 통치 방식을 선택했습니다. 전국 시대에는 나라를 여러 개의 군으로 나눈 뒤 왕자나 신하들에게 배분해 그들이 각각 군을 다스렸습니다. 하지만 통일된 진나라를 36개 군으로 나눈 진시황제는 직접 모든 군을 다스리는 군현제를 실시합니다. 이는 중국 최초의 중앙 집권 체제로 청나라 말까지 약 2천 년 동안 이 시스템을 유지합니다. 이로 인해 지배층이 다스리는 땅이 세습되지 않았고, 인사권도 중앙 정부에서 장악해 지방에서 독자적으로 세력을 키울 수 없었습니다.

절대 권력을 위한 진시황제의 폭정

기원전 220년, 천하를 통일하고 중국 최초의 황제가 된 진시황제는 북방의 침입을 막기 위해 이전부터 세워져 있던 성벽을 연결해 세계에서 가장 장대한 규모의 건축물을 세웁니다. 중화 제국의 자부심이라 불리는 만리장성萬里長城이죠. 그가 만리장성을 지은 이유는 북방 최강의 유목민족인 흉노족 때문입니다. 전국을 통일한 진시황제도 끊임없이 진나라를 침입하고 국경을 넘어 진나라 백성들을 약탈하는 흉노족에는 두려움을 느낄 수밖에 없었습니다. 진시황제는 그들을 막기 위해 북쪽의 국경에 약 1만 리(약 4천km)의 거대한 장성을 세울 것을 명령합니다. 사실 북쪽의 나라들은 북방의 침입을 막기 위해 이미 저마다의 성벽을 세운 터였죠. 지역마다 존재했던 이러한 장성들을 이어 만든 것이 만리장성입니다.

그런데 나라를 지키기 위해 시작한 만리장성 사업은 오히려 백성들을 죽음으로 몰아넣었고, 진나라에 멸망의 기운을 가져왔습니다. 이 공사에는 무려 30만 명의 병력이 동원되었는데 공사 현장은 참담했습니다. 눈보라와 비바람이 몰아쳐도 일을 멈출 수 없었죠. 게다가 산에서 생활하며 공사에 참여했기에 잠은 길거리에서 자야 했으며 음식도 부실했습니다. 만리장성은 이처럼 열악한 환경에서 강제로 노동할 수밖에 없었던 백성과 병사들의 땀과 눈물로 세워진 것입니다. 무엇보다 큰 문

만리장성

제는 만리장성을 쌓기 위한 공사비용이었습니다. 이를 충당하기 위해 무리하게 세금을 거뒀고 더는 감당하지 못한 백성들이 들고 일어서기 시작했습니다. 당시 10가구 중 5가구가 반란에 뛰어들었을 정도였습니다. 민심이 돌아서고 국가의 재정도 고갈된 상황에서 영원히 지지 않을 것 같은 진시황제의 시대가 저물어 가고 있었습니다.

진시황제는 여기서 멈추지 않고 백성을 죽음으로 몰아넣는 폭정을 시작합니다. 이는 진나라를 한순간에 무너지게 만드는 끔찍한 결과를 낳았습니다. 폭정의 최절정은 분서갱유로, 책을 불태우는 분서焚書와 유생을 산 채로 구덩이에 파묻는 갱유坑儒가 벌어진 것입니다.

그토록 바라던 통일을 이루었으나, 진나라 백성들 사이에서는 전체주의 통일 국가에 반대하는 학설이 떠돌기 시작했습니다. 여기에 백성들이 선동당할 것을 걱정하는 진시황에게 이사가 극단적인 탄압 정책을 제안합니다. 진나라의 기록이 아닌 것은 모두 불태우라는 것이었죠.

"유생들이 사사로이 배운 것으로 서로 법령과 교화를 비난하고, 명령을 받고도 각자 배운 것을 가지고 토론하려 듭니다. (중략) 무리들을 선동하여 비방을 조성하려 합니다. 이러한 것들을 막지 않는다면 위로는 군주의 위세가 떨어지고 아래로는 패거리가 형성될 것이니 막는 것이 옳습니다."

이사는 학자들이 자신이 배운 것을 기준 삼아 황제의 일을 비난하고 비방하는 말을 퍼뜨린다며 이를 금지하지 않으면 황제의 권위가 떨어질 것이라고 경고했습니다. 동시에 이를 막기 위해서는 의약, 점, 농사에 관한 책 외에 진나라의 기록이 아닌 것은 모두 불태워야 한다며 '분서'를 주장했습니다. 진시황제는 이사의 의견을 받아들이고 만일 명령을 어기는 사람이 있다면 혹독한 처벌을 내리도록 했습니다. 그리고 백성들에게 본보기를 보이기 위해 두 사람 이상이 만나 과거의 기록(《시경》과 《서경》)에 대해 이야기하면 백성들이 보는 앞에서 사형에 처하도록 합니다. 명령을 내린 지 30일이 지나도 책을 불태우지 않는 사람이 있다면 얼굴에 문신을 새기는 경형에 처한 뒤 성곽을 쌓는 노비로 삼는 끔찍한 처벌까지 내리죠.

책을 읽고 의견을 나누는 것이 엄청난 범죄가 된 것입니다. 이보다 더 무서운 것은 옛날 기록을 가지고 현실을 비난할 경우 삼족을 멸하게 했고, 관리가 이를 알면서도 처벌하지 않으면 똑같은 죄를 물었습니다. 삼족이란 아버지의 친족, 어머니의 외족, 그리고 배우자의 처족을 말합니다.

이 같은 강압적 통치로 이제 진나라에서 권력을 가진 사람은 진시황제가 유일했습니다. 하지만 이에 대해 유생들의 불만이 커졌고 사람들은 진시황제를 더욱 비판했습니다. 그러자 진시황제는 이들을 탄압하기 위해 더욱 강력한 처벌을 강행했습니다. 진시황제를 비판하는 유언비어를 날조한다는 죄명으로 유생과 방사(도사)를 심문한 것입니다. 이는 단순한 심문이 아니라 반드시 다른 사람의 잘못을 말해야 풀려날 수 있는 일종의 고발 강요였습니다. 이러한 방식으로 법령을 어겼다고 잡아들인 사람이 460여 명에 이르렀죠. 그리고 구덩이를 파 이들을 모두 산 채로 묻어버립니다. 이른바 '갱유'가 벌어진 것입니다. 이 두 사건을 합쳐서 '분서갱유'라고 합니다. 분서갱유는 진시황제 말년의 피해 의식과 권력에 대한 욕심을 상징하는 사건입니다.

진시황제의 큰아들은 이에 대해 "유생들은 모두 공자를 공부하고 본을 받고자 하는 이들인데 엄중한 형벌로써 그들을 다스리니 천하에 변란이 생길까 두렵다"라고 염려했습니다. 그러자 진시황제는 바른말을 한 아들에게 오히려 크게 화를 내며 변방으로 내쫓았습니다. 분서갱유는 고대 문화를 파괴하는 문화 말살 정책에 불과한 것으로 결과적으로 왕권 강화는커녕 진나라 왕조의 통치 기반을 무너뜨리고 백성들의 더 큰 반발을 불러일으켰습니다.

신의 영역, 불로불사를 꿈꾸다

천하의 권력을 가진 사람이 다음으로 바라는 욕망은 무엇일까요? 진시황제는 영원한 권력을 누리기 위해 불로불사를 꿈꾸기 시작했습니다. 인간적인 한계를 모두 맛보았기에 그 한계를 넘어서고자 했던 것이죠. 불멸의 삶을 원하던 진시황제에게 어느 날 제나라의 서불徐福이 상소를 올렸습니다.

> "바다 가운데 봉래, 방장, 영주라는 세 개의 산에 신선이 살고 있습니다. (중략) 청컨대 어린 남녀 아이를 데리고 신선을 찾게 해주십시오."

자신이 목욕재계하고 어린 남자아이와 여자아이를 데리고 신선을 찾을 수 있게 해달라고 한 것입니다. 귀가 솔깃해진 진시황제는 서불에게 거금을 하사했습니다. 수천 명의 동남동녀와 거금을 가지고 떠난 서불 일행은 황현 서향(현재의 용구시 서복진)에서 출발해 동쪽 바다 즉, 우리나라의 서해로 떠났습니다. 전해지는 이야기에 따르면 그들은 한반도와 일본 열도의 여러 지방에 도착했으나 이후의 소식은 들을 수 없었습니다. 신선을 찾겠다고 떠났으나 자신의 거짓말이 탄로 날까 두려웠던 서불은 진나라로 돌아가지 않았고, 서해 주변의 바다를 떠돌다가 결국 동쪽에 주저앉았다고 합니다. 후에 진시황제는 서북에게 거금을 쓰고도 끝내 약을 얻지 못했다며 분노했습니다.

진시황제는 불사약을 위해 할 수 있는 모든 노력을 다했는데, 그중 하나가 스스로 신선이 되려 한 것입니다. 진시황제의 앞에 자신을 신선이라 칭하는 노생盧生과 후생侯生이 나타났습니다. 그들은 자신들이 불사약을 구하러 갔지만 방해물이 있는 것 같다며 약을 구하기 위해서는 황제가 악귀를 피해서 스스로 '진인眞人'이 되어야 한다고 말했습니다. 진인은 신선을 추구한 중국인들이 만든 개념으로 도를 깨우쳐 깊은 진리를 깨달은 사람을 말합니다. 진인은 물에 들어가도 젖지 않고 불에 들어가도 타지 않으며, 구름을 탈 수 있고 천지와 함께 영원히 존재하는 신선 같은 존재입니다. 그들은 진시황제가 진인의 경지에 도달하려면 황제가 거처하는 곳을 사람들이 모르게 해야 한다고 당부합니다. 이번에도 솔깃한 진시황제는 "내가 평소 진인을 사모해 왔다. 지금부터 '진인'이라 하고 '짐'이라고 부르지 않겠노라"라고 명령합니다. 그리고 수도함양 부근 200리 안의 궁궐 270곳을 구름다리로 연결합니다. 그 안에서 매일 거처를 옮기며 자신의 종적을 숨겼습니다. 또한 그 안에 배치된 사람들이 등록된 각자의 자리 외에는 다른 곳으로 옮기지 못하도록 이동을 제한했습니다. 진시황제의 거처를 아는 사람을 최소화하고 발설하지 못하도록 한 것이죠.

그러던 어느 날, 행차 중이던 진시황제는 양산궁에서 아래를 내려다보던 중 신하의 수레와 말의 수가 너무 많다며 언짢아했습니다. 그런데 며칠 후 신하의 수레와 말의 수가 확 줄어들었습니다. 진시황제는 궁중의 누군가가 자신의 말을 발설했다며 크게 화를 내고 한 사람씩 불러서 심문했습니다. 하지만 아무도 죄를 인정하지 않았고 그는 자신의 주위에 있던 사람들을 모두 잡아서 죽였습니다. 이 사건 이후 황제가 행차한 곳을 아는 자는 아무도 없었죠. 하지만 스스로를 신선이라 칭하며 진시황제에게 진인이 되는 방법을 알려주었던 두 사람도 결국은 불사약을 찾지 못한 채 도망가고 말았습니다.

진시황제의 죽음

영생을 갈망했으나 그저 인간에 지나지 않았던 진시황제는 끝내 죽음을 맞이합니다. 그가 죽기 1년 전, 하늘에서 불운의 상징인 유성이 떨어졌습니다. 땅에 떨어진 유성은 타버리지 않고 돌이 되었습니다. 그런데 백성 중 누군가가 그 돌에 '진시황제가 죽고, 땅이 나뉜다'라는 글을 새긴 것입니다. 이 소식은 진시황제의 귀에 들어갔고 범인을 색출했지만 찾을 수 없었습니다. 그러자 진시황제는 돌 주변에 사는 사람을 모조리 잡아들인 뒤 죽이고 돌을 태워 없앴습니다.

같은 해 가을에는 진시황제의 사자使者(왕의 의견이나 명령을 전하는 사람)가 밤중에 길을 지나는데 손에 벽옥璧玉을 쥔 누군가가 그를 막으며 "금년에 조룡祖龍이 죽을 것이오"라는 말을 남기고 홀연히 사라졌습니다. 조룡은 진시황제를 뜻하는 것으로, 놀란 사자는 곧장 진시황제를 찾아 이 일을 상세히 보고합니다. 한참을 말이 없던 진시황제는 "산 귀신은 불과 한 해의 일만 알 뿐이다, 조룡이라는 것은 사람의 조상일 뿐이다"라는 말을 남겼습니다. 자신이 죽을 것이라는 불길한 이야기가 자꾸 들려오니 불안했던 것이죠.

그 다음 해에 진시황은 전국 시찰에 나섭니다. 어느덧 50세의 나이에 접어든 진시황제는 폭염, 과로, 무리한 순행 일정에 지쳐 있었죠. 그럼에도 시찰은 강행되었고 그의 건강은 급격히 위독해졌습니다. 진시황제는 평소 죽음이라는 말을 끔찍이도 싫어했기 때문에 신하들은 감히 죽음과 관련한 어떤 말도 입 밖에 꺼내지 못했습니다. 시간이 흐를수록 병이 심해지자 진시황제는 자신의 죽음이 가까워졌음을 느꼈습니다. 그리하여 멀리 쫓아냈던 첫째 아들에게 보낼 편지를 쓰게 했습니다. 수도로 돌아와 자신을 안장하라는 내용이었죠. 하지만 편지를 부치기도 전에 진시황제는 숨을 거두고 맙니다. 통일의 대업을 완수한 지 11년이 지난 해였습니다.

신하들은 진시황제가 외지에서 죽은 것이 알려지면 변란이 일어날까 두려워 그의 죽음을 비밀에 부치고 시신을 가마에 둔 채 시찰을 끝까지 마무리 짓기로 합니다. 갑작스러운 황제의 죽음으로 후계가 결정되지 않았고, 새로운 황제를 맞이하기까지는 시간이 필요했기 때문이죠. 그런데 황제가 사라지자 주위의 간신배들이 행동에 나섰습니다. 진시황제의 측근이었던 이사와 조고趙高 등이 똑똑한 첫째 아들은 자신에게 득이 될 리 없다며 진시황제의 유언장을 조작한 것입니다. 먼저 첫째 아들에게 자결을 요구하고, 다음으로 자신의 후계를 호해에게 넘긴다는 내용을 넣었습니다. 위조된 유언장을 본 진시황제의 첫째 아들 부소扶蘇는 아버지의 뜻을 받들어 자결했습니다.

이러한 음모 속에 진시황제의 시신은 수레에 숨긴 채 신하들은 평상시와 마찬가지로 황제가 살아있는 것처럼 정사를 알리고 수라상도 그대로 올렸습니다. 모든 결재도 가마 안에 있는 환관이 대신 수행했죠. 하지만 더운 날씨에 부패한 시체에서는 썩은 냄새가 올라왔고, 이를 덮기 위해 신하들은 소금에 절여 말린 생선을 수레에 실었습니다. 중국 최초로 천하를 통일하며 권력을 누렸던 진시황제의 마지막은 냄새나는 생선 아래에 썩은 몸을 숨긴 처참한 모습이었습니다.

진시황제는 백성들을 사지로 몰아넣으며 만리장성, 아방궁, 진시황릉, 병마용갱 등 과도한 토목공사를 진행했고 이 때문에 국가 재정은 바닥을 드러내고 말았습니다. 가혹한 세금까지 걷자 백성들의 저항은 점점 커졌고 곳곳에서 반란이 일어났습니다. 왕의 자리에 오르면서부터 죽어서까지 강력한 권세를 누리려 했던 진시황제에 대해 후대 역사가는 이렇게 평가하기도 했습니다.

"시황제가 자리에 있던 바로 그때, 천하는 이미 무너지고 있었으나 황제 자신은 그것을 알지 못했다."

왕의 자리에서 강력한 권세를 누리려 했던 진시황제. 하지만 그가 죽고 3년도 지나지 않아 진나라는 멸망합니다. 진시황제의 뒤를 이어 그의 아들 호해胡亥가 이세二世황제로 즉위했습니다. 그리고 환관 조고는 그를 이용해 자신이 권력을 휘두르려 했죠. 이러한 탐관오리들은 부정부패를 저지르며 국정을 어지럽혔고 전국 곳곳에서 불만을 품은 백성들의 반란이 일어났습니다. 결국 진나라의 마지막 황제 자영子嬰이 서초패왕西楚霸王 항우項羽에게 항복하며 기원전 206년 진나라는 멸망합니다. 훗날 한나라의 학자 가의賈誼는 〈과진론〉에서 진나라가 멸망한 원인을 다음과 같이 분석했습니다.

"진시황은 자기만 옳다고 여겨 남에게 묻지 않았고, 잘못을 하고도 고칠 줄 몰랐다. 이세도 포악무도하여 재앙이 가중되었다. 자영은 친척도 없이 외로웠고, 힘없고 위험한 처지에서도 보필하는 자가 없었다. 세 군주가 모두 잘못에 빠져 있었음에도 죽는 순간까지 깨닫지 못하였으니 멸망이 어찌 당연하지 않겠는가?"

진시황은 천하를 통일하는 대업을 이뤘지만 이를 지켜내지 못했습니다. 나라를 세우는 창업創業은 이뤘으나, 나라를 지키는 수성守成은 이루지 못한 것입니다. 우리는 진시황제와 진나라의 역사를 통해 새로움을 개척해 나가는 창업도 중요하지만, 그것을 지키고 유지하는 수성이 더욱 중요하다는 사실을 깨달아야 합니다. 그렇지 않으면 진나라와 같은 일이 역사에서 반복될 것입니다.

벌거벗은 폭군, 네로 황제

네로는 왜 폭군이 되었나?

김헌

● "그는 중간 정도의 키에 몸에 얼룩이 있었고 밝은 금발에 곱슬머리가 층을 이뤘다고 한다. 몸에서는 고약한 냄새가 났다. 눈은 유약해 보이는 파란색이었고 목은 굵었다. 배가 나왔고 다리는 매우 가늘었다. 목소리는 작고 불분명해 확실히 매력은 떨어졌다."

이 인물은 누구일까요? 그는 한때 로마 시민에게 큰 사랑을 받았던 황제입니다. 시와 음악을 즐기고 로마의 문학과 예술을 발전시켰죠. 당시 귀족에게만 허락된 문화와 예술을 평민에게 개방해 함께 즐길 수 있게 만들고 평민을 위한 다양한 정책을 펼치기도 했습니다. 시민의 편의를 위해 공공 건설 사업을 지원하고 신분에 차별 없이 관직에 등용시키는 관대함과 융통성과 유연성을 보여준 것 역시 그의 업적입니다. 로마를 평화와 번영으로 이끌어 후대에도 존경을 받았던 그에 대해 로마의 제13대 황제 트라야누스Trajanus는 "어느 다른 황제도 그가 다스린 5년에 미치지 못한다"라고 그의 업적을 높이 평가했죠.

이 인물은 로마를 피로 물들이며 공포에 몰아넣은 최악의 폭군, 네로Nero 황제입니다. 우리가 알고 있는 네로 황제는 어머니를 죽인 패륜아, 그리스도교도를 잔혹하게 탄압한 폭군, 로마를 불태운 방화범 등입니다.

이처럼 네로 황제에 대한 평가는 매우 상반적입니다. 그는 로마를 지배할 당시에는 로마인들에게 인기가 높았던 편이었지만 동시에 로마 역사상 가장 포악한 황제로 손꼽힙니다. 무분별한 사치로 국고를 낭비하고 친족을 무참하게 살해하기도 했죠. 로마 황제 최초로 매우 잔인한 방식으로 그리스도교 박해를 했던 황제이기도 합니다. 그뿐 아니라 로마 시대에 일어난 최악의 재해인 로마 대화재를 일으킨 인물로도 유명합니다.

하지만 이것이 그가 가진 모습의 전부일까요? 사상 최악의 폭군으로 기억되는 네로 황제이지만 그의 이면을 벗겨보면 또 다른 모습을 볼 수 있습니다. 지금부터 네로 황제는 왜 폭군이 되었는지, 그리고 그의 이면에는 우리가 모르는 어떤 모습이 숨어 있는지 벌거벗겨 보겠습니다.

이루어질 수 없는 삼촌과 조카의 결혼

네로는 로마 제국의 제5대 황제입니다. 당시 황제가 되기 위한 첫 번째 조건은 황제의 후계자가 되는 것입니다. 하지만 네로는 '금수저'를 물고 태어난 황제의 후계자가 아니었습니다. 오히려 후계자라는 위치와는 거리가 멀었죠. 그런 네로가 황제가 된 배경에는 그의 어머니이자 욕망의 화신 아그리피나가 존재합니다.

아그리피나Agrippina는 고대 로마의 초대 황제 아우구스투스Augustus의 부관 아그리파Agrippa의 손녀로 로마에서도 손꼽히는 가문의 사람이었습니다. 로마의 제3대 황제 칼리굴라Caligula는 그녀의 오빠였죠. 아그리피나에게는 사별한 전남편 사이에서 낳은 외동아들 네로가 있었습니다. 즉 네로는 황실 가문이지만 황제의 직계자손이 아니고, 아버지마저 일찍 세상을 떠나 후계자로는 주목받을 수 없는 위치였습니다. 하지만 누구보다 욕망이 강했던 아그리피나는 자신의 아들 네로를 황제로 만들 결심을 했고 치밀하게 계획을 실행해 나갑니다.

아그리피나의 오빠이자 제3대 로마 황제였던 칼리굴라가 죽고 클라우디우스Claudius가 제4대 황제에 오릅니다. 클라우디우스는 총 4번의 결혼을 하는데 세 번째 아내가 보란 듯이 불륜을 저질렀고 이로 인해 사형됩니다. 황제의 비서관은 비어 있는 황후 자리를 채울 예비 후보를 클라우디우스에게 소개하는데, 그 후보에 네로의 어머니 아그리피나가 있었습니다.

아그리피나에게는 네로라는 아들이 있었지만 이는 전혀 흠이 아니었습니다. 오히려 아그리피나와의 결혼은 클라우디우스 황제의 세력 확장에 도움이 되는 좋은 조건이었죠. 하지만 두 사람의 결혼을 막는 큰 장벽이 있었는데…, 그들이 삼촌과 조카 사이라는 것입니다. 당시 로마법에도 삼촌과 조카의 결혼을 승인하는 법은 없었습니다. 한마디로 금지된 결혼이었던 것이죠.

하지만 클라우디우스는 좀 더 혈통이 좋은 황후를 얻고 싶어 했고, 아그리피나는 황후의 자리에 앉아 권력을 손에 넣고 싶어 했습니다. 서로가 필요했던 아그리피나와 황제는 법을 바꿔서라도 결혼하기로 합니다. 아그리피나와 측근들은 법을 바꾸는 데 큰 영향을 주는 여론몰이를 시작했습니다. 두 사람의 결혼이 꼭 필요하다는 내용으로 시민 앞에서 연설을 한 것이죠. 혈통이 보장된 아그리피나가 황제와 결혼해서 자식을 낳아야 한다는 내용이었습니다. 연설을 들은 사람들은 삼촌과 조카의 결혼이 필요하다고 생각했고, 별문제 없이 혼인법을 개정한 두 사람은 결혼에 성공합니다.

권력을 위해 법을 바꾸고 근친혼을 강행해 황제의 4번째 황후가 된 아그리피나. 그녀의 궁극적인 목표는 자신의 아들 네로를 황제로 만드는 것이었습니다. 그녀는 권력에 대한 강한 야욕을 감추고 있었고, 네로를 황제에 즉위시킨 후 '섭정'을 실시할 생각이었죠. 하지만 그녀의 계획에는 큰 걸림돌이 있었으니, 황제의 친아들 브리타니쿠스Britannicus의 존재였습니다. 이대로라면 황제 클라우디우스가 자신의 친아들을 후계자로 지목할 것이므로 아그리피나는 우선 네로를 후계자 1순위로 만들기로 합니다. 그녀는 황제에게 네로를 양자로 삼은 후 친아들과 똑같은 권리를 만들어달라고 요청했습니다. 클라우디우스는 부탁을 들어주면 훗날 황제 자리를 두고 다툼이 일어날 게 분명했기에 요청을 받아들이지 않았습니다. 그러자 아그리피나는 네로를 양자로 삼은 후 황제의 딸인 옥타비아Octavia와 결혼시켜 아들을 낳는다면 누구보다 황제가 되기에 좋은 혈통이 탄생할 것이라 말하죠. 그 말을 들은 클라우디우스는 불륜으로 처형당한 세 번째 아내의 아들인 브리타니쿠스가 후계자가 되면 계속해서 구설수에 오르내릴지도 모르겠다고 생각하기에 이릅니다. 결국 그는 네로를 양자로 들이고 사위로 삼은 뒤 후계자로 지명합니다. 아그리피나의 계획대로 네로는 황제의 자리에 한 발짝 더 가까이 다가섰습니다.

네로라는 악마를 만든 아그리피나

네로는 의붓동생인 옥타비아와 결혼까지 하며 마침내 황제 후계자 1순위가 됩니다. 이처럼 황실에서는 입지를 다졌지만 그것만으로 황제가 될 수는 없었습니다. 당시 로마 황제는 우리가 알던 절대 권력자가 아니

평범한 투니카와 보라색 토가

었습니다. 황제란 '최고 군사명령권자'라는 뜻이었고, 형식적으로는 원로원, 일반 시민과 함께 권력을 나눠 갖는 모양새를 가지고 있었습니다. 귀족 출신을 중심으로 구성된 원로원은 국가 재정을 장악하고 국가의 중요한 문제를 결정하는 권력을 지녔습니다. 실제로 입법·사법·행정의 많은 부분에서 원로원의 승인이 필요했죠. 이처럼 황제는 원로원과 시민에 의해 자리가 좌지우지될 정도로 권력 기반이 불안정한 입장이었습니다.

따라서 네로를 황제로 만들기 위해서는 원로원의 인정과 지지를 받아야 했습니다. 이를 위해 아그리피나는 먼저 네로의 성년식을 16세가 아닌 13세로 앞당겼습니다. 네로가 정권을 담당할 자격이 있는 어른이라는 것을 과시한 것입니다. 그리고 전차 경주를 앞두고 사람들이 가득 모인 대 경기장에 네로와 브리타니쿠스를 함께 입장시킵니다. 이때 브리타니쿠스에게는 평범한 소년이 입는 흰색 투니카를, 네로에게는 보라색 토가를 입혔습니다. 로마인에게 옷이란 그들의 계급, 지위, 신분을 공개적으로 드러내는 수단이었었습니다. 당시 보라색 옷은 매우 비싸서 평소 황제나 전쟁에서 승리한 개선장군이 행진할 때 입곤 했습니다. 평범한 복장의 브리타니쿠스와 달리 보라색 토가를 입은 네로는 단연 돋보였습니다. 시민들은 두 사람을 자연스레 비교했고 네로의 입지는 날이 갈수록 확고해졌습니다.

이 모습을 본 클라우디우스는 네로를 양자로 들인 것을 후회하기 시작합니다. 권력을 향한 검은 욕망을 드러내는 아그리피나가 아들을 위해 자신을 몰아낼지도 모른다고 생각했기 때문입니다. 그러던 어느 날 술에 취한 클리우디우스가 속마음을 털어놓았습니다.

"아, 나의 운명은 무엇인가. 아내의 죄를 참고 있다가 이윽고 처벌하는 것이 내 운명인가?"

아그리피나는 우연히 이 말을 듣게 됩니다. 아그리피나의 욕망을 눈치챈 것은 황제만이 아니었습니다. 그녀의 속마음을 읽은 황제의 측근은 브리타니쿠스에게 "어서 커서 아버지의 적을 내쫓으세요"라며 부추기기도 했습니다. 궁지에 몰린 아그리피나는 이 상황을 벗어나기 위해 황제를 독살할 계획을 세웠습니다. 클라우디우스가 좋아하는 버섯 요리에 독약을 뿌린 뒤 건넨 것이죠. 그는 별다른 의심 없이 음식을 먹었습니다.

그러나 독이 든 버섯 요리를 먹고 속이 좋지 않았던 클라우디우스는 구토를 했고 덕분에 독이 번지지 않아 목숨을 건졌습니다. 이를 본 아그리피나는 물러서지 않고 또 다른 방법을 사용했습니다. 일설에 의하면 로마인들이 구토를 유도할 때 사용하던 깃털이 있는데, 아그리피나가 그 깃털에 독을 묻힌 뒤 클라우디우스의 구토를 돕는 척하며 독이 묻은 깃털을 목 안에 집어넣었다는 것입니다. 그러자 클라우디우스는 독을 삼키게 되었고, 혀가 마비되어 밤새 몸을 뒤틀다 고생하며 새벽녘에 숨을 거두었다고 합니다. 또 다른 이야기도 있습니다. 클라우디우스가 독을 토해내자 아그리피나가 속을 달래주는 죽이라고 하면서 클라우디우스에게 다시 독이 든 죽을 먹여 마침내 독살 계획이 성공했다는 것입니다.

황제 클라디우스가 죽자, 원로원은 후계자로 지목된 네로를 새로운 황제로 받아들였습니다. 마침내 네로는 아그리피나의 계획대로 황제에 올랐습니다.

17세 청년 네로, 황제가 되다

어머니의 손에 묻은 피 덕분에 네로는 17세가 채 되기 전에 황제의 자리에 올랐습니다. 시민들은 청년 황제를 인정하고 지지했죠. 이전 황제가 인정한 후계자이기도 했지만, 무엇보다 그의 첫 연설이 성공적이었기 때문입니다. 로마에서 공공 연설은 대의명분을 펼치는 방법의 하나로, 자신의 폭넓은 교양과 탁월한 인간성을 보여줄 기회이기도 하죠. 웅변가를 교육의 목표로 삼을 만큼 이 시대에 연설은 중요했습니다. 황제가 된 네로는 원로원의 마음에 쏙 드는 연설을 했습니다.

"제가 황제가 될 수 있게 승인해 주신 원로원 의원들께, 그리고 나를 지지해 준 친위대 및 군대에 심심한 감사를 드립니다. 저는 원로원의 권리를 존중하고 권한을 절대로 침해하지 않겠습니다."[1]

네로는 먼저 황제를 승인해 준 원로원과 군대의 지지에 감사를 표하고, 다음으로 원로원을 존중하며 그들의 권한을 침해하지 않겠다고 약속합니다. 로마 정치에서 중요한 역할을 하고 큰 권력을 지닌 원로원이 좋아할 수밖에 없는 내용입니다. 덕분에 네로는 원로원의 마음을 얻을 수 있었습니다.

그런데 이는 네로가 쓴 것이 아닙니다. 역사가들에 따르면 네로의 목소리는 형편없었고 웅변술도 뛰어나지 않았다고 합니다. 그런 네로가 첫 연설을 성공적으로 끝낸 것은 그의 위대한 스승 세네카Seneca가 써 준 연설문 덕분이었습니다.

로마 시대 스토아 철학을 대표하는 철학가이자 정치가인 세네카. 한 역사가는 그를 가리켜 '동시대의 모든 로마인과 로마인이 아닌 다른 사람들 가운데 가장 지혜로운 사람'이라고 평가했습니다. 일찍이 세네카의 가치를 알아본 아그리피나는 아들 네로를 최고의 황제로 만들기 위해 세네카를 가정교사로 초빙합니다. 그리고 그에게 네로가 훌륭한 황제, 강한 황제가 될 수 있도록 지도해 줄 것을 부탁합니다. 세네카는 12세의 네로가 25세가 될 때까지 함께하며 그가 훌륭한 황제가 될 수 있도록 아낌없는 조언을 했습니다. 세네카는 황제가 된 네로에게 글을 보냈는데, 자비롭고 신망이 두터운 정치가가 될 수 있도록 지혜로운 말을 전했다고 합니다. 네로는 스승의 가르침대로 관용을 베푸는 정치를 했습니다. 그가 관용을 베푼 대상은 로마의 시민이었습니다.

네로, 시민의 사랑을 독차지하다

고대 로마는 귀족, 기사, 평민, 노예로 이루진 신분제도를 두었습니다. 로마를 잘 다스린다는 것은 이들 계급의 마음을 얻는 것이기도 했습니다. 훌륭한 첫 연설로 귀족과 기사들로 이루어진 원로원과 친위군의 지지를 얻었으니 이제 네로에게 남은 것은 평민과 노예 계급의 마음을 얻는 것이었죠.

그리하여 네로는 이들을 위한 정책을 펼쳤습니다. 노예에게는 주인의 가혹 행위를 고소할 수 있는 권리를 주는가 하면, 노예와 주인 양측의 입장을 모두 들어주기도 했습니다. 하루는 노예가 주인을 살해하는 사건이 일어났습니다. 이 경우 죄를 지은 노예는 물론, 집안의 모든 노예까지 죽이는 것이 관습이었죠. 하지만 네로는 과도한 처벌에 반대했습니다. 그는 중죄인의 처형 명령서에 서명해 달라는 요청을 받자 깊은 한숨을 쉬며 "아, 차라리 글 쓰는 법을 배우지 않았더라면 좋았을걸" 하며 힘들어하는 모습을 보이기도 했습니다. 이 외에도 평민들의 생활과 직결된 문제에 발 벗고 나섰습니다. 서류 조작, 유산 횡령, 유언장 위조를 막기 위해 유언장에는 반드시 유언자의 이름을 쓰고, 문서가 흐트러지지 않도록 지시하는 등 문서 위조를 방지하기 위한 세부 규정을 만들었습니다. 대신 유언장에 황제에 대한 고마움을 제대로 표시하지 않으면 재산을 몰수하고, 그런 유언장을 받아 쓰거나 작성한 변호사에게는 벌금을 물렸습니다. 또한 평민을 위해 무거운 세금은 폐지하거나 줄이기도 했습니다. 법 제정과는 별개로 자신의 관대함과 자비로움을 보여주고자 평민들에게 100일 치 임금에 해당하는 돈을 주었고, 생활이 어려운 귀족 가문에게는 연금을 지원했습니다. 서민에게는 최저생계비와 기본 소득을, 귀족에게는 품위 유지비를 보장해 준 것이죠. 덕분에 평민들 사이에서 네로의 인기는 날이 갈수록 높아졌습니다.

네로는 비록 연설에는 재능이 없었지만 어렸을 때부터 조각, 회화, 노래, 기마술과 같은 기예를 연마하며 예술에 대한 사랑을 키웠습니다. 특히 세네카의 영향을 받아 시에도 재능을 보였습니다. 그 때문인지 네로는 스스로를 황제라기보다 예술가로 여기며 좋은 목소리를 만들기 위해 노력했습니다. 배 위에 납 판을 올려놓은 채 누워서 호흡 훈련을 하고, 가래를 제거하기 위해 몸에 좋은 약물을 계속해서 먹거나 목소리에 좋지 않은 음식은 멀리했습니다. 이걸로도 모자라 목소리 훈련 전문가를 곁에 두고 끊임없이 관리했죠. 나중에는 목을 아끼려고 병사들에게 서면으로 지시를 내리고, 다른 사람에게 연설을 대신 시키기도 했습니다. 마치 지금으로 치면 로마 시대의 아이돌처럼 생활한 것이죠.

네로는 이렇게 갈고 닦은 자신의 실력을 평민들에게 보여주고 싶어 했습니다. 공공장소에서 수시로 연설하거나, 악기를 연주하고 노래를 불렀습니다. 연설이 끝난 후에는 대중의 환호에 화폐를 뿌리는 쇼맨십도 잊지 않았죠. 평민들은 친근하고 인간적인 네로에게 환호했고 그의 인기는 절정을 향했습니다. 그럴수록 네로는 더 좋은 예술가가 되려 했습니다. 좋은 예술가가 되면 좋은 정치가, 좋은 황제가 될 수 있다고 생각했기 때문입니다.

이처럼 황제가 된 네로는 온정을 베풀 줄 아는 모습을 보여줬습니다. 그렇다면 무엇이 그를 폭군으로 만들었을까요? 네로의 포악한 성정에 불을 지핀 것은 아이러니하게도 아들을 좋은 황제로 만들기 위해서라면 어떤 일도 마다하지 않았던 그의 어머니 아그리피나였습니다.

아들을 괴물로 만든 치맛바람

황후로서 막강한 권력을 지니게 된 아그리피나는 로마의 부흥보다 자신의 복수와 욕망을 채우기에 급급했습니다. 회고록을 쓰고, 자신의 이름을 딴 도시를 만드는 등 로마 역사상 전무후무한 권력을 휘두른 것입니다. 그럼에도 만족하지 못한 그녀는 더욱더 강력한 권력을 탐했습니다. 당시 로마에서 발행한 기념주화를 보면 아그리피나의 권력이 어느 정도였는지를 짐작할 수 있습니다.

동전에 새겨진 얼굴은 황제 네로와 그의 어머니 아그리피나입니다. 황제의 권력을 보여주기 위한 기념주화에서 황제와 어머니가 마주 보고 있습니다. 게다가 테두리에 새겨진 글씨는 모두 아그리피나에 관한 이

로마의 기념주화

야기입니다. 그 내용은 먼저 '네로 황제의 어머니 존엄한 아그리피나'로 아들이 황제가 되었으니 자신을 가장 존엄한 여자로 부르라는 뜻입니다. 그 옆에는 '신성한 클라우디우스의 아내'라는 글귀도 넣었습니다. 모두 아그리피나를 칭송하는 단어들뿐입니다. 그만큼 로마 내에서 아그리피나의 권력은 대단했습니다.

이런 그녀의 권력욕은 아들을 황제로 만든 뒤에도 멈추지 않았습니다. 그녀는 본격적으로 로마의 모든 일에 간섭하기 시작했습니다. 네로가 원로원과 회의할 때면 커튼 뒤에 숨어 이를 지켜보았고 시시때때로 정치에 개입했습니다. 권력을 향한 그녀의 욕심은 점점 더 커졌고 급기야는 고압적인 자세로 아들을 좌지우지하려고 했죠. 하지만 시간이 지날수록 네로는 어머니의 그늘에서 벗어나 온전히 자신의 능력만으로 인정받고 싶어 했습니다. 그러던 어느 날 여자 문제로 네로와 아그리피나가 크게 다투는 일이 벌어졌습니다. 자신의 뜻대로 움직이지 않는 네로에게 화가 난 아그리피나는 욕설과 협박을 퍼부었습니다. 로마 제정 시대 역사가 타키투스Tacitus가 쓴 《타키투스의 연대기》에는 아그리피나의 협박 내용이 기록되어 있습니다.

> "브리타니쿠스가 이미 훌륭한 청년이 다 되었다. 그 아이야말로 정당하고 적합한 계승자다. 의붓자식인 브리타니쿠스를 살려둔 것은 신과 나만이 앞날을 꿰뚫어 보고 있기 때문이다. 나는 그 애를 데리고 친위대 병영으로 갈 것이다!"[2]

전 황제의 친아들인 브리타니쿠스를 앞세워 자신을 끌어내리겠다는 폭언을 들은 네로는 아그리피나의 협박 도구를 없애야겠다고 생각합니다. 이러던 차에 네로의 불안을 부채질하는 사건이 일어납니다. 로마의 축젯날, 네로와 브리타니쿠스는 친구들과 함께 축제를 즐기기로 합니다. 그들은 우리나라의 왕 게임과 비슷한 '임금님 놀이'를 했습니다. 임금 역할을 맡은 네로는 친구들 앞에서 브리타니쿠스에게 망신을 줄 속셈으로 노래를 시켰습니다. 예상과 달리 브리타니쿠스는 아주 멋진 목소리로 노래를 시작했습니다. 그의 노래를 들은 네로는 두 번 놀랐습니다. 브리타니쿠스의 실력이 자신보다 뛰어났을 뿐 아니라, 아버지에게서 물려받을 상속권을 빼앗기고 쫓겨났다는 내용의 가사에 청중들이 측은함과 동정심을 보냈기 때문입니다. 브리타니쿠스는 마치 자신의 처지를 한탄하는 듯이 노래를 불렀는데 그 모습을 보는 네로는 그를 단순히 어머니의 협박 도구를 넘어 자신의 자리를 위협하는 존재로 느꼈습니다.

노골적으로 적개심을 드러내는 의붓동생과 자신의 자리를 위협하는 어머니 사이에서 폭발하는 증오심을 못이긴 네로는 브리타니쿠스를 죽이기로 결심했습니다. 그는 어머니가 전 황제를 죽였던 방식 그대로 독약을 사용하기로 합니다. 저녁 식사 시간, 네로는 의붓동생에게 뜨거운 포도주를 건넸습니다. 하지만 그는 뜨겁다는 이유로 마시지 않았죠. 네로는 하인에게 포도주에 차가운 물을 섞으라고 했고 브리타니쿠스는 비로소 포도주를 마셨습니다. 의붓동생이 뜨거운 음료를 마시지 않는다는 사실을 알고 있던 네로는 음료에 섞을 차가운 물에 미리 독을 탔습니다. 온몸에 독이 퍼진 브리타니쿠스는 극심한 경련을 일으킨 후 쓰러졌습니다. 사람들이 혼비백산해 해독제를 먹이려 하자, 네로는 "간질

탓이다. 곧 몸과 의식이 회복될 것이다"라며 응급처치를 하지 못하도록 막았습니다. 네로의 사악한 음모로 브리타니쿠스는 억울한 죽음을 맞이했습니다.

현장을 지켜보던 아그리피나는 네로의 짓이라는 것을 눈치채고 아들을 두려워하기 시작했습니다. 네로는 의붓동생의 시신을 최대한 빨리 수습한 뒤 그날 밤에 급히 화장했습니다. 이렇게 증거를 인멸한 뒤에는 브리타니쿠스가 병으로 사망했다고 발표합니다.

패륜의 시작, 친족 살해

네로의 걸림돌이었던 의붓동생 브리타니쿠스가 죽었습니다. 이제 네로의 앞을 막는 사람은 그의 어머니 아그리피나뿐이었죠. 네로는 자신의 모든 일에 개입하는 어머니를 증오했고 두 사람의 사이는 좋지 않았습니다. 네로는 브리타니쿠스의 죽음으로 수세에 몰린 아그리피나를 더욱더 압박했죠. 어머니의 권력이 자신으로부터 나온다는 사실을 깨달은 네로는 어머니가 꾸짖을 때마다 황제를 그만두고 로도스섬으로 도망가겠다고 엄포를 놓기도 했습니다. 얼마 뒤에는 이보다 더욱 강력한 조치도 취했습니다. 어머니를 측근들과 떼어놓고 그녀를 보호하던 경비병마저 철수시켰던 것입니다. 그러다 끝내 한집에서 살기 싫다며 어머니를 궁전에서 내쫓기까지 했죠. 네로는 여기서 그치지 않고 어머니가 로마에 있을 때면 사람들을 시켜 이유 없이 트집을 잡아 신고하거나 소송을 걸어 법정에 세우는 방식으로 괴롭혔습니다.

기록에 따르면 네로는 아그리피나에게 요양을 권하는 한편, 요양지에서도 괴롭힘을 멈추지 않았다고 합니다. 아그리피나는 요양차 고향에 있는 별장으로 떠났는데 이때도 네로는 사람을 시켜 아그리피나가 쉬고 있는 곳 가까이에 가서 야유와 조롱을 퍼붓게 했습니다. 로마를 쥐락펴락한 가문의 딸이자 황후였고, 황제의 어머니인 아그리피나가 느낀 수치심과 모멸감은 엄청났을 것입니다.

　사사건건 부딪치는 두 사람이 가장 크게 다투는 원인은 다름 아닌 여자 문제였습니다. 어머니의 욕심 때문에 12세에 결혼한 네로는 아내 옥타비아에게 애정을 느끼지 못했습니다. 그는 당시 로마 최고의 미녀였던 포파이아Poppaea를 보고 한눈에 반했습니다. 그녀는 원로원 의원이자 친구인 오토Otho의 아내였죠. 유부녀임에도 포파이아에게 푹 빠진 네로는 그녀와 결혼할 방법만 고민했습니다. 하지만 네로에게는 아내 옥타비아가 있었기에 두 사람은 내연 관계를 오랫동안 지속했습니다. 옥타비아는 클라우디우스의 딸이자 황후로서 지지층이 두터웠습니다. 그녀와의 이혼은 정치 세력과 민심을 잃는 것이기에 선뜻 이혼할 수도 없었습니다. 아그리피나는 그런 아들이 못마땅했고 황후가 되고 싶었던 포파이아는 자신을 사랑한다면 정식 아내로 맞이하라며 옥타비아와의 이혼을 종용했습니다. 두 여인 사이에서 갈등하던 네로는 결혼을 반대하는 어머니를 죽이기로 합니다.

　네로는 어머니를 죽이기 위해 다양한 방법을 시도했습니다. 기록에 의하면 아그리피나에게 세 차례에 걸쳐 독살을 시도했지만 모두 실패하고 말았습니다. 독에 관해 일가견이 있던 아그리피나는 늘 조심하며 음식을 철저히 관리했고 항상 해독제를 지니고 다녔습니다. 독살이 실패

난파선의 아그리피나[3]

하자 이번에는 침실 천장에 커다란 돌을 매달아 천장이 가라앉도록 했지만 비밀이 누설돼 또 실패합니다. 다음으로 준비한 계획은 바다에서 배를 침몰시키는 것이었죠. 네로는 사죄의 의미로 화해를 청하며 어머니를 위한 축제를 열어 초대합니다. 아들이 진정으로 뉘우쳤다고 생각한 아그리파는 돌아가는 길에 네로를 힘껏 껴안았습니다. 네로와의 화해로 마음을 놓은 아그리피나는 별다른 의심 없이 배에 올랐습니다. 하지만 네로는 그 배가 침몰하도록 미리 장치를 설치해 두었습니다. 출발하고 얼마 지나지 않아 배는 침몰했습니다. 그런데 네로가 몰랐던 사실이 하나 있습니다. 아그리피나가 매우 뛰어난 수영 실력을 갖췄다는 것이었죠. 비록 배는 침몰했지만 아그리피나는 수영 실력 덕분에 극적으로 목숨을 구했습니다.

겨우 목숨을 건진 아그리피나는 네로에게 자신이 살아있음을 알리는 편지를 보냈습니다. 거듭된 암살 실패로 공포에 휩싸인 네로는 최후의 수단으로 자객을 보내 아그리피나를 습격하라고 명령합니다. 자객을 맞이한 아그리피나는 떨지 않고 당당한 태도로 자신의 배를 가리키며 이렇게 소리쳤습니다.

"네로가 보낸 사람들이냐! 나를 찌르려면 여기를 찔러 죽이는 것이 좋을 것이다. 네로가 바로 여기서 나왔으니까!"

평생 권력을 향한 야심을 불태웠던 아그리피나는 이렇게 아들에 의해 비참한 최후를 맞이했습니다. 네로는 어머니를 살해한 후 나폴리로 거처를 옮겼습니다. 그는 나폴리에서 '어머니가 못된 노예들에게 암살당했다'라는 편지를 써서 아그리피나의 사망 소식을 알렸습니다. 동시에 사실은 어머니가 자신을 죽이려 했다며 자신의 행위를 정당화할 수 있는 소문을 퍼트렸습니다. 이 방법이 통했는지 네로가 로마에 돌아왔을 때 원로원과 시민들 모두 그를 환대했습니다.

사랑을 위해 아내를 살해하다

의붓동생에 이어 어머니까지 살해한 네로는 점점 악마가 되어가고 있었습니다. 네로의 광기 어린 친족 살해가 새롭게 향한 곳은 그의 아내 옥타비아였습니다. 시민들의 사랑을 받던 옥타비아였지만, 아그리피나가 떠나고 그녀를 보호해 줄 사람은 아무도 없었습니다. 게다가 옥타비아는 아이를 낳지 못했는데 네로는 후계자를 낳지 못하는 사람에겐 황후 자격이 없다며 쫓아냈습니다. 여기서 그치지 않고 그녀가 노예와 불

포파이아에게 옥타비아의 머리를 가져다주는 네로[4]

륜을 저질렀다는 험악한 누명까지 씌웠습니다. 간통죄를 뒤집어쓴 그녀
는 결국 사형을 당하고 말았습니다. 네로의 연인인 포파이아는 옥타비
아가 죽었다는 소식에 회심의 미소를 띄우며 이렇게 말했습니다.

"옥타비아의 잘린 머리를 저에게 가져다주세요."

그림 속 하인이 들고 있는 접시 위에는 옥타비아의 머리가 놓여 있고
포파이아는 누워서 그것을 태연하게 바라보고 있습니다. 아내마저 살
해한 네로는 마침내 포파이아와의 결혼에 성공합니다. 많은 로마 시민
들은 옥타비아의 죽음에 눈물을 흘렸습니다. 그럼에도 네로의 악행은
멈출 줄 몰랐습니다. 이제 그를 막을 사람은 아무도 없었습니다. 네로
가 황제에 즉위할 때부터 곁을 지키던 근위대장도 죽고, 스승 세네카마
저 은퇴를 결심합니다.

네로니아 속 숨은 의도

아무리 황제라고 해도 아무렇지 않게 친족을 살해하는 네로를 보며 시민들은 가만히 있었을까요? 사실 이 모든 살인은 한꺼번에 이루어진 것이 아닙니다. 네로가 평민을 위로하고 로마를 살리기 위한 정책을 펼치는 사이에 벌어진 것들입니다. 시민들의 지지만큼은 놓치고 싶지 않았던 네로는 친족 살해를 이어가면서도 한편으론 시민들을 위한 공공 시설을 짓는 데 매진했습니다. 마르스 광장의 원형 격투기장과 전체 경주장, 네로의 개선문과 오스티아 항구 등이 모두 이 시기에 건설한 것입니다. 당시 로마는 기근이 잦아 곡물을 안전하게 공급하는 일이 무엇보다 중요했는데 네로는 식료품 시장을 지어 이 문제를 해결했습니다. 또한 마르스 광장에 새로운 공중목욕탕과 체육관도 만들었습니다. 이런 생활 시설 외에도 베스타 신전과 야누스 신전처럼 다양한 건축물을 세웠습니다. 네로가 지은 건물은 로마 예술과 건축 역사적 측면에서 혁신적이고 탁월한 것들이라고 합니다. 그는 66년에 발행한 주화에 건물 그림을 넣기도 했습니다.

네로는 시민들의 환심을 사기 위해 어머니를 살해한 이듬해, 애도의 기간임에도 거대한 축제를 열었습니다. 그리스의 축제를 모방한 네로의 축제로 이름하여 '네로니아'를 개최해 시민들의 관심을 다른 곳으로 돌린 것이죠. 종목은 체육과 음악, 전차 경기 등 세 부문으로 이루어져 있고 음악에는 시와 웅변 경기도 포함돼 있었습니다. 네로도 직접 축제에 참가했고 변론대회에서 승리했다고 합니다. 네로는 축제 기간 중 누구나 자유롭게 목욕탕과 음악당을 사용할 수 있도록 했고 막대한 돈을

베스타 신전   네로의 개선문   야누스 신전   식료품 시장

건물을 새겨넣은 화폐

시민들에게 뿌렸습니다. 이를 가리켜 '빵과 서커스'라고 하는데, 고대 로마 제국에서 실행했던 우민정책으로 빵은 음식, 서커스는 오락을 뜻합니다. 게다가 귀족의 전유물이던 오락을 평민도 즐길 수 있게 해 시민들의 전폭적인 지지를 받았습니다. 이제 네로의 곁에는 그를 제지할 스승도 어머니도 없었고, 그는 브레이크 없는 자동차를 탄 것처럼 예술에 빠져들었습니다.

그는 처음에는 자신의 저택이나 정원 안에서 노래하는 것에 만족했으나 시간이 지날수록 더 큰 무대를 꿈꿨습니다. 아직 로마에서 첫 무대에 오를 용기는 없었던 네로는 고심 끝에 나폴리를 자신의 첫 무대로 결정합니다. 옛 그리스의 식민지였던 그곳에는 음악과 시, 공연 등 예술을 사랑하는 취향을 가진 사람이 많을 것이라 판단했기 때문입니다. 그는 아우구스투스 황제를 기리는 '세바스타 올림피아'에서 공연했는데, 지금으로 치자면 가수로서 첫 공식 데뷔 무대를 가진 것이었죠. 그런데 공연 도중 갑작스러운 지진으로 경기장 한쪽이 무너지는 소동이 벌어졌습니다. 하지만 네로는 아랑곳하지 않고 하늘이 자신의 노래를 좋아하는 징조라며 끝까지 노래를 불렀습니다.

몇 년 후, 네로는 그리스 전역을 돌며 다양한 축제에 참가합니다. 그는 공연 때마다 화려한 옷을 입고 화장을 한 박수부대를 데리고 다녔습니다. 5천여 명의 젊은 귀족들로 구성된 박수부대는 큰 환호와 박수로 분위기를 띄우는 데 크게 일조했습니다. 겉으로 보기에는 네로의 개인적인 욕망으로 만든 집단처럼 보이지만 여기에는 정치적 의도가 숨어 있습니다. 박수부대에 참여한 귀족에게는 훗날 공직에 임용되는 특별한 혜택이 주어졌습니다. 결국 이들은 축제의 흥을 돋우는 역할도 했지만 정치적 기반을 형성하기 위한 네로의 숨은 의중이 담긴 사람들인 셈입니다.

악마를 보았다, 폭군의 탄생

지금까지 네로는 자신의 권력을 만들고 평민에게 인기도 얻으며 정적을 제거해 가는 모습을 보였습니다. 이렇게 로마의 아이돌로 사랑받으며 황제로서도 승승장구하던 네로에게서 모든 것을 빼앗아가는 엄청난 일이 벌어집니다. 평민의 지지를 잃고 국가의 적으로 낙인찍히는 몰락의 결정적인 계기는 64년에 벌어진 로마 대화재입니다. 여기에는 엄청난 비밀이 숨어 있습니다.

64년 7월 18일 밤, 팔라티움 언덕과 에스퀼리누스 언덕에 인접한 대전차 경주장 부근에서 화재가 시작됩니다. 당시 황제와 귀족들의 주거지는 주로 돌을 사용해 지었습니다. 언덕 위에 자리한 귀족의 집이나 석조 건물 등 일부 지역은 피해가 적었지만, 언덕 아래 평민의 집과 시장은 대부분 목조로 지어져 피해가 매우 컸습니다. 게다가 건물이 다닥다닥 붙어 있어서 불이 한번 붙으면 한순간에 큰 화재로 번질 수밖에 없는 구조였죠. 당시 소방대가 있긴 했지만 진화 도구는 고작 양동이뿐. 그리하여 화재를 진화하는 방법은 불이 난 곳의 양옆 건물을 모두 제거해 최대한 번지지 않게 하는 것이 최선이었습니다. 불길은 무려 6박 7일 동안 타올랐고, 화재가 진압된 뒤에도 다른 곳에서 다시 3일 동안 화재가 지속됐습니다.

로마의 14개 구역 중 무려 10개 구역이 불탈 정도로 엄청난 화재였습니다. 로마의 3분의 2를 태워버린 불로 평민들의 터전은 잿더미로 변해버렸습니다. 모든 것을 잃은 로마 시민들은 화재의 원인을 찾으려 했습니다. 그런데 방화범으로 지목된 인물은 뜻밖에도 네로 황제였습니다. 대체 무슨 일이 있었던 걸까요?

고대 로마 시대 역사가 수에토니우스Suetonius가 남긴 대화재 기록에는 충격적인 내용이 담겨 있습니다. 로마를 불태운 방화범이 로마의 황제 네로라는 것입니다. 네로는 평소 로마의 도시 경관을 매우 불만스럽게 여겼습니다. 오래되어 추한 옛 건물이나 좁고 꾸불꾸불한 도로가 보기 싫다는 것입니다. 그리하여 오래전 그리스에서부터 내려온 속담 '내가 죽으면 대지가 화염에 휩싸이게 하라'를 들으면 "내가 살아있을 때라도 세상은 불타리"라고 대꾸했고, 그렇게 도시에 불을 질렀다는 것입니다. 그리고는 로마 시내가 내려다보이는 마이케나스 탑에서 그 광경을 지켜보며 노래를 불렀다고 합니다. 마치 하나의 예술극을 연기하듯 비극적인 의상을 몸에 걸치고 말입니다. 일설에 의하면 그 노래는 트로이아 전쟁에서 함락되어 불타는 트로이아의 모습을 그린 것이며, 노래를

로마의 대화재[1]

마친 뒤에는 트로이아가 어떻게 멸망했고, 어떻게 불탔는지 이제 알겠다며 흥에 겨워했다고 합니다. 그래서인지 지금도 마이케나스 탑은 '네로의 탑'이라고 불리고 있습니다.

이 소문으로 인해 민심은 급속도로 흉흉해졌습니다. 황제가 방화범이라는 것도 충격적이며 비난받을 만한 일인데, 불타는 도시를 내려다보며 노래를 불렀다니 경악할 노릇이었습니다. 소문은 로마 주민 사이에서 빠르게 퍼져나갔고, 네로는 로마의 민심을 잃게 됩니다.

정말 네로가 불을 지른 것이라면 그 이유는 무엇일까요? 지금까지도 많은 사람이 로마 대화재의 방화범을 네로로 알고 있지만, 네로가 불을 지른 것이 아니라고 주장하는 역사학자들이 많습니다. 사실 네로는 화재가 발생한 날 로마에 없었습니다. 로마 전체가 화마에 휩싸인 그 시간, 네로는 어머니의 고향인 안티움(지금의 안치오) 별장에서 휴가를 즐기는 중이었습니다. 그곳에서 화재 소식을 들은 네로는 화재 진화 명령을 내리고 부리나케 로마로 돌아와 이재민을 위한 구호 활동을 펼쳤습니다. 공공건물과 황제 사저 내 정원에 임시 숙소를 만들어 이재민에게 제공하고, 그들이 굶는 일이 없도록 곡물 가격도 낮췄습니다. 또한 향후 일어날지도 모르는 화재의 위험을 줄이기 위해 건축법을 개정하기도 합니다. 이를 「도시 건물 양식에 대한 네로의 법」이라고 합니다. 법의 내용은 다음과 같습니다.

① 건물의 높이를 제한할 것
② 나무 대신 내화성이 있는 돌로 건축할 것
③ 상수도를 관리해 많은 양의 물을 공공의 목적을 위해 쓰도록 할 것

④ 건물주들은 이용 가능한 장소에 소화 도구를 갖출 것

⑤ 공동 벽 대신 각자의 벽을 설치할 것

이 모습만 보면 네로는 진화 활동과 사후 대책에 최선을 다한 듯합니다. 네로의 구호 노력에도 그가 화재를 냈다는 소문은 사그라지지 않았습니다. 악성 소문으로 인해 네로의 정치적 이미지는 큰 타격을 입고 말았습니다.

아무리 노력해도 방화범이라는 소문이 잦아들지 않자 네로는 상황을 수습하기 위해 극단의 조치를 취합니다. 화재의 원인을 다른 사람에게 뒤집어씌우기로 한 것이죠. 그 대상은 그리스도교인들이었습니다. 당시 그리스도는 신생 종교였기에 세력이 별로 없었고, 지나친 포교로 로마인들을 간섭하고 있었습니다. 게다가 여러 신을 모시는 로마인에게 유일신을 믿는 그리스도교는 반감의 대상이기도 했습니다. 네로는 그리스도교들이 불을 질렀다면서 시민들의 화살을 자신이 아닌 그리스도교로 돌리기 시작했습니다.

그리고 그리스도교인을 체포해 처참한 방식으로 처벌했습니다. 역사가들과 후대 화가들은 당시의 공포스러운 현장을 작품으로 남겼습니다. 그림에 보이듯이 네로는 그리스도교인들을 산 채로 기둥에 매단 뒤 불을 질렀습니다. 화형은 주로 밤에 이루어졌는데 인간 횃불로 정원을 밝히는 데 이용했기 때문입니다. 네로와 수많은 군중은 열기와 고통에 서서히 죽어가는 그리스도교인을 보며 오락처럼 즐겼다고 합니다. 네로의 만행은 여기서 그치지 않았습니다. 그리스도교인들에게 짐승의 가죽을 씌운 뒤 야생동물과 대결을 벌이게 하여 갈가리 찢겨 죽게 만

박해받는 그리스도교인

드는가 하면, 그들을 예수처럼 십자가에 매달아 죽이기까지 했습니다. 이런 잔악무도한 행위로 네로는 그리스도교를 박해한 최초의 로마 황제로 기록되었고, 이때 굳어진 폭군과 악마의 이미지는 지금까지 전해지고 있습니다.

사랑하는 사람마저 살해하다

로마 대화재 이후 네로의 평판은 나빠졌지만 그는 평민을 위한 정책을 한층 강화해 다시 그들의 지지를 얻고자 했습니다. 예술을 한없이 사랑한 네로의 개인적 취향과 평민을 위한 정책이라는 명분이 합쳐져 이듬해 제2회 네로니아를 개최합니다.

축제에 빠져 있던 네로는 귀가가 점점 늦어졌고, 당시 둘째 아이를 임신 중이던 포파이아는 네로에 대한 불만이 점점 쌓여갔습니다. 자신을 소홀히 대하는 네로가 못마땅했던 포파이아는 참다못해 네로에게 짜증을 냈습니다. 그러자 분을 이기지 못한 네로가 포파이아의 배를 발로 차고 무참히 짓밟았습니다. 그 충격으로 포파이아는 물론 배 속의 아이까지 죽고 말았습니다. 옥타비아를 죽이면서까지 데려온 사랑하는 사람이자 자신의 아이까지 가진 여인을 죽인 네로는 뒤늦게 자신의 잘못을 깨달았지만, 때는 이미 늦었습니다.

포파이아를 잊지 못하던 네로는 우연히 포파이아를 빼닮은 어린 노예 소년을 보게 됩니다. 그의 이름은 스포루스Sporus. 네로는 스포루스를 자신의 세 번째 부인으로 맞고 싶어 합니다. 하지만 당시 로마에서는 동성 사이의 결혼이 당연히 허용되지 않았습니다. 고민 끝에 그가 생각해 낸 해결책은 스포루스를 거세시켜 소녀로 만드는 것이었습니다. 네로는 스포루스를 거세한 후 여자처럼 보이도록 옷과 화장으로 치장했습니다. 그러고는 그에게 면사포를 씌우고 지참금까지 받으며 성대한 결혼식을 올렸습니다. 그날 이후 네로는 스포루스에게 황후가 입는 옷을 입힌 뒤 아내, 황후, 애첩으로 불렀습니다. 두 사람은 언제 어디서나 함께 했으며 가마를 타고 다닐 때는 열렬한 입맞춤을 하곤 했습니다. 신하들도 스포루스를 황후라고 불렀다고 합니다.

사람들은 지나친 사치와 연이은 패륜 범죄도 모자라 전통적인 황제의 품위마저 버리는 네로를 더 이상 참을 수 없었습니다. 이 시기 한 번 황제가 되면 죽을 때까지 그 권력을 유지했지만, 원로원은 황제를 견제할 수 있는 유일한 세력이었습니다. 네로의 악행을 더는 두고 볼 수 없었던 원로원은 네로를 죽이고, 로마 원로원의 신망이 높았던 명문 귀족 피소Piso를 새로운 황제로 세우기로 합니다. 이 음모에 가담한 원로원, 기사, 친위대 등의 규모는 상당했습니다. 하지만 내부자의 고발로 모든 것은 물거품이 되고 말았죠.

반역을 꾀한 사실을 알게 된 네로는 가담자와 그 친족까지도 모두 연좌제를 물어 처형합니다. 이 사건을 빌미로 네로는 자신의 권위에 위협이 되는 존재를 제거해 나갑니다. 이후 율리우스-아우구스투스 혈통은 오직 네로만 남게 됩니다. 심지어는 정치에서 은퇴한 스승 세네카에게도 혐의를 뒤집어씌웠습니다. 가담자 중 세네카의 조카가 있었는데 세네카가 그를 사주했다고 의심한 것입니다. 제 손으로 스승을 죽일 수 없었던 네로는 세네카에게 자결하라는 명령을 내렸습니다. 사실 세네

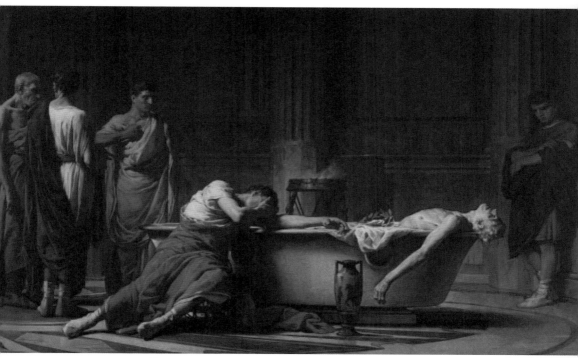

세네카의 죽음[2]

카는 아그리피나의 죽음을 보며 자신의 죽음도 예측했다고 합니다.

담담하게 죽음을 받아들인 세네카는 손목과 발목을 그었지만 쉽게 죽지 않았고, 독약을 먹었지만 이마저도 듣지 않았습니다. 결국 세네카는 증기탕에 자신을 넣어달라고 했고 그곳에서 질식해 죽음을 맞았습니다. 최고의 스승 세네카는 자신이 만들어낸 황제의 손에 목숨을 잃고 생을 마감했습니다.

주변 사람을 모두 잃은 네로는 위안을 얻기 위해 마음의 고향 그리스로 여행을 떠났습니다. 네로의 그리스 여정에 대해 정확히 알려진 것은 없지만, 그리스 전역을 돌아다니며 게임과 축제에 참여했다고 전해집니다. 그는 여러 경기에서 승리하며 영광과 기쁨을 누렸습니다. 자신의 예술적 영감의 근원이 그리스라고 믿었던 네로는 올림피아 제전에도 출전하기로 마음먹습니다. 네로는 제전에 참가하기 위해 올림피아 제전을 2년간 연기시키는가 하면, 다른 축제도 개최 날짜를 변경했죠.

그렇게 2년이나 연기한 올림피아 제전의 마차 경기에 출전한 네로는 10마리의 말이 끄는 화려한 마차를 탔습니다. 하지만 경기 도중 마차에서 떨어지는 사고를 겪게 됩니다. 다행히 죽지는 않았지만 꼴찌는 피할 수 없었죠. 그런데 주최 측은 그 사고만 아니었다면 네로가 충분히 우승했을 거라면서 그에게 우승의 올리브 관을 씌워주었습니다.

쿠데타와 네로의 몰락

음모 사건 이후 네로는 조금이라도 의심되는 행동이 보이면 즉시 상대를 제거했습니다. 심지어 유능하고 충직했던 군사령관마저도 험지로 몰아 죽음에 이르게 했죠. 그러자 로마의 지배를 받는 다른 지역의 속주들의 총독과 군사령관들도 흔들리기 시작했습니다. 그리고 이들 사이에서 네로를 끌어내리기 위한 내란이 일어납니다. 68년 3월부터 6월까지 이어진 '네로의 전쟁'입니다.

시작은 로마의 식민지 갈리아(지금의 프랑스와 벨기에) 지방의 총독 빈덱스가 일으킨 반란이었습니다. 그는 로마의 원로원으로 로마에 대한 충성심이 높은 지적인 인물이었죠. 그는 추방된 원로원과 사전에 서신을 주고받으며 세력을 모으는 한편 식민지의 총독들을 끌어들였습니다. 자신을 도와주면 네로를 제거하겠다고 한 것입니다. 그런데 네로는 빈덱스Vindex의 봉기 소식을 듣고도 눈 하나 깜짝하지 않았습니다. 그가 아무리 원로원 사이에서 인기가 높아도 식민지 갈리아 출신인 그가 로마 제국의 통치자가 될 수는 없을 것이라고 생각했기 때문입니다. 실제로 신분의 벽을 넘지 못한 빈덱스는 자신을 대신할 새로운 인물 갈바Galba를 찾아가 추대하며 도움을 요청합니다. 갈바는 원로원 중에서도 명망 있는 귀족이었으며, 폭군을 몰아내고 공화정 정통을 회복하겠다는 명분을 세우기 충분한 인물이었습니다. 그는 지금 당장 네로의 폭정을 멈추지 않으면 로마의 앞날이 불투명하다며 빈덱스에게 힘을 실어주었습니다. 원로원은 그 즉시 네로를 로마의 적으로 선언합니다. 그제야 겁을 먹은 네로는 직접 싸우겠다며 자신의 군대를 모았지만 그의 주변에는 아무도 없었죠. 이미 네로에게서 등을 돌린 근위병들은 갈바와 손을 잡고 네로를 배반했습니다.

그의 곁에 남은 사람은 노예 4명뿐이었습니다. 절망감에 빠진 네로는 초라한 모습으로 노예들과 함께 은신처로 피신했지만 뒤쫓아온 갈바의 세력에게 들키고 말았습니다. 최후를 직감한 네로는 노예의 도움을 받아 자신의 목을 찌르는 자결로 생을 마감합니다. 그는 죽기전에 이런 말을 남겼습니다.

"나 같은 위대한 예술가가 죽어야 하다니!"

네로는 죽는 순간까지 자신을 예술가로 생각했던 것 같습니다.

우리에게 폭군으로 기억되는 황제 네로는 반란 세력에 전투 한번 제대로 하지 못한 채 30세의 나이로 비참한 결말을 맞이합니다. 놀랍게도

네로의 죽음

스포루스는 네로가 죽고 난 뒤 그의 시신을 수습하고 화장하며 마지막까지 곁을 지켰습니다.

로마가 지우고 싶은 흑역사

지금까지 우리는 평민을 위해 노력했던 성군 네로와 악마 같고 광기어렸던 잔인한 폭군 네로의 모습을 살펴보았습니다. 네로에 관한 가장 중요한 기록을 남긴 역사가는 타키투스와 수에토니우스Vespasianus입니다. 우리는 그들의 기록을 통해 네로를 만나고 있으며 그것이 진실이라고 믿고 있습니다. 하지만 두 사람의 이야기가 정말 객관적이고 신뢰할 만한 것인가에 대해서는 의문을 던져야 합니다.

타키투스는 재무관으로 원로원 의원이었고, 수에토니우스는 황실 문서 담당 비서로 황제 곁에서 일했다가 경질된 사람입니다. 두 사람 모두 네로에 대해 매우 비판적인 입장을 취했을 가능성이 높습니다. 또한 네로가 죽은 후 새로 집권한 황제 베스파시아누스는 네로의 잔영을 지우기 위해 네로의 황금 궁전을 모두 헐고 그 위에 로마의 대표 건축물인 콜로세움을 지었습니다. 이러한 행보를 보이는 새로운 황제의 총애를 받기 위해 긍정적인 소문은 지우고 검증되지 않은 네로의 부정적인 소문을 기록했을 가능성도 있습니다. 그 외에도 많은 사람이 네로의 흔적을 지워냈습니다.

이렇게 1차 사료로 쓰이는 역사서조차 저술자의 개인적 견해를 포함하기에 최근에는 네로에 대한 재평가가 이루어져야 한다는 움직임이 있습니다. 네로의 폭군 이미지가 굳어지는 데는 대중매체가 큰 영향을 미쳤습니다. 그 시작은 95년에 기록한 것으로 추정되는 《요한계시록》입니다. 성서의 마지막을 장식하는 이 책은 7개의 머리 달린 괴물과 악마의 숫자를 뜻하는 666을 모두 네로 황제라고 암시합니다. 이 때문에 당시 죽은 네로가 다시 살아 돌아올 것이라는 소문이 퍼지기도 했는데, 이를 그리스도교의 종말론과 연관 지어 네로를 부활한 예수와 대치되는 악마로 묘사하기도 했죠. 이후 네로에게 '적그리스도'라는 상징이 붙게 됩니다.

폴란드의 소설가 헨리크 시엔키에비치Henryk Sienkiewicz는 자신의 역

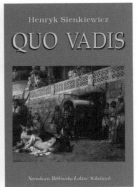

다양한 국가에서 출간된 《쿠오 바디스》

사소설 《쿠오 바디스》에서 네로를 사실적으로 묘사하기보다 적그리스
도, 난잡한 난봉꾼, 로마를 삼킨 방화범, 최초의 그리스도교 박해자, 그
리고 시민의 힘에 의해 무너진 폭군의 상징으로 썼습니다. 작가는 네로
를 당시 폴란드를 지배하던 러시아 제국으로, 그리스도교인을 러시아
제국으로부터 압제 받고 있던 폴란드인에 빗대어 그려냈죠. 소설은 출
간되자마자 베스트셀러가 되었고 노벨문학상까지 받았습니다.

　이후 제2차 세계대전이 일어나며 연합군들은 히틀러Hitler와 나치 세
력을 네로에 비유했고 자신은 그들과 맞서는 그리스도교인으로 표현했
습니다. 폭군 네로에게서 로마 인민이 해방되고 그리스도교가 승리를
거두는 것처럼, 연합군의 성스러운 전쟁 덕분에 유럽이 히틀러의 압재
에서 해방된 것으로 비유해 사용된 것입니다. 이처럼 많은 방송, 영화,
책 등 대중매체가 네로를 '악'의 아이콘처럼 사용한 것이죠. 이로써 네로
의 폭군과 악마 이미지는 더욱 극대화될 수밖에 없었습니다. 이렇게 우
리는 편견과 프레임에 갇힌 네로만 만나왔던 것입니다. 네로가 잔인한

짓을 한 것은 사실이며, 그를 착한 인물이라고 이야기할 수는 없습니다. 하지만 네로는 17세의 어린 나이에 본인의 의지와 상관없이 황제 자리에 앉은 불행한 인간이라고도 볼 수 있습니다.

역사를 가리켜 흔히 '승자의 기록'이라고 합니다. 바꿔 말하면 기록한 자가 역사의 승자가 된다는 것이죠. 로마의 역사도 예외는 아닙니다. 만일 우리가 시대적 배경과 의도를 파악하지 않고 사료에만 의존한다면 누군가 만들어 놓은 편견 속에 생각이 갇힐 수도 있습니다. 반대로 사료가 저술된 시대의 배경과 상황, 저술가의 시선을 비판적으로 받아들인다면 우리가 몰랐던 네로의 모습을 발견하고 그를 더 입체적으로 볼 수 있을 것입니다. 네로의 새로운 모습을 발견한 것을 계기로 왜곡된 시선과 만들어 놓은 프레임에서 벗어나는 눈을 가지길 바랍니다.

벌거벗은 무법자, 칭기스 칸

피의 복수와 몽골의 평화

김장구

● 역사상 가장 큰 영토를 가졌던 나라는 몽골 제국입니다. 그 넓은 땅을 정복한 몽골의 군주는 칭기스 칸Chinggis Qan이죠. 아마도 그는 지배한 땅만 놓고 본다면 인류 역사상 최고의 부자라 불렸을 것입니다. 몽골 제국은 3개 대륙을 정복한 알렉산드로스의 제국이나 유럽과 북아프리카를 넘어 이집트까지 지배한 카이사르의 로마 제국보다 더 광활한 영토를 가졌습니다.

그런데 유럽인들이 칭기스 칸을 보는 시선은 조금 다릅니다. 그는 잔인하고 야만적이며, 피도 눈물도 없는 칸Qan(군주)이라는 이미지를 가지고 있습니다. 누군가는 그를 두고 '전 세계를 공포로 몰아넣은 악마', '피로 세계를 정복한 야만인'이라고도 이야기합니다.

그도 그럴 것이 몽골 제국의 전성기인 13세기에 칭기스 칸과 그의 후예들은 유라시아 지역을 거의 석권하다시피 영토를 차지했습니다. 이때 몽골 제국의 군사는 고작 10만 명 정도밖에 되지 않았습니다. 쉽게 말해 10만 명의 군사가 탱크 10만 대의 위력을 발휘했던 것입니다. 적은 수의 인원이 넓은 땅을 지배하며 유럽까지 위협하다 보니 자연스레 피도 눈물도 없는 정복자의 이미지가 만들어졌습니다. 하지만 칭기스 칸은 '21세기형 리더'라는 평가를 받을 정도로 넓은 영토를 민주적으로 다스린 인물이기도 합니다.

그렇다면 몽골 제국이 이 넓은 땅을 정복할 수 있었던 힘의 원천은 무엇일까요? 세상을 지배하겠다는 칭기스 칸의 꿈과 포부도 큰 역할을 했지만 그를 움직이게 한 원동력은 '복수'였습니다. 아버지가 독살당하고, 아내는 납치당해 빼앗겼으며, 가까운 친척들의 배신으로 포로 생활까지 하면서 엄청난 고통을 겪은 그는 고난 속에서 복수의 칼날을 갈았습니다. 동시에 자신의 가족과 부족, 더 나아가서는 유목민의 안전을 지키기 위해 더 넓은 땅을 손에 쥐어야겠다고 결심하죠. 유라시아 대륙을 정복한 첫 단추는 이렇게 끼워졌습니다. 지금부터 피의 복수로 세상을 정복한 칭기스 칸과 우리가 잘 몰랐던 그의 이야기를 하나씩 벌거벗겨 보겠습니다.

정복자의 운명으로 태어난 아이

1162년, 몽골 초원의 '보르지긴' 부족의 족장이었던 예수게이Yesügei와 그의 아내 후엘룬Höelün 사이에 경사스러운 일이 벌어집니다. 후엘룬의 임신 소식이 들려온 것이죠. 이 아이가 훗날 칭기스 칸이 되는 테무진 Temüjin입니다. 사실 이 가족에게는 비밀이 하나 있었습니다. 칭기스 칸의 아버지가 약탈을 통해 '메르키트' 부족장의 아내였던 후엘룬을 빼앗아 왔다는 것입니다. 서로 뺏고 뺏기는 약육강식의 세계인 몽골 초원에서 약탈혼은 흔한 풍습이었습니다.

칭기스 칸은 태몽부터 남달랐습니다. 그의 어머니가 게르 안에서 잠을 자고 있는데 천장으로 새어 들어온 빛이 그녀의 배로 쏟아져 들어온 것입니다. 그리고 그녀의 귀에 이런 목소리가 들렸습니다.

"이제 네가 임신하면 전 세계의 지배자가 될 아들을 하나 낳게 될 것이다!"

그리고 난 뒤 임신한 게 칭기스 칸입니다. 그의 탄생을 목격한 사람들은 흥분했습니다. 아이가 오른손에 작은 핏덩이를 쥐고 태어났기 때문입니다. 이 모습을 보고 많은 사람들이 '수많은 죽음을 집어삼키고 세상을 정복할 것'이라 예언했습니다. 몽골 제국의 역사서인《몽골비사》는 그 순간을 다음과 같이 기록했습니다.

> "테무진이 태어날 때 오른손에 주사위뼈만 한 핏덩이를 쥐고 태어났다."

현재도 몽골에서는 아이가 태어났을 때 손에 핏덩이를 쥐거나 피가 묻어 있으면 좋은 징조로 여긴다고 합니다. 이렇게 대단한 태몽과 징조를 안고 태어난 칭기스 칸이지만 시대의 소용돌이에 휘말려 기나긴 고통의 시간을 보내야 했습니다. 칭기스 칸은 세 살 때부터 말 위에서 끼니를 해결하고 심지어 잠도 잘 수 있을 정도로 훈련을 받았습니다. 걸음마보다 말 타는 법, 활 쏘는 법을 먼저 뗐다고 해도 과언이 아니었죠. 이는 거친 야생의 세계를 살아가는 몽골 아이들에게는 지극히 평범하면서도 꼭 필요한 능력이었습니다.

게다가 칭기스 칸이 태어날 당시 몽골은 혼란 그 자체의 땅이었습니다. 몽골 초원은 하나로 통합되지 못한 채 다양한 유목민이 존재하는 사회였습니다. 나이만, 케레이트, 타타르, 메르키트 등 세력이 강했던 4개의 유목민 부족과 세력은 약하지만 각자의 방식으로 삶을 영위하는 약한 유목민 부족으로 분열된 상태였죠. 부족끼리 대립하는 약육강식의 시대에 살아남기 위해서는 누군가를 약탈하거나 죽여야만 했습니다. 칭기스 칸은 여러 부족 중에서도 세력이 약했던 몽골 부족 출신이었습니다.

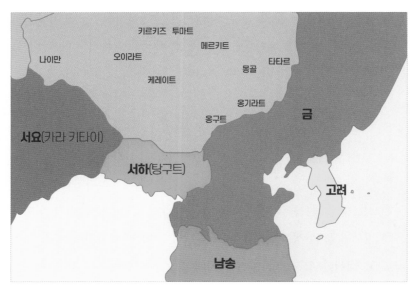

1195년 몽골 지도

　게다가 적은 몽골 내부에만 있는 게 아니었습니다. 생존의 왕이라 불리던 몽골 유목민 전체의 생존을 위협하는 외부의 적도 있었습니다. 칭기스 칸이 태어나기 직전 몽골족은 금나라 때문에 '몽골 초원의 눈물'이라고 불릴 정도로 파멸 직전의 상태를 맞이했습니다. 금나라는 동북아시아의 정치·경제·문화의 중심지로 막강한 군사력과 풍부한 광물 자원 등 누구보다 잘사는 나라였습니다. 그런데 금나라를 세운 여진족은 치열한 야생 속에서 점점 강력해지는 몽골 유목민 집단을 보고 위협을 느꼈습니다. 자신의 권력을 빼앗길까 두려웠던 이들은 무자비한 방법으로 몽골 유목민을 압박하기 시작합니다.

　금나라는 가장 먼저 몽골 초원의 최강 부족이었던 타타르 사람들을 매수했습니다. 타타르 부족을 이용해 유목민의 세력을 없애기로 한 것입니다. 쉽게 말해 싸울 수 있는 유목민의 수를 줄인 것인데 그 방식이 너무도 잔혹했습니다. 타타르를 앞세워 유목민들을 포로로 잡은 뒤 수레바퀴보다 키가 큰 남자아이는 모두 죽여버렸습니다. 이런 방식으로 3년마다 몽골 유목민의 남자아이들을 무자비하게 학살했습니다. 뿌리부터 뽑아버리는 잔인한 계획에 몽골 초원에는 남자아이들의 씨가 마를 정도였습니다. 심지어 산아 제한까지 하며 몽골 유목민의 출산을 막았습니다.

이런 상황에서 각 부족이 믿을 수 있는 사람은 오직 부족을 이끄는 리더뿐이었죠. 당시 유목민들은 강한 리더를 향한 충성심 하나로 모여 집단을 형성하고 부족을 세웠습니다. 이때 부족의 리더가 되기 위한 가장 중요한 능력은 '제대로 복수하는 것'이었습니다. 자신과 가족이 위험에 처하거나 약탈당했을 때 제대로 복수해 주는 힘 있는 리더를 따랐던 것이죠.

고난의 칭기스 칸

'몽골 초원의 눈물' 시대에 자라난 칭기스 칸이 아홉 살이 되었을 무렵, 그의 인생에 커다란 영향을 끼친 사건이 일어납니다. 여러 몽골 부족이 주변의 견제를 받던 이 시기에 연합 세력을 얻기 위해 가장 필요한 것은 결혼 동맹이었습니다. 몽골인에게 결혼은 정치적 연합인 동시에 가문의 위세를 높이는 수단이었죠. 그래서 몽골인들은 이른 나이에 결혼했습니다. 보르지긴의 부족장이었던 예수게이도 아들을 좋은 부족의 여성과 결혼시키고 싶어 했습니다. 그리하여 칭기스 칸은 아홉 살이 되던 해에 아버지와 함께 신붓감을 찾아 나섰습니다. 얼마 후 칭기스 칸은 '부르테Börte'라는 여성과 혼인을 약속했습니다. 동시에 그녀의 부족인 '콩기라트'라는 중요한 연합 세력까지 얻게 됐죠. 몽골에는 혼인을 약속하면 일정 기간 처가에 머무는 풍습인 데릴사위 제도가 있었습니다. 예수게이는 아들 칭기스 칸을 그곳에 두고 집으로 돌아갔습니다.

혼자서 길을 나선 예수게이는 당시 몽골에서 가장 강력한 부족이었던 타타르와 마주쳤습니다. 과거 예수게이는 타타르와의 전투에서 그 부족의 사람을 죽였고 그로 인해 이들은 오랜 기간 적대 관계로 지냈습니다. 타타르 부족은 자신의 원수인 예수게이를 곱게 보내줄 생각이 없었습니다. 그들은 부족의 잔치에 예수게이를 초대했습니다. 위험한 상황이었지만 몽골의 풍습에 따라 초대를 거절할 수 없었던 예수게이는 적이 건넨 술잔을 받아들었습니다. 역시나 타타르 부족은 술에 독을 탔고 이를 마신 예수게이는 결국 집에 돌아와 죽고 말았습니다.

신부가 될 사람과 행복한 시간을 보낸 지 채 일주일도 되지 않은 무렵, 아버지의 사망 소식을 들은 칭기스 칸은 급히 집으로 돌아왔습니다. 슬픔에 잠길 새도 없이 아홉 살 소년에게 모든 시련과 역경이 폭풍처럼 몰아쳤습니다. 몽골에는 가장이 사망하면 그의 형제나 가까운 남자 친척이 죽은 사람의 아내와 결혼해 그 자녀들과 가족을 책임지는 풍습이 있었습니다. 그런데 칭기스 칸의 삼촌들과 아버지 예수게이를 따랐던 부족 사람들이 배신을 한 것입니다. 그들은 자신의 의무를 거부하고 오히려 칭기스 칸과 그의 어머니, 그리고 동생들까지 내쫓아버렸습니다. 갑자기 몰아닥친 한파로 부족 사람들이 굶주리고 있던 상황에 입을 하나라도 줄이고자 매몰차게 버린 것입니다. 언제 어디서 죽음의 위협이 나타날지 모르는 몽골 초원에서 가장도 없이 부족으로부터 버려진다는 것은 사망 선고와 다름없었습니다.

남아 있던 재산을 모두 약탈당한 어머니 후엘룬은 아이들을 데리고 숲속으로 들어갔습니다. 칭기스 칸은 부족에게 버림받은 한 집안의 가장으로 생계를 꾸려나갔습니다. 얼마 후 과거 아버지가 의탁했던 '타이치우드' 부족장의 도움으로 몇몇 친척들을 만나 살 곳을 마련했습니다. 그런데 여기에서 아버지 예수게이가 첫 결혼에서 얻은 아들이자 칭기스 칸의 이복형인 벡테르Begter를 만나게 된 것입니다. 당시 초원의 법칙은 이복형이 어머니와 결혼해 아버지가 될 수 있었습니다. 가장이었던 칭기스 칸의 위치가 순식간에 위태로워진 것입니다. 더 이상의 고난을 경험하고 싶지 않았던 그는 동생들과 함께 이복형을 화살로 쏴서 죽였습니다. 그날 이후 부족에서 칭기스 칸을 건드리는 자는 아무도 없었죠. 이복형의 죽음으로 그는 어른들의 힘을 거스를 수 없던 어린아이에서 강한 남자로 다시 태어났습니다.

하지만 그런 칭기스 칸의 모습에 위협을 느낀 족장은 부하들에게 그를 체포하라고 명령합니다. 도망친 칭기스 칸은 산속에 숨어 있다가 끝내 잡히고 말았습니다. 그 후로 그는 타이치우드 부족의 포로가 됐습니다. 나무틀로 제작한 족쇄를 목과 양팔에 찬 채 매일 밤낮 집집마다 끌려다니며 감시를 받는 끔찍한 포로 생활을 이어나갔습니다. 칭기스 칸은 단 하나의 목표만을 바라보며 굴욕적인 포로 생활을 악착같이 버텼습니다. '반드시 살아남아 복수하겠다'라는 것이었죠. 그리고 '이 넓은 세상에 자신의 이름을 알리겠다'라는 것! 칭기스 칸은 자신에게 닥친 최악의 위기를 기회로 바꿔가기 시작합니다.

포로 생활을 한 지 몇 달이 지난 무렵 칭기스 칸에게 탈출의 기회가 찾아옵니다. 체포대가 술판을 벌인 뒤 곯아떨어진 것입니다. 그 순간 칭기스 칸은 목에 채운 무거운 족쇄로 감시하던 사람을 공격해 실신시킨 다음 도망쳤습니다. 다행히 지나가던 어느 가족의 도움을 받았고 드디어 포로 생활에서 벗어났습니다. 칭기스 칸은 곧바로 자신을 도와줄 수 있는 아내 부르테와 그녀의 부족을 찾아갔습니다. 아내를 되찾은 칭기스 칸은 큰 세력을 갖고 있던 '케레이트'의 수장인 옹 칸Ong Qan을 찾아가 도움을 약속받습니다. 칭기스 칸의 아버지와 의형제를 맺었던 옹 칸은 위기에 처한 칭기스 칸을 도와주기로 합니다. 이렇게 세력을 얻은 칭기스 칸은 자신을 궁지로 몰아넣은 타타르 부족에게 복수하겠다고 다짐했습니다. 그리고 부르테의 결혼 예물인 검은담비 가죽으로 만든 외투를 옹 칸에게 선물로 바치며 의부자 관계를 맺습니다. 검은담비 가죽은 매우 가치가 높은 물건으로 당시 발 빠른 말 천 마리의 값어치였다고 합니다. 옹 칸의 도움을 받기 위해 칭기스 칸은 자신의 모든 것을 걸었습니다.

든든한 뒷배를 얻은 지 얼마 되지 않아 그에게 또 다른 위기가 찾아옵니다. 아내 부르테가 메르키트 부족에게 납치당한 것입니다. 메르키트는 과거 칭기스 칸의 아버지 예수게이가 어머니 후엘룬을 납치해 온 부족입니다. 다른 부족에게 당한 일을 그대로 복수하는 것이 몽골의 법칙입니다. 예수게이의 아들 칭기스 칸이 결혼했다는 소식을 들은 메르키트 부족은 과거의 복수를 위해 그의 아내를 납치했습니다. 힘든 포로 생활 끝에 어렵게 다시 만난 아내를 잃게 된 칭기스 칸은 다시 케레이트의 옹 칸을 찾아가 함께 메르키트를 습격하자고 간절히 청했습니다. 옹 칸은 기꺼이 도와주겠다며 승낙합니다. 이때 칭기스 칸의 의형제이자 친구였던 자무카Jamuqa도 함께 원정에 나섰습니다. 그들은 메르키트 부족을 덮쳤고 치열한 전투 끝에 승리해 아내 부르테를 되찾았습니다.

복수전에서 승리한 칭기스 칸은 전리품을 부하들에게 나눠주었습니다. 그는 자신보다 부하들을 먼저 챙겼는데 이는 약육강식의 초원에서 쉽게 볼 수 없는 남다른 행동이었죠. 칭기스 칸은 자무카와도 허리띠와 말을 주고받으며 다시 한번 의형제 관계를 다졌습니다. 이번 일을 계기로 두 사람의 관계는 더욱 군건해졌고 서로를 믿고 의지하게 됐습니다.

초원의 패권을 놓고 갈라선 의형제

메르키트 부족과의 전쟁에서 승리한 칭기스 칸은 최고 권력을 가진 일인자가 되고 싶다는 야망을 품기 시작합니다. 몇몇 부족의 지도자 역시 칭기스 칸의 잠재력을 알아보고 몰려들었죠. 결국 칭기스 칸은 많은 이들의 추대를 받아 1186년 마침내 몽골 부족의 칸이 됩니다. 어둠의 시간을 지나 정복자의 길로 한 발 내디딘 것입니다.

이 소식을 들은 자무카는 의형제의 성공에 묘한 기분을 느낍니다. 많은 이들의 신임을 얻으며 세력을 키우는 칭기스 칸과 달리 자무카가 이끌던 부족 내에서는 리더인 그에게 불만을 가진 사람들이 생겨나기 시작했습니다. 심지어 칭기스 칸을 따르겠다며 무리를 이탈하는 사람들까지 있었죠. 자무카는 전쟁에서 승리한 뒤 전리품을 독차지하는 등 독재자의 모습을 보여 왔습니다. 반면 칭기스 칸은 전리품을 나눠주고 평등하게 군사들을 대했습니다. 두 사람의 모습은 자연스럽게 비교됐고 병사들은 당연하다는 듯이 칭기스 칸의 군대에 합류한 것입니다. 이런 모습을 지켜보던 자무카는 커다란 배신과 분노에 휩싸였습니다.

그런 와중에 칭기스 칸에 대한 자무카의 불신이 폭발하는 사건이 일어납니다. 칭기스 칸이 부족의 말을 훔친 도둑을 잡아서 죽였는데, 그 도둑이 자무카의 동생이었던 것입니다. 이 사건을 빌미로 의형제였던 두 사람 사이에 목숨을 건 전투가 벌어졌습니다. 자무카는 너무도 쉽게 칭기스 칸을 무너뜨렸습니다. 압도적으로 많았던 자무카의 병력과 칭기스 칸보다 풍부한 전투 경험에 따른 결과였죠.

비록 전투에서는 졌지만 칭기스 칸은 별다른 타격을 입지 않았습니다. 자무카가 승리했음에도 그의 부하들이 계속 칭기스 칸에게 넘어갔기 때문입니다. 이에 분노한 자무카는 극악무도한 행동을 하고 맙니다. 자신을 배신하고 칭기스 칸에게 간 부하들을 다시 포로로 잡아들인 뒤 이들을 끓는 솥에 삶아 죽이는 벌을 내린 것입니다. 약육강식의 초원이라고 해도 이토록 잔혹한 처벌은 정말 드문 일이었습니다. 자무카의 행동에 모든 부족민은 경악했고 그는 신뢰에 큰 타격을 입었습니다. 반면 칭기스 칸은 자신에게 온 이들을 따뜻하게 품는 전략으로 더 많은 인기와 신뢰를 얻었죠.

이후 칭기스 칸은 몽골을 차례로 통합해 나가며 세력을 확장했습니다. 그러자 위협을 느낀 다른 초원의 부족들이 그를 견제하기 시작했습니다. 그 과정에서 칭기스 칸은 자무카와 연합한 세력과 두 번째 전쟁을 치르게 됩니다. 당시 몽골은 상대적으로 약한 세력에게 전투를 치를 장소를 선택할 권리를 주었습니다. 아직 신생 지도자였던 칭기스 칸은 전장을 먼저 선택할 권리를 갖게 되었습니다. 전쟁에서 이기기 위한 지리적 요건은 고지를 점령하는 것입니다. 높은 곳은 한눈에 적의 움직임을 관찰 할 수 있어 전술을 펼치는 데 유리합니다. 그런데 칭기스 칸은 전장의 중심부라고 할 수 있는 고지를 자무카의 군대에 내주고 언덕 아래를 전장으로 선택했습니다. 그 덕분에 칭기스 칸이 이끌던 군사들은 산 위를 쳐다보고 싸워야 하는 꼴이 됐죠. 이 모습을 본 적들은 칭기스 칸이 큰 실수를 했다며 좋아했습니다.

실수로 보이는 이 전투 배치는 사실 칭기스 칸의 노림수였습니다. 칭기스 칸은 적들에게 고지를 내어준 대신, 동서 사방으로 연결되는 연결통로를 완전히 포위했습니다. 그러니까 자무카의 군대가 무기나 음식 등 어떠한 지원군이나 보급을 받지 못한 채 도망칠 수도 없도록 가둬버린 것입니다. 결국 자무카의 지원 부대는 이 차단막을 돌파하지 못했고, 대장인 자무카가 이곳에 왔을 때 전장은 이미 초토화된 상황이었습니다. 자무카와의 첫 전투에서 패배한 칭기스 칸은 그다음 전투에서 그를 손쉽게 제압했습니다. 전투에서 패배한 자무카는 '나이만' 부로 도망쳤고, 그의 군대는 순식간에 무너지며 해체 수순을 밟았습니다. 이후 칭기스 칸은 몽골 부족을 차례로 통합해 나가며 나이만, 케레이트, 타타르에 버금가는 세력으로 성장합니다.

세력을 키운 칭기스 칸이 가장 먼저 한 일은 가장 강한 부족인 타타르를 처리하는 것이었습니다. 그들이 강하기 때문이기도 하지만 그보다는 아버지를 죽였다는 복수심이 더욱 컸습니다. 원수 타타르와의 전쟁을 앞둔 그는 부하들에게 이렇게 말했습니다.

"적을 누르고 전리품을 얻기 위해 멈추지 마라. 전쟁에서 승리한 뒤 전리품은 우리의 것이 될 것이고 나는 이것을 너희에게 나누어 줄 것이다."

그는 다른 지도자처럼 전리품을 독차지하는 대신 자신과 함께 싸운 부하들과 나누는 쪽을 선택합니다. 이 같은 칭기스 칸의 대처는 엄청난 효력을 발휘했고 부하들은 전력을 다해 싸웠습니다. 그 결과 1202년에 마침내 타타르를 정벌하며 아버지의 복수에 성공합니다. 여기서 멈추지 않고 다른 몽골 초원의 부족인 케레이트마저 물리치며 세력을 키워나갔습니다. 그는 부하들을 살뜰히 챙기던 인간적인 면모와 달리 상대편에게는 누구보다 냉정했습니다. 패배 후 자신의 편이 되겠다고 한 이들은 살려줬지만 자신의 편에 서지 않겠다고 선언한 부족들은 완전히 멸족시켰습니다. 그래야 복수의 위협에서 벗어난다는 사실을 체험으로 터득한 칭기스 칸은 수레바퀴보다 키가 큰 사람들은 모조리 잡아서 죽였습니다. 수레바퀴보다 작은 아이라면 칭기스 칸의 부족에서 자라는 동안 동화되어 성인이 돼도 복수하지 않을 것이라 생각한 것입니다. 수레바퀴보다 큰 사람만 죽여야 한다는 것 역시 초원의 법칙 중 하나였습니다.

이제 남은 것은 나이만 부족과의 전투였습니다. 그는 이 전투에 특별히 공을 들였습니다. 자신과의 전투에서 패배한 자무카가 이곳으로 도망쳐 의탁하고 있었기 때문이죠. 또 하나의 중요한 이유는 나이만과의 전투에서 승리하는 순간 칭기스 칸이 최초로 몽골 통일이라는 업적을 달성한다는 것입니다.

그는 비장한 마음으로 전투에 앞서 전력을 정비했습니다. 칭기스 칸 부대에는 치명적인 문제가 한 가지 있었는데 나이만보다 병력이 10배 이상 적다는 것입니다. 칭기스 칸은 자신의 군사 수를 속여 상대편을 위협하기 위해 특별한 계책을 마련합니다. 예비 말에 허수아비를 앉히고 말꼬리에 나뭇가지를 달아 먼지를 일으켜 병사의 수가 많아 보이도록 눈속임을 쓴 것입니다. 칭기스 칸의 이런 계략과 전술 덕분에 최강의 부족이었던 나이만을 비교적 손쉽게 정복할 수 있었습니다.

나이만이 이길 가능성이 없음을 깨달은 자무카는 전쟁터에서 빠져나와 다시 탈출을 시도합니다. 몇 명의 부하만이 그를 따르고 있었죠. 그러던 어느 날 자무카가 다시 칭기스 칸의 눈앞에 모습을 드러냈습니다. 자무카의 모습은 매우 처참했는데, 그를 따르던 부하들이 그의 손을 묶은 채 칭기스 칸 앞에 끌고 온 것입니다. 부하들은 칭기스 칸에게 자무카를 바치면 큰 상을 받을 것이라 기대했습니다. 하지만 칭기스 칸은 "주군을 배신한 부하는 용서할 수 없다"라며 자무카를 잡아 온 이들을 모두 처형해 버렸습니다. 그리고 오랜 숙적이었던 자무카를 죽이기로 합니다. 허나 몽골에서는 의형제를 죽인다는 것은 친형제를 죽이는 것보다 잔인한 일이라고 생각했습니다. 칭기스 칸은 고심 끝에 다른 이에게 자무카의 처분권을 넘겼습니다.

자무카는 펠트에 돌돌 말린 채 말들에게 밟혀서 죽었다고 합니다. 몽골에서는 땅에 피를 흘리지 않고 죽는 것을 귀족의 명예로운 죽음으로 여깁니다. 칭기스 칸은 의형제였던 자무카의 마지막 길을 친구로서 존중해 준 것입니다.

몽골제국의 탄생과 제국의 설계

여러 부족으로 나뉜 몽골의 초원을 하나로 통합한 칭기스 칸은 1206년 대몽골국의 대칸 자리에 오릅니다. 그가 '칭기스 칸'이라는 칭호로 불리며 위대한 정복자로서 이름을 날리게 된 것은 이때부터입니다. 그는 대칸이 된 후 3년 동안 지배 체계를 개편하고 법을 정비하는 등 몽골 제국의 내부 단속을 철저히 했습니다.

즉위식을 마치고 대칸이 된 그가 가장 먼저 한 일은 경쟁 부족의 우두머리를 제거하는 것이었습니다. 몽골을 통일했으나 내부에는 여전히

대칸이 된 칭기스 칸

분열된 모습이 남아 있었기 때문입니다. 또한 자신이 속한 곳에 충성을 다하는 부족, 씨족 중심의 유목민 사회를 해체하고 군대를 새롭게 재편했습니다. 우선 15세부터 70세까지 모든 남자를 징집 대상으로 삼고 오래된 군사제도를 재구성했습니다.

유목민의 군사제도는 십호제를 기본으로 하며 군대의 단위는 십진법에 의해 십호, 백호, 천호, 만호로 커지는 피라미드 구조입니다. 십호(아르반)는 오늘날로 치면 일종의 분대 같은 것으로 10명의 기마병으로 구성합니다. 십호가 10개 모이면 100명의 기마병으로 구성된 백호(자군)가고, 백호가 또 10개 모이면 1천 명의 기마병을 구성하는 천호(밍간)가 됩니다. 천호가 예닐곱 개 모이면 만호(투멘)가 되는 것이죠. 만호의 실제 병력은 대략 6천~7천 명 정도입니다. 이렇게 점점 커지는 구조를 통해 수십 명에서 1만 명의 기병이 소속된 집단이 만들어집니다.

칭기스 칸은 이 체계를 조금 더 조직화하고 지배계층을 완전히 재구성했습니다. 우선 조직을 지휘할 만호장, 천호장, 백호장은 칭기스 칸이 직접 임명했습니다. 그다음 부족, 씨족 중심이었던 군대를 새로운 지휘관 아래 섞어버렸습니다. 지휘관에는 자신에게 충성하는 이들을 앉혔습니다. 이렇게 완성된 군사 체계는 모든 권력을 칭기스 칸에게 집중시키

십진법에 의한 군대 단위

십호(아르반)	10명
백호(자군)	100명
천호(밍간)	1,000명
만호(투멘)	1만 명

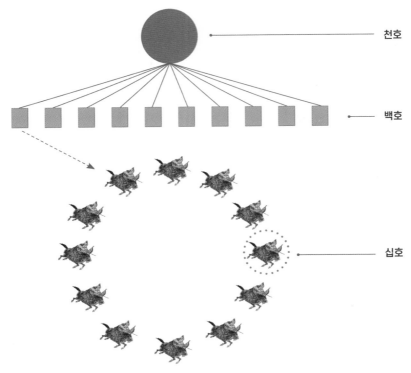

천호

백호

십호

몽골의 군사제도

는 효과를 가져왔습니다. 그래도 안심이 되지 않았던 칭기스 칸은 지휘 관들의 아들을 모아 '칭기스 칸 친위대'를 구성합니다. 일종의 인질이었 던 셈이죠. 친위대의 등장은 그와 함께 제국을 통치할 엘리트 집단의 탄 생을 의미합니다. 그들은 칭기스 칸의 경호뿐 아니라 요리, 통역, 문서 관리 등 국가의 운영에 필요한 주요 업무를 담당했습니다. 칭기스 칸은 "열 명을 통솔해 작전을 성공적으로 수행할 수 있는 사람에게는 천 명, 만 명을 맡길 수 있다"라고 말했습니다. 이는 자신이 임명한 만호장, 천 호장, 백호장의 자리가 영원하지 않으며, 누구라도 전쟁에서 뛰어난 활약을 하면 승진할 수 있다는 것을 선포한 것입니다. 새롭게 재편한 군사 조직은 거대한 몽골 제국의 초석이 되었습니다.

칭기스 칸은 제국의 헌법이라고 할 수 있는 〈예케 자삭Yeke jasay〉도 만들었습니다. 예케는 '크다'라는 의미이고 자삭은 '금령, 규칙, 법'을 의미합니다. 한마디로 대법을 만든 것이죠. 법은 단순하지만 강력하고 무자비했습니다. 가령 '여행자를 돕지 않는 자, 물이나 재에 소변을 보는 자, 가출한 노예나 포로를 발견하고 주인에게 돌려주지 않는 자, 도둑질을 한 자, 물건을 사고 세 번 갚지 않거나 세 번 무르는 자, 거짓말을 한 자, 다른 사람을 몰래 훔쳐본 자, 마술을 부리는 자, 남의 싸움에 개입해 한쪽을 편드는 자'는 모두 사형에 처했습니다. 이 외에도 '서로 사랑하라, 간통하지 마라, 도둑질하지 마라, 위증하지 마라, 반역하지 마라, 노인과 가난한 사람을 돌봐주어라'라는 명령을 지키지 않아도 사형에 처했습니다. 칭기스 칸은 예케 자사크로 민심과 군대를 장악했습니다.

몽골을 넘어 아시아 정복을 꿈꾸다

몽골의 유목 민족들이 하나의 군주 아래 모이면서 칭기스 칸의 지위는 점점 더 확고해졌습니다. 그러나 끊임없는 전쟁과 기후변화의 영향으로 몽골 제국에는 경제적 위기가 찾아왔습니다. 특히 가축의 수가 크게 줄어들면서 먹고사는 것조차 어려워졌습니다. 그동안 유목민들은 복수와 약탈로 서로 원하는 것을 얻었으나 통일 후에는 몽골인들끼리 싸울 수 없게 되었습니다. 때문에 먹고 사는 데 필요한 것을 마련하기 어려웠습니다. 칭기스 칸은 이 문제를 해결하기 위해 정복 전쟁을 계획합니다. 가장 큰 목적은 줄어든 가축의 확보입니다. 칭기스 칸의 타깃은 북중국이었습니다. 당시에는 '금나라'로 불렸죠.

몽골군은 금나라를 정복하기 전에 '서하(탕구트)'에 들렀습니다. 서하는 실크로드의 길목으로 낙타를 비롯한 가축이 많고 재화도 풍족했습니다. 이곳에서 가축과 돈을 얻는 동시에 서하가 이웃 나라인 금나라와 연합을 맺지 못하게 한 것입니다. 칭기스 칸을 중심으로 똘똘 뭉친 몽골군에 서하는 무참히 패배했습니다. 그리고 복종의 표시로 낙타, 옷감, 비단, 매 등의 많은 공물을 바치고 왕의 딸을 칭기스 칸과 혼인시키기로 약속합니다.

칭기스 칸은 서하에 이어 서요(카라 키타이) 지역까지 손에 넣으며 금나라로 향하는 원정길을 확보했습니다. 금나라는 당대 최고의 대국으로 정주 농경(일정한 곳에 자리 잡고 농사를 짓는 것)과 초원 유목(초원을 옮겨 다니며 목축을 하는 것), 그리고 수렵까지 하는 복합 경제를 가지고 있었습니다. 또한 중국의 화북 지역을 점령하며 엄청난 세금을 거둬들여 물자가 풍부했습니다. 금나라는 칭기스 칸이 태어나기 전 몽골의 유목민에게 위협을 가한 나라이기도 했습니다. 칭기스 칸으로서는 복수와 풍부한 전리품까지 일석이조였기에 금나라를 공격하기로 마음먹은 것입니다. 게다가 오래된 문화 민족이었던 금나라 정복에 성공하면 아시아의 패권을 잡을 수도 있었죠.

몽골을 넘어 아시아의 정복자가 되겠다는 야망을 품은 칭기스 칸은 약 12만 명의 기병대를 이끌고 금나라로 향했습니다. 하지만 금나라는 서하처럼 쉽게 함락되지 않았습니다. 몽골군은 넓은 초원에서 말을 타

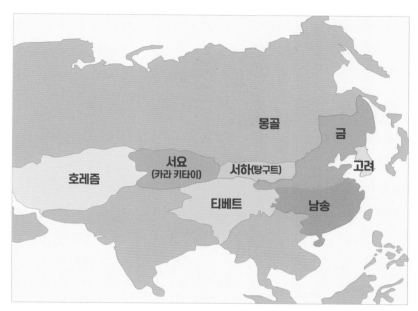

칭기스 칸 원정 국가

고 싸우는 전투에 강했는데, 높은 성벽에 둘러싸인 금나라가 완벽한 방
어 태세를 갖춘 채 버티기 전술에 들어간 것입니다. 금나라 정복을 포
기할 생각이 없던 칭기스 칸은 그곳의 지형을 자세히 살피고 한 가지 계
략을 생각해냈습니다. 그러고는 금나라에 "고양이 1천 마리와 제비 1만
마리를 받으면 성의 포위를 풀고 물러나겠다"라고 제안합니다. 터무니
없는 조건에 칭기스 칸의 제안을 의심한 금나라는 몽골군 포로를 잡아
이유를 물었습니다.

"고양이와 제비가 왜 필요하지?"

"고양이와 제비는 몽골인들이 즐겨 먹는 음식이에요. 그런데 먹을 것
이 다 떨어져서 잡아먹으려고 해요."

포로의 대답은 거짓말이었습니다. 그는 금나라군의 의심을 풀기 위해 의도적으로 금나라 지휘관에게 접근해 포로가 된 칭기스 칸의 스파이였죠. 포로의 말을 들은 금나라 사람들은 몽골군을 야만인이라 비웃으며 그들의 요구대로 동물을 잡아 성벽 위에서 던져주었습니다. 몽골군은 금나라군이 보낸 동물의 꼬리에 천을 묶어 불을 붙인 뒤 풀어주었습니다. 칭기스 칸이 요구한 제비와 고양이는 귀소 본능이 강한 동물로 풀려나자마자 원래의 거처로 돌아갔습니다. 그러면서 성 전체에 불길이 번졌습니다. 깜짝 놀란 금나라 병사들이 허둥지둥하는 사이, 몽골군은 높은 성벽을 뚫고 급습해 금나라를 정복했습니다. 동물의 습성을 이용한 전략으로 승리한 칭기스 칸은 금나라의 공주와 금과 비단, 어린아이 500명, 말 3천 필을 전리품으로 챙겼습니다. 그리고 금나라 황제는 사신을 보내 강화(싸움을 그치고 평화를 유지하는 것)를 요청했습니다.

실크로드의 중심지 호레즘 왕국과의 대결

칭기스 칸은 금나라와 전쟁을 치르는 중에도 주변 국가 단속을 소홀히 하지 않았습니다. 같은 시기 몽골과 비슷한 군사력으로 성장하는 나라가 있었습니다. 호레즘이라는 국가로 오늘날의 우즈베키스탄 지역입니다. 금나라가 경제적·문화적 강대국이었다면 호레즘은 정치, 경제, 수학, 문화 등이 발전한 신흥 세력이었습니다. 호레즘인은 대부분 이슬람교도를 믿는 무슬림이었으며 역사에는 다인종을 뜻하는 색목인으로 기록되었습니다. 호레즘은 카스피해부터 페르시아만에 이르기까지 광대한 영토를 차지한 군사 대국이기도 했습니다. 그 규모는 오늘날의 이란, 아프가니스탄, 우즈베키스탄, 타지키스탄 지역에 달합니다. 또한 동서양이 만나는 실크로드가 교차하는 길목에 있어, 이곳 사람들은 수공업과 장사에 능했습니다.

서하와 서요, 금나라까지 정복한 몽골 제국은 호레즘만 정복하면 유럽 진출이 가능한 상황이었습니다. 당시 칭기스 칸은 나라의 재정 지출이 증가하면서 정복뿐 아니라 실크로드를 통한 교역에도 관심을 두기 시작했습니다. 그리하여 호레즘에 교역을 제안하며 사절단 400여 명을 보냈습니다. 호레즘 국왕에게는 다음과 같은 말을 전했죠.

"나는 호레즘과의 싸움을 원치 않는다. 전리품도 양도해 줄 준비가 되어 있다!"

그는 군사와 사신들에게 절대로 적대적인 행동을 하지 말라고 당부했습니다. 평화롭게 교역하며 필요한 것을 주고받자는 제안은 확실히 이전과는 다른 자세였습니다. 호레즘 왕국의 군사력이 강력하다는 정보를 입수한 칭기스 칸은 그들과의 전쟁을 피하고 싶었습니다. 하지만 그들의 교역 정보가 필요했기에 사절단을 보낸 것입니다.

호레즘의 왕 '술탄 무하마드 샤Sultān Muhammad Shāh'는 몽골 세력이 점점 커지는 것을 경계하며 칭기스 칸의 군대를 주시하고 있었습니다. 칭기스 칸의 계획을 모두 간파한 그는 몽골 제국이 보낸 400여 명의 사절단을 모두 처형하고 그들이 가져온 선물을 모두 몰수했습니다. 이는 전쟁 선포와 다름없었습니다. 그럼에도 칭기스 칸은 전쟁 대신 다시 한 번 화친을 제안하며 사절단을 보냈습니다. 호레즘은 눈 하나 깜짝하지 않고 이들마저 모두 처형했습니다. 싸움을 원치 않았던 칭기스 칸도 이제는 복수를 선택할 수밖에 없었습니다.

1218년, 칭기스 칸은 혹시 모를 상황에 대비해 후계자까지 지목한 뒤 호레즘과의 전투에 나섰습니다. 평소 몽골군은 세 갈래로 나눠 이동하는 전술을 사용했습니다. 동시에 여러 곳을 공격하거나, 세 갈래가 만나서 동시에 한 곳을 공격하는 등 변화무쌍한 방식으로 부대를 응용했죠. 이러한 전술을 이미 간파한 호레즘은 칭기스 칸에 대응해 버티기, 즉 수성전으로 대응했습니다. 그러자 몽골군은 금나라 전투에서 얻은 투석기로 수천 개의 돌을 마구 날려버렸습니다. 동시에 심리전을 이용했습니다.

"누구라도 항복하면 그의 처자식과 집안사람들을 살려줄 것이다. 그런데 만약 항복하지 않으면 처자식은 물론 친족 모두를 몰살시킬 것이다."

주민들의 공포심을 자극한 이 전략이 통했는지 호레즘의 많은 지역이 쉽게 항복했습니다. 이들 지역은 약속대로 목숨을 살려주었죠. 하지만 끝까지 저항한 지역은 완전히 초토화했습니다. 메르브(현재의 투르크메니스탄), 헤라트(현재의 아프가니스탄), 니샤푸르(현재의 이란) 등의 도시를 모두 불태우고 주민들은 몰살시켜 버렸습니다. 그리고 몽골 제국의 사신단을 몰살한 호레즘의 총독 이날축Inalchuq에게는 눈과 귀에 끓는 은을 붓는 형벌을 내려 복수했습니다. 이슬람의 역사는 이 전쟁으로 도심마다 100만 명 이상의 주민이 학살되었다고 기록했습니다. 중앙아시아를 지배하던 대국 호레즘은 칭기스 칸과의 전쟁으로 완전히 무너지고 말았습니다. 호레즘의 국왕이 백성을 버리고 도망가자 칭기스 칸은 자신의 부하들에게 끝까지 쫓아가 응징할 것을 명령합니다. 이들은 무려 3천km의 기나긴 추격전을 벌였습니다. 왕은 결국 카스피해의 작은 섬에서 굶주림으로 인한 폐렴으로 죽음을 맞이했습니다.

몽골군은 호레즘의 왕을 추격하는 과정에서 흑해 연안의 조지아를 비롯해 러시아 남쪽까지 진격했습니다. 이때 몽골군과 러시아군이 격돌하는 상황이 벌어지기도 했습니다. 이는 몽골 제국 최초의 유럽 침공인 칼카강 전투입니다. 당시 러시아 연합군은 8만 명의 병력이었고 호레즘 국왕을 추격하던 몽골군은 2만 명이 채 되지 않았습니다. 몽골의 정찰군은 호레즘 국왕을 찾기 위해 남아시아 초원의 정찰에 나섰는데 이를 공격으로 착각한 러시아는 연합군을 조직해 칼카강 주변에서 몽골군을 선제공격했습니다. 병력은 러시아가 우세했지만 오랜 전쟁 경험을 뛰어넘을 수는 없었죠. 몽골군은 러시아 대군을 상대로 가뿐하게 승리했습니다. 그들은 귀족의 죽음에는 피를 보지 않는다는 풍습에 따라 적군에게 예우를 갖추는 여유까지 보여주었습니다. 이 전투로 유럽 전역에는 칭기스 칸에 대한 소문이 퍼졌고, 몽골 제국의 최강 군대에 대한 두려움이 싹트기 시작했습니다.

패배를 모르는 몽골 전사의 비밀

칭기스 칸이 아시아를 넘어 유럽을 정복할 수 있었던 것은 그의 뛰어난 전략과 패배를 모르는 몽골군의 환상적인 팀워크 덕분입니다. 칭기스 칸의 병법은 몽골군을 전쟁의 귀재로 만들어 주었는데, 이는 과거부터 이어져 내려온 유목민만의 독창적인 전쟁 기술입니다.

그 첫 번째는 뛰어난 기마 전술입니다.

뒤돌아서 활 쏘는 몽골군

　몽골군은 원정을 떠날 때 각자 말 4~5마리를 함께 이끌고 다녔습니다. 말이 지친 기색을 보이면 곧바로 다른 말로 갈아타면서 전투 중에 손쉽게 치고 빠질 수 있었습니다. 그들이 여러 마리의 말을 이끌고 다닐 수 있던 것은 몽골의 말이 유럽 말에 비해 4분의 1 정도만 먹었을 뿐 아니라 사막의 풀이나 억센 나뭇가지 등 무엇이든 잘 먹기 때문이었죠. 여기에 어렸을 때부터 말에서 생활하며 말과 한 몸처럼 지낸 덕에 뒤돌아서 활을 쏠 정도로 몽골군의 기마 실력은 뛰어났습니다. 이 방식은 적을 유인하는 동시에 공격이 가능한 기술입니다. 말을 탈 때 두 발로 디디는 기구인 등자를 발명한 것도 이러한 기술을 사용한 북방의 유목민들이었죠.

　두 번째는 독보적인 기동력입니다.

　고대 시대부터 전쟁 시 대규모 부대가 움직이면 그 뒤에는 식량과 의

료 등 다양한 보급품을 지원하는 보급부대가 있었습니다. 하지만 몽골 군은 보급부대를 끌고 다니지 않아 기동력 있는 작전을 펼칠 수 있었습 니다. 그들은 자신이 먹을 음식을 말의 안장 밑에 넣고 다녔습니다. 그 음식은 오늘날의 육포와 비슷한 것으로, 겨울에 소를 잡아 살코기 부 분만 잘라 바싹 말린 것입니다. 일부는 절구나 돌멩이로 두들겨 가루 로 만들기도 했습니다. 여기에 물을 부어서 먹으면 한 끼 식사로 충분 했기 때문이죠. 한 봉지의 육포 가루는 일주일 치 비상식량이었다고 합 니다. 이 음식의 가장 큰 장점을 불을 피워 조리할 필요가 없다는 것인 데 덕분에 부대의 위치가 적에게 쉽게 노출되지 않았습니다.

불패의 몽골군을 만든 세 번째 비밀은 강력한 군법입니다.

칭기스 칸은 군사들이 유대감을 가지고 목숨을 바쳐 싸울 수밖에 없 는 법을 만들었습니다.

"전투 중 한 명이 도망가면 부대원 열 명을, 열 명이 도망가면 부대원 백 명을 처형한다."

"전투할 때 999명이 모두 쓰러지고 한 사람만 살아왔을 경우, 설사 그가 승리를 거두고 돌아왔다고 할지라도 그는 전우들과 같이 남아 있 지 못했기 때문에 처형한다."

이처럼 혼자만 살아서 돌아오는 군사에게는 자비 없는 처벌을 했습 니다. 이는 병사들의 결속력을 다지고 타국의 전장에서 죽더라도 가족 의 품으로 돌아갈 수 있다는 믿음을 주었습니다.

몽골군은 체계적이고 강력한 조직이었던 만큼 외워야 하는 규율과 법률도 많았습니다. 그런데 칭기스 칸은 자신의 지시 사항을 글로 적지 못하게 했습니다. 적에게 전략이 노출될 수 있다는 위험 때문이었죠. 대신 노래로 만들어 가사처럼 흥얼거리면서 외울 수 있게 해주었습니다. 또한 군사 정보를 담당하는 병사들에게는 비밀 암호나 지령을 거꾸로 알려주었습니다. 혹시라도 적에게 잡혀 군사 비밀을 발설해도 적들이 알 수 없도록 대비한 것입니다.

칭기스 칸은 적군일지라도 신뢰를 지킨 자에게는 상을 주고, 아군일지라도 배신한 자에게는 징벌을 내렸습니다. 그리고 모든 군사를 동등하게 대했으며 지휘관이라도 하급 병사를 함부로 대하지 못하게 했습니다. 13세기의 몽골군은 이미 열린 군조직을 갖추고 있었던 것입니다. 이 모습을 본 몽골인들은 칭기스 칸을 군주가 아닌 신으로 여기며 그를 따랐습니다.

유럽으로 향한 칭기스 칸의 후예

칭기스 칸이 중앙아시아 원정을 마치고 1225년 몽골 초원으로 돌아왔을 때 처리해야 할 일이 생깁니다. 몽골에 가장 먼저 항복했던 서하에서 반란이 일어난 것이죠. 칭기스 칸의 명령에 불복종한 서하는 몽골제국이 호레즘과 전쟁을 벌일 때도 군사를 지원하지 않았습니다. 칭기스 칸은 이 반란을 진압하기 위해 원정을 떠났습니다. 그런데 전투 중 칭기스 칸이 큰 부상을 입고 말았습니다. 전투용 말이 부족하다는 소식을 들은 칭기스 칸이 직접 야생마를 포획하던 중 놀란 야생마가 칭기스 칸에게 돌진하면서 말에서 떨어진 것입니다.

서하의 반란은 진압했으나 그날 이후 칭기스 칸의 건강은 서서히 악화하기 시작합니다. 이때 칭기스 칸의 나이는 65세였습니다. 자신의 죽음을 직감한 칭기스 칸은 후계자를 지목하고 "내 죽음을 아무에게도 알리지 말라"라는 유언을 남겼습니다. 얼마 후 칭기스 칸은 사망했는데 유언대로 그의 죽음과 그가 묻힌 장소는 철저히 비밀에 부쳤습니다. 그의 시신을 묻을 때도 비밀이 새 나가지 않도록 무덤 건설에 동원된 1천여 명의 인부까지 모두 살해했습니다. 칭기스 칸의 무덤은 그의 고향인 헨티산맥 부르칸산 깊은 곳에 있을 것이라 예상하지만 지금까지 발견되지 않았습니다. 몽골에서 전해져 오는 이야기로는 칭기스 칸의 시신을 땅에 묻은 다음 그곳을 수만 마리의 말들이 달리게 하고 나무까지 심어 누구도 알아볼 수 없게 만들었다고 합니다. 평생 몽골 제국을 위해 싸워온 칭기스 칸은 아무도 모를 초원 아래 영원한 잠에 들었습니다.

칭기스 칸의 후계자로는 무려 2년에 걸친 대회의(쿠릴타이) 끝에 그의 셋째 아들인 '우구데이Ögödei'가 선정되었습니다. 제2대 군주가 된 우구데이는 동시다발적인 전쟁으로 세력을 더욱 확장했습니다. 칭기스 칸 시대에는 한 국가를 정복한 뒤 인접한 다음 국가로 넘어가 영토를 장악했다면, 우구데이 시대에는 여러 지역으로 동시다발적인 대규모 공격을 실시해 더 큰 땅을 차지했습니다. 한쪽에서는 고려를 침략하고 다른 한쪽에서는 러시아와 동유럽 원정까지 보내 세력을 넓힌 것이죠. 이 전쟁의 가장 큰 목적은 독점적인 실크로드 시스템을 완성해 몽골의 상품 교역을 키우는 것이었습니다. 그 결과 1279년 쿠빌라이 카안Qubilai Qa'an이 남송을 정복할 때까지 반세기 동안 몽골 제국은 약 20개의 나라를 자신의 지배 아래 두게 됐습니다.

오늘날의 몽골, 중국, 러시아 일부, 우크라이나, 이라크, 이란, 카자흐

13세기 몽골제국의 최대 영토

스탄, 우즈베키스탄, 독일, 폴란드, 헝가리 등이 포함된 정말 어마어마한 영토였죠. 몽골군의 세력이 점점 서쪽으로 넓어지자 손을 놓고 있던 서양의 나라들도 몽골군을 위협적으로 생각하기 시작했습니다.

폴란드 연합국과의 한판승부

이때 몽골군의 어마어마한 전투력을 제대로 보여주며 온 유럽을 공포에 떨게 한 전쟁이 일어납니다. 폴란드 연합군과 몽골군이 맞붙은 리그니츠 전투입니다. 당시 우구데이는 지휘관들을 정복지에 파견하고 있었습니다. 자신의 아들 구육과 조카 바투 역시 총사령관으로 러시아 원정을 보냈죠. 신속한 기병대와 강력한 공성 무기들로 무장한 몽골군은 남러시아(현재 우크라이나 일대)를 손쉽게 정벌했습니다. 기세등등해진 몽골군은 뒤이어 동유럽을 향해 진격했고, 사령관들은 헝가리의 왕에게 한 통의 편지를 보냈습니다. "보잘것없는 헝가리의 왕은 즉각 항복하라!"라는 내용이었죠. 몽골군의 침략을 받은 러시아의 상당수가 그들을 피해 헝가리로 도망쳤기 때문입니다. 물론 표면적인 이유는 '복수'지만 진짜 이유는 드넓은 헝가리 초원을 차지해 서유럽 침략의 전초기지로 삼으려 한 것입니다. 서신을 받고 놀란 헝가리 왕이 전투를 준비할 새도 없이 15만 명이 넘는 몽골군은 둘로 나뉘어서 폴란드의 리그니츠와 헝가리 모히에 도착합니다.

갑작스러운 침공에 놀란 폴란드는 서둘러 유럽 각지에서 군사를 모아 연합군을 조직했습니다. 그리고 그들은 리그니츠에서 만나게 되죠. 당시 유럽인들은 빠른 속도로 세계를 정복하는 몽골군을 '지옥에서 온 군대'라고 생각했습니다. 그런데 막상 전장에 도착한 몽골군을 보니 생각과 달리 강해 보이지 않았습니다.

당시 유럽 전투의 핵심은 기선제압이었습니다. 첫 전투에서 누가 승리하느냐에 따라 최종 승자와 패자가 나뉠 만큼 병사들의 사기에 큰 영향을 주었죠. 유럽 연합군은 5개 부대로 나뉘어 포진해 있었는데 그중 1진이 몽골군을 향해 먼저 석궁을 발사하며 공격했습니다. 유럽 연합군의 선제공격으로 수세에 몰린 몽골 기병은 말에서 우수수 떨어져 나갔습니다. 그 모습을 보고 이때다 싶었던 연합군은 더욱 저돌적으로 돌격해 왔고 몽골군은 말을 돌려 도망치기 시작했습니다. 승리를 예감한 연합군은 무서운 기세로 도망치는 몽골군을 뒤쫓아갔습니다. 그런데 여기서 문제가 발생합니다. 승리의 공을 뺏길까 봐 불안했던 연합군의 2

리그니츠 전투

진까지 몽골군을 뒤쫓기 시작한 것입니다. 작전에 따르면 2진은 대기해야 했는데 승리가 눈앞에 보이자 원칙을 어기고 전투에 뛰어들고 말았습니다. 연합군의 지휘관은 이들을 말리려 했지만 여러 나라 출신으로 이루어진 탓에 의사소통이 쉽지 않았습니다. 또한 조직 체계가 엉성해 그들은 지휘관의 말을 듣지 않고 계속해서 몽골군을 뒤쫓았습니다.

사실 이 모든 것은 몽골군의 계략이었습니다. 기마 유목민족의 고전적인 유인 공격 방식인 위장 후퇴를 한 것이죠. 약한 모습을 보이고 도망가는 위장 후퇴로 적을 속인 다음 뒤돌아서 화력을 집중해 화살을 마구 날리는 파르티안 기술(뒤돌려 쏘기)을 사용한 것입니다. 하늘을 시커멓게 덮을 정도로 날아오른 화살 때문에 두꺼운 갑옷을 입은 기사들도 순식간에 죽어 나갔습니다. 게다가 이 화살은 독화살이었습니다. 치밀했던 몽골군의 공격에 유럽 연합군은 완전히 전멸했습니다.

그림 속 깃발을 들고 있는 사람들이 연합군입니다. 화살 비를 날리는 모습과 초토화된 연합군의 모습이 보입니다. 전쟁에서 승리한 몽골군은 유럽 연합군 지휘관의 목을 창에 꽂아 들고 행진했습니다. 또 수많은 포로와 시체의 오른쪽 귀를 잘라서 희생자의 수를 셌는데 잘린 귀가 무려 9자루나 되었다고 역사에 기록되어 있습니다. 이런 잔악한 모습에 유럽의 많은 국가는 극한의 공포와 혐오를 뼛속 깊이 새겼습니다.

유럽의 끝, 이슬람까지 정복한 몽골군

리그니츠 전투 이후 몽골군은 태평양 연안에서 동유럽, 시베리아, 페르시아만에 이르는 세계 최대의 대국을 건설합니다. 기세등등한 몽골군은 현재의 오스트리아 빈 지역까지 진격했죠. 그런데 갑자기 몽골군이 퇴각하기 시작합니다. 몽골의 제2대 대칸 우구데이가 재위 12년 만인 1241년 갑자기 사망했기 때문입니다. 그들은 새로운 대칸을 뽑기 위해 몽골로 돌아갔습니다. 몽골 제국이 대칸을 선출하는 데 5년이 넘는 시간을 들이는 동안 유럽은 몽골군이 다시 쳐들어오지 못하도록 철저히 대비합니다. 게다가 넓은 초원이 있어 유목민들이 살 수 있는 동유럽과 달리 서유럽은 몽골군에게 불필요한 땅이었습니다.

우구데이의 죽음 이후 대칸의 자리가 몇 차례 바뀐 1260년, 쿠빌라이가 제5대 대칸의 자리에 올랐습니다. 쿠빌라이는 남송을 정복하고 중국의 전 영토를 장악했는데, 그가 통치한 나라가 바로 '대원大元이라는 대몽골국'입니다. 우리가 중국 원나라의 초대 황제이자 원 세조로 알고

쿠빌라이 카안을 만나는 마르코 폴로와 가족들

있는 인물이 쿠빌라이 카안입니다. 그가 1276년 남송을 정복한 뒤 50년 간 오늘날의 중국, 러시아 일부, 우크라이나, 이라크, 이란, 카자흐스탄, 우즈베키스탄, 독일 일부, 폴란드 헝가리 동유럽까지 몽골 제국의 영토였습니다. 인류 역사상 가장 큰 영토가 탄생한 것이죠.

이때 몽골 제국은 사방으로 길을 만들고 연결하여 글로벌 교역로를 완성했습니다. 이 시기에 우리가 잘 알고 있는 이탈리아의 여행가 마르코 폴로가 쿠빌라이 카안의 대원으로 여행을 왔습니다. 그는 17년 동안 쿠빌라이 카안의 곁에서 머물며 주변을 관찰했습니다. 이후 이탈리아에 돌아와 그때의 경험을 구술하여 《동방견문록》을 완성합니다. 이 책은 내용의 사실 여부를 떠나 유럽인에게 동양을 향한 신비감과 큰 관심을 불러일으켰습니다. 중세 유럽에서 《성경》 다음 가는 베스트셀러가 됐을 정도로 많은 인기를 얻었다고 합니다.

'대여행의 시대'가 열리다

이탈리아 사람인 마르코 폴로가 멀리 떨어진 중국 땅까지 건너갈 수 있었던 것은 실크로드 덕분이었습니다. 당시 유럽과 아시아의 많은 나라들이 몽골 제국의 지배 아래 있었고, 몽골 제국은 실크로드를 따라 교통과 통신 네트워크를 모두 연결해 실크로드를 관리했습니다. 지금으로 말하면 몽골 제국 전체에 철도를 깐 셈이죠. 마르코 폴로 또한 몽골 제국의 잘 짜인 역참驛站 교통로를 이용해 장거리 여행을 할 수 있었습니다.

원래 몽골은 20개가 넘는 부족으로 이뤄진 다민족 국가였습니다. 그래서 여러 민족에 대한 기존의 정치적 권위와 그들의 문화와 언어를 모두 인정해 주었습니다. 또한 다양한 종교를 받아들여 그로 인한 분쟁을 처음부터 막았습니다. 종교를 국가의 통제 하에 두지 않았던 것입니다. 이는 칭기스 칸 때부터 이어져 온 전통입니다. 따라서 수많은 〈다국어 사전〉도 편찬했습니다. 또한 몽골인은 무슬림을 행정과 상업, 회계 등에 등용했고 덕분에 이슬람 세계가 확대되면서 서구 근대화를 이룰 수 있는 바탕을 마련했습니다.

그리고 원 세조, 즉 쿠빌라이 세첸 카안은 몽골의 고유한 제도에 중국 왕조의 제도를 적절히 결합했습니다. 덕분에 유라시아에 걸친 대제국의 기틀을 확고히 할 수 있었죠. 이러한 몽골의 체계 덕분에 칭기스 칸과 그의 후예들이 이끈 몽골 제국은 100년 이상 번영했습니다.

몽골이 세계를 지배하던 13~14세기에는 유라시아 동쪽 끝의 한반도부터 서쪽 끝의 지중해 세계까지 다양한 언어와 문자를 통해 상호 문화를 교류했습니다. 그리하여 이 시기를 '대여행의 시대'라 부릅니다. 이 모든 게 가능했던 이유는 다양성을 인정하고 존중하던 몽골 제국의 정책이 있었기 때문입니다. 최근 학자들에 따르면 15~16세기 대항해의 시대가 열릴 수 있었던 것도 몽골이 이끌어낸 자유 여행, 즉 대여행의 시대가 있었기 때문이라고 합니다.

지금까지 우리는 칭기스 칸과 몽골 제국의 숨어 있던 모습을 벌거벗겨 보았습니다. 칭기스 칸은 매우 민주적이고 합리적인 정치를 하는 지도자였습니다. 하지만 그들의 지배를 받았던 유럽 국가와 중국, 서아시아의 일부 국가는 몽골 제국의 유산을 물려받았음에도 고의적으로 은 폐하거나 지워버렸습니다. 우리가 칭기스 칸을 '야만적인 정복자', '피의 군주'로만 여기는 것은 정착 농민과 서양인의 관점에서 세계사를 바라보는 데 지나지 않습니다. 새로운 관점으로 본다면 끊임없는 피의 복수가 펼쳐졌던 몽골의 초원 너머에 숨어 있는 열린 사회와 수평적 구조, 자유 무역, 교통과 통신의 혁명을 이룬 나라, 종교 문제가 없었던 유일한 제국의 모습이 보일 것입니다.

벌거벗은 세계사

Res fuerat quondam præftans, & Gloria fumma
Orbis fubiectus Cæfaris Imperio.

벌거벗은 탐험가, 콜럼버스

신대륙의 발견과 파괴,
콜럼버스와 잔인한 정복자들

박구병

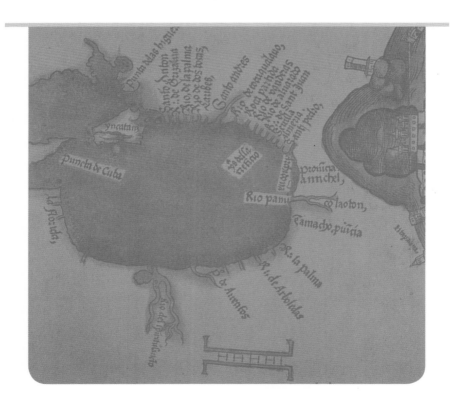

● 1492년 여름 스페인 안달루시아 지방의 작은 항구에서 세계를 뒤바꾸어 놓을 한 탐험가의 항해가 시작됩니다. 무사히 끝내고 다시 돌아올 수 있을지 누구도 장담할 수 없는 대양 횡단 항해였습니다. 항해를 떠난 탐험가는 유럽의 도전과 개척 정신을 대표하는 영웅이 되었습니다. 특히 미국에서는 그의 이름을 도시의 이름으로 삼고, 곳곳에 동상을 세우며, 그를 기념하는 경축일까지 만들었죠. 누구의 이야기일까요?

그는 대항해 하면 떠오르는 인물인 크리스토퍼 콜럼버스Christopher Columbus입니다. 역사상 콜럼버스처럼 양극단의 평가를 받은 인물은 그리 많지 않습니다. 16세기 스페인의 한 연대기 작가는 콜럼버스의 발견

보스턴에 세워진 콜럼버스 동상

을 '세계 창조 이래 가장 위대한 사건'이라고까지 표현했습니다. 실제로 콜럼버스의 탐험은 세계 지도를 바꿔놓았습니다. 이처럼 그는 모험과 개척 정신을 대표하는 영웅이자 신대륙의 발견자로 찬양받았지만, 다른 한편에서는 그를 향한 강력한 비판이 제기되었습니다. 그의 첫 항해 500주년인 1992년 전후부터 콜럼버스는 대항해 시대를 이끈 영웅인 동시에 신대륙의 학살자로 불리기 시작했습니다. 미국의 한 원주민 단체는 '콜럼버스의 아메리카 발견을 축하하는 것은 살인자의 범죄를 축하하는 데 한몫 거드는 것과 같다'라는 성명까지 냈을 정도였죠. 어느 학자는 "콜럼버스 항해 이후 원주민들은 전례 없는 인종 학살의 대상이 되었는데, 그에 비하면 히틀러는 악당이라기보다 '비행 청소년'처럼 보인다"라고까지 말했습니다.

콜럼버스가 왜 이렇게까지 극단적인 평가를 받는 것인지, 지금부터 그가 벌인 엄청난 일들에 관해 벌거벗겨 보겠습니다.

금으로 넘쳐나는 아시아에 대한 환상을 품다

1893년 미국 시카고에서 콜럼버스 신대륙 발견 400주년을 기념해 '콜럼버스 세계 박람회'가 열렸습니다. 기념행사 중 하나로 콜럼버스의 초상화를 모아 전시했는데, 총 71점의 초상화가 모두 제각각이었습니다. 그가 생전에 초상화를 그린 적이 없기 때문이죠. 전 세계 모든 사람이 들어보았을 정도로 유명한 인물이지만 지금도 그의 진짜 얼굴을 아는 사람은 아무도 없습니다. 그뿐 아니라 그의 유해가 묻힌 곳도 정확히

세비야 대성당 콜럼버스 납골소

알지 못합니다.

그의 일생에는 많은 의문점이 있지만 남아 있는 기록들을 통해 알
수 있는 사실은 그가 이탈리아의 항구도시 제노바의 직조공 집안에서
태어났다는 것과, 20대에 포르투갈의 리스본에 정착해 지도를 제작하
며 항해술을 익혔다는 것입니다. 이후 스페인에 귀화해 대양 횡단 탐험
을 떠났습니다. 현재까지도 의견이 분분하지만 스페인 세비야 대성당은
콜럼버스의 납골소로 가장 널리 알려져 있습니다.

스페인 국기

   그곳에서는 4명의 사람이 콜럼버스의 관을 들고 있는 모습을 볼 수 있습니다. 이들이 누구인지 설명하기 위해서는 먼저 스페인 국기를 살펴봐야 합니다. 스페인 국기에는 4개의 방패 문장이 그려져 있는데 각각 카스티야, 아라곤, 나바라, 레온 왕국을 상징합니다. 지금 우리가 알고 있는 스페인은 이렇게 4개의 지방이 모여서 만들어진 것입니다. 그리고 콜럼버스의 무덤을 든 사람들이 바로 중세 스페인을 구성하던 4개 지방의 통치자들입니다. 스페인에서 콜럼버스를 어떻게 생각하는지 상징적으로 보여주는 모습이라고 할 수 있습니다.

   콜럼버스는 우리에게 아무도 가지 않는 서쪽으로 항해를 떠난 사람으로 알려져 있습니다. 그가 일반적 항로가 아닌 잘 알려지지 않은 항로를 통해 아시아로 가려고 했던 이유는 무엇일까요? 15세기 유럽 국가들은 아시아로 가는 항로 개척에 힘을 쏟고 있었습니다. 아시아에서 들어오는 비단과 향신료를 찾는 유럽인들이 매우 많았기 때문이죠. 예부터 동서양의 교역은 막대한 이익을 가져다주었는데 대부분 실크로드를 통해 상품을 들여왔습니다. 그런데 1453년 오스만 투르크가 동로마 제국의 수도였던 콘스탄티노폴리스, 즉 지금의 이스탄불을 점령하면서 육상 교역로가 막히게 되었습니다. 그러자 이탈리아 북부의 상인들은 해상 교역로를 개발하기 위해 대서양에 인접한 스페인과 포르투갈이 있는 이베리아반도로 이동했습니다. 콜럼버스도 그중 하나였죠.

콜럼버스가 서쪽 항로 개척에 확신을 갖게 된 중요한 계기는 책이었습니다. 그는 엄청난 독서가였는데, 그가 죽고 난 뒤 아들에게 물려준 책만 1만 5천 권에 달할 정도였습니다. 그중 콜럼버스에게 영향을 준 책은 존 맨더빌John Mandeville이 쓴 《맨더빌 여행기》였습니다.

인도의 외발 종족을 묘사한 그림

당시 유럽인들은 아시아에는 사람의 형상을 한 괴물들이 살고 있다고 생각했습니다. 존 맨더빌은 자신의 책에서 아시아인을 다음과 같이 묘사했습니다.

"개 대가리를 가진 사람, 머리는 없고 배에 눈이 달린 사람, 엄청나게 큰 발 하나만 가지고 있어서 이것을 양산처럼 사용하여 햇빛을 가리는 사람들이 살고 있다."

그런데 존 맨더빌은 유럽 땅을 떠나 본 적도 없다고 합니다. 경험이

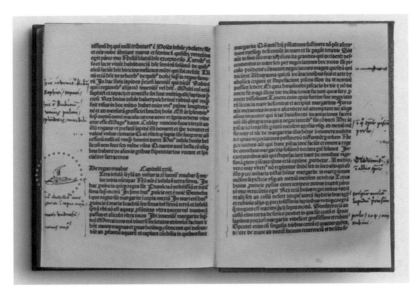

콜럼버스가 읽은 《동방견문록》

아니라 상상과 편견, 과장을 섞어 '가짜 여행기'를 쓴 셈이죠. 그 외에 유럽인들이 아시아에 대한 환상을 키우는 데 한몫했던 또 다른 책은 마르코 폴로Marco Polo의 《동방견문록》입니다. 그가 20년 정도 원나라에 머물면서 보고 들은 것을 구술한 책으로 당시에는 '세계의 불가사의'라는 제목으로 발표했답니다. 콜럼버스는 이 책에 주석을 달고 표시할 정도로 열심히 읽었습니다. 위의 자료에서 보듯이, 그가 손가락 표시를 그려가며 특히 중요하게 여긴 내용은 인도의 '마아바르'라는 지역에 대한 것입니다.

"세일란섬을 출발해서 서쪽으로 60마일쯤 가면 '마아바르'라는 큰 지방을 만나게 되는데, 그곳은 대인도라고 불린다. 그곳은 인도에서 가장 좋은 곳으로 대륙의 일부이다."

책은 마아바르를 '인도에서 가장 좋은 곳'이라고 묘사했습니다. 또한 일본은 지붕이 온통 순금으로 덮여 있고, 중국은 강력한 쿠빌라이 카안 忽必烈이 다스리는 선진국이라고 설명했습니다. 이를 보면 당시 유럽인이 아시아 지역에 가지고 있는 환상을 느낄 수 있습니다.

유럽인들은 이런 여행기를 보고 아시아는 기괴하고 신비한 지역이며 그곳에는 금이 넘쳐난다는 환상을 가졌습니다. 그리고 아시아로 가서 우호 세력과 협력하면 강력한 이슬람 세계를 무찌르고 그리스도교의 위신을 높일 수 있을 것이라는 희망도 가졌습니다. 콜럼버스도 마찬가지였죠.

야망 가득한 콜럼버스의 계약 조건

콜럼버스는 서쪽 항해로 금이 넘쳐나는 아시아에 도달하겠다는 야심 찬 계획을 세웠습니다. 하지만 어마어마한 비용이 문제였습니다. 그는 투자를 받기로 합니다. 포르투갈 귀족과 결혼한 콜럼버스는 그의 장인이 왕실의 식민 사업에 참여했던 인연을 발판으로 1484년 포르투갈 왕실에 자신의 항해를 후원해 달라며 투자를 요청했습니다. 열심히 항해 계획을 설명했지만 거절당했습니다. 왕실은 콜럼버스의 주장에서 지리적 오류를 알아챘고, 항해 거리 계산도 믿지 못했습니다. 콜럼버스는 지구의 크기를 실제보다 3분의 1쯤 작게 추산했고 그 결과 스페인 식민지인 카나리아섬에서 일본까지 약 4,440km라고 계산했습니다. 하지만 실제 거리는 4배가 넘는 19,630km였습니다.

포르투갈에서 거절당한 콜럼버스는 스페인으로 향했고, 1486년 6월에 드디어 스페인의 두 가톨릭 군주를 만났습니다. 카스티야의 여왕 이사벨 1세Isabel I와 아라곤의 왕 페르난도 2세Fernando II는 부부이자 스페인의 공동 군주로 동등한 권리를 가지고 있었죠. 그들을 처음 만난 콜럼버스는 지도를 그려가며 열정적으로 자신의 항해 계획을 설명했습니다. 하지만 자문위원회의 까다로운 심사와 반대, 그리고 국가의 재정적 어려움 때문에 스페인 왕실은 선뜻 투자 결정을 내리지 못했습니다. 당시 스페인 왕실의 최대 관심사는 그라나다에 있는 이슬람 세력과의 전투였습니다. 이슬람교도에 빼앗긴 땅을 되찾는 '재정복'에 집중하고 있었죠.

게다가 콜럼버스는 지나친 조건을 내세웠습니다. 그는 아시아 항로 개척의 대가로 선박과 필요한 물품을 지원해 줄 것을 요청하는 동시에 자신뿐 아니라 자녀도 귀족이 되는 세습 귀족의 지위를 요구했습니다. 뿐만 아니라 바다와 아시아에서 일어나는 모든 일의 재판권을 가지는 제독 지위와 자신이 발견한 새로운 땅에서 나오는 이득의 10%를 달라고 했습니다. 페르디난드 마젤란Ferdinand Magellan이 1519년 세계 일주에 나서기 전 내세운 투자 조건이 5%의 보물 양도와 기록에 대한 저작권이었음을 비교하면 과도한 요구였죠.

이런 와중에도 두 군주는 콜럼버스의 제안을 무시하지 않았습니다. 콜럼버스가 그리스도교의 수호자를 자처했던 스페인의 두 군주에게 항해에서 얻은 이익을 그리스도교 전파와 이슬람이 장악한 예루살렘의 탈환에 쓰겠다고 강조하며 호감을 산 덕분입니다. 스페인이 투자를 거절하지 않은 데는 대항해 시대의 라이벌인 포르투갈과의 경쟁도 한몫했습니다. 포르투갈은 '항해 왕자' 엔히크Henrique의 주도로 서부 아프리카 해안까지 진출하며 대양 탐사에서 스페인보다 앞서 있었습니다. 포르투갈과의 경쟁에서 뒤처진 상태를 만회하고 그들보다 앞서 나가고 싶었던 스페인으로서는 다른 방향인 서쪽 항로를 개척하겠다는 콜럼버스의 제안은 상당히 매력적이었습니다.

스페인 왕실은 콜럼버스가 다른 나라와 접촉하지 못하도록 선원의 연봉에 해당하는 금액을 하사하기도 했습니다. 얼마 후 그라나다를 되찾은 스페인 왕실은 항로 개척과 함께 본격적으로 그리스도교 확장에 관심을 갖기 시작했고, 드디어 콜럼버스의 항해에 투자를 결심합니다. 당시 재정적 어려움이 컸던 이사벨 여왕은 콜럼버스의 항해 투자금을 마련하기 위해 자신이 소장한 보석을 저당 잡히기까지 했습니다.

아시아를 향한 1차 항해 시작

1492년 8월 3일, 스페인의 팔로스항에서 산타마리아, 핀타, 니냐 세 척의 배가 아시아의 금과 향신료를 구하기 위한 항해를 시작했습니다. 콜럼버스의 원대한 목표는 아시아에 있는 황금의 섬을 찾아가는 것과 그곳에 그리스도교를 전파하는 것이었죠. 중국의 대칸을 만나서 전할 스페인 국왕의 친서까지 준비했습니다. 배는 대서양을 가로질러 남서쪽으로 향했습니다. 세 척의 배에는 모두 90명의 선원이 탔는데 선장, 항해사를 비롯해 아랍어 통역사, 의사, 요리사, 목수 외에 범죄를 저질렀던 이도 세 명이 포함됐습니다. 모두 가난에서 벗어나 행운의 주인공이 되는 인생 역전을 꿈꾸며 위험을 무릅쓰고 항해에 나선 것이죠.

기함인 산타마리아호에는 총 40명이 탔는데 내부 상황이 매우 끔찍했다고 합니다. 위생 시설이 없었던 탓에 악취가 심했고, 벌레가 득실거렸습니다. 신선한 채소와 과일을 먹는 것은 꿈도 꿀 수 없었습니다. 항해를 떠난 지 한 달이 지나자 비위생적인 환경과 끝을 알 수 없는 오랜 항해와 망망대해에서 두려움을 느낀 선원들이 거세게 반발했습니다. 그들은 아시아 대륙을 쉽게 발견할 수 없을 것이라며 콜럼버스의 선장 권한을 박탈하고 스페인으로 돌아가자고 요구했습니다. 사실 콜럼버스는 대양 횡단 항해를 시작한 지 얼마 지나지 않았을 때부터 힘들어하는 선원들을 달래기 위해 실제 항해한 거리를 줄여서 말했습니다. 오랜 항해에 지친 선원들의 불안감을 낮추려는 전략이었죠. 또한 콜럼버스는 선원들에게 아시아에 도착했을 때 누리게 될 부와 명예에 대해 말하며, 최선을 다해 그들을 격려했습니다. 그가 남긴 〈항해록〉 곳곳에 그의 의도가 남아 있습니다.

"실제로 항해한 거리보다 약간 줄여서 항해일지에 기록하기로 마음먹었다. 항해가 오래 걸리더라도 선원들이 놀라거나 낙담하지 않도록 그렇게 하기로 했다."

콜럼버스 선단은 팔로스항에서 한 달간 남쪽으로 항해한 뒤 스페인령 카나리아 제도에 정박합니다. 이곳에서 정비를 한 뒤 본격적으로 서쪽을 향해 대양 횡단을 시작한 것이죠. 그렇게 카나리아 제도를 떠난 지 36일쯤 지났을 때, 한 선원의 눈에 무언가가 들어왔습니다. 그토록 기다리던 육지였습니다. 대양을 가로질러 온 선단이 육지에 발을 디딘 순간, 콜럼버스는 감격에 겨운 나머지 신에 대한 감사의 뜻으로 이 땅에 '성스러운 구세주'라는 뜻의 '산살바도르'라는 이름을 붙였습니다. 이는 오늘날까지도 유지되고 있는 지명으로 바하마 제도의 일부로 알려져 있습니다. 그곳은 원주민들이 '과나하니'라고 부르던 섬으로 오랜만에 본 낯선 육지는 콜럼버스의 눈에 지상 낙원처럼 아름다워 보였습니다. 콜럼버스가 본 그곳의 모습은 그의 〈항해록〉에 기록되어 있습니다.

> "이 지역의 섬들은 어디를 먼저 가야 좋을지 모를 정도로, 땅을 비롯한 모든 것들이 매우 푸르고 아름답다. 에스파냐(스페인)와는 비교할 수 없을 정도로 푸르고 아름다운 이 경관을 오래도록 구경했지만 한 번도 싫증 나지 않았다."

아메리카 일부를 아시아로 착각한 이유

콜럼버스가 가려 했던 금이 넘쳐나는 땅은 아시아였습니다. 콜럼버스는 자신이 인도에 도착했다고 굳게 믿었습니다. 하지만 그가 도착한 곳은 카리브해의 섬이었습니다. 그가 이곳을 아시아라고 착각한 이유를 찾기 위해서는 콜럼버스의 항해에 방향을 제시해 준 지도 한 장을 보아야 합니다.

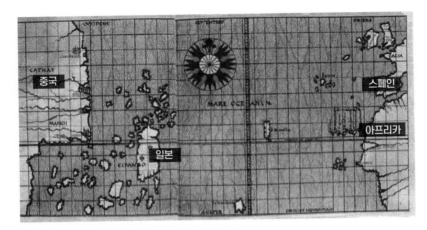

토스카넬리 지도

　15세기 말 피렌체의 천문학자 파올로 토스카넬리Paolo Toscanelli가 만
든 지도입니다. 여기에는 오늘날의 지도와 달리 아메리카 대륙이 없습
니다. 당시 유럽인들은 아메리카 대륙이 있을 거라고 상상조차 못했
고, 이 지도를 보고 서쪽으로 항해하면 아시아가 나올 거라고 믿었습니
다. 그렇게 발견한 이스파뇰라섬을 아시아 대륙에 있는 인도의 일부라
고 철석같이 확신한 것입니다. 그래서 오늘날에도 유럽의 동쪽에 있는
인도를 동인도로, 서쪽의 아메리카 카리브해 지역을 서인도라고 부르
곤 합니다. 이는 유럽의 관점에서 정해진 용어라고 할 수 있습니다. 그
렇다면 '아메리카'라는 이름은 콜럼버스와 무슨 관계가 있을까요? 사실
이 지명은 콜럼버스와 아무 상관이 없습니다. 스페인 왕실의 승인을 받
아 1499년~1500년 탐험에 나선 이탈리아인 아메리고 베스푸치Amerigo
Vespucci의 이름에서 비롯한 것입니다. 카리브해를 탐사한 베스푸치는
이곳이 당시 유럽인들이 알고 있었던 아시아가 아닐 수 있다고 생각했
고 이를 일지에 기록했습니다. 그의 기록 덕분에 '아메리카'라는 지명이

원주민과 콜럼버스의 만남

탄생한 것입니다. 반면 콜럼버스는 죽을 때까지 이 땅이 인도라고 믿었습니다. 그래서 이 땅을 '인디아스'로, 이곳에 사는 사람들을 '인디언'이라고 불렀습니다.

원주민과 콜럼버스가 만난 순간을 담은 그림을 보면 원주민들이 선원들에게 선물을 건네며 환영하는 모습을 확인할 수 있습니다. 원주민과 관련한 일화가 콜럼버스의 항해 기록에 남아 있습니다.

> "그들은 하나같이 용모와 자태가 아주 아름다웠다. 몸매도 훌륭하고 얼굴도 잘생겼다. (중략) 그들은 무기를 지니고 있지 않았다. 더욱 놀라운 것은 그것이 무엇인지도 모른다는 사실이다. 내가 그들에게 칼을 보여주었을 때 아무것도 모른 채 칼날 쪽을 잡았다가 손을 베기도 했다."

콜럼버스는 원주민들을 순하고 욕심 없는 사람이라고 생각했습니다. 원주민들은 콜럼버스의 배로 손바닥만 한 크기의 금박 조각을 가져와 유리구슬과 교환해 갔습니다. 아마도 그들은 콜럼버스와 선원들을 하늘에서 내려온 존재로 생각한 듯합니다.

미지의 땅에 도착한 콜럼버스의 목표는 금과 향신료였습니다. 그는 원주민들로부터 황금과 향신료, 중국의 대칸을 만나기 위한 정보를 캐내며 쿠바의 북부 해안과 이스파뇰라섬까지 탐험을 이어갔습니다. 오늘날 이스파뇰라섬 안의 서쪽에는 아이티가, 동쪽에는 도미니카공화국이 있습니다.

콜럼버스의 〈항해록〉에는 탐험 내내 계속해서 돈이 되는 일을 찾는 데에 혈안이 된 그의 모습이 남아 있습니다. 귀하다는 말을 들은 알로에는 1천kg을 실어 가기로 하고, 바다 속에 진주가 나오는 굴이나 조개가 있는지도 살펴봤습니다. 나무를 보면서는 항해할 수 있는 큰 배를 만들 판자를 얼마든지 공급할 수 있겠다는 생각도 했죠. 이처럼 이 지역과 원주민들을 바라보는 콜럼버스의 시선은 점점 변해 갔습니다. 콜럼버스는 스페인 국왕에게 원주민들은 신앙이 없고 우상숭배도 하지 않아 쉽게 개종할 수 있다고 보고했습니다. 그는 원주민의 수를 세면서 '7마리의 여자'라는 표현을 쓰며 그들을 동물과 같은 존재로 생각했습니다. 다음은 콜럼버스의 〈항해록〉의 내용입니다.

"이 섬에 목화가 자라는 것 같다. 또한 그들이 황금 코걸이를 걸고 다니는 것을 보면 이 섬에도 황금이 있음을 알 수 있다."
"선원들이 본 사냥개가 작은 황금 조각을 코에 매달고 있었다

고 했다. 그 황금 조각을 가져오지 않은 사실에 대해 화가 나서
선원들을 나무랐다."

"쿠바섬을 향해 돛을 올렸다. 그 섬의 규모나 황금, 진주에 관
해 인디오들이 몸짓으로 이야기한 내용으로 판단해 보면 그 섬
은 시팡고섬(일본)이 틀림없다."

"나는 대칸이 거느리고 있는 큰 배들이 여기로 온다고 생각하
는데 나는 이 강과 항구를 산살바도르라고 불렀다."

콜럼버스는 자신이 발견한 미지의 땅 어딘가에는 금이 있을 거라고
확신했습니다. 그러나 끝내 금과 향신료를 찾을 수 없었습니다. 그는
원하는 것을 손에 넣지 못한 채 귀환 길에 올라야 했습니다. 그때는 이
미 항해 중 배 두 척을 잃어 가장 작은 배 니냐호만으로 귀항했습니다.
한 척의 배로는 다 함께 돌아갈 수 없었기에 다시 돌아올 것을 기약하
며 이스파뇰라섬의 한 마을(현재의 아이티 북부 해안가)을 크리스마스라
는 뜻의 '라 나비다드'라는 이름의 요새로 삼고, 선원 39명을 남겨두었
습니다.

녹록지 않은 귀환 길에 콜럼버스는 국왕에게 편지를 썼습니다. 자신
이 발견한 땅이 무한에 가깝게 기름지며, 인구도 많고, 각종 희귀한 산
물들이 많이 날 뿐 아니라 금광이 존재한다고 적었죠. 향신료와 면화는
얼마든지 있고, 노예 역시 명령하는 만큼 실을 수 있다고 주장했습니
다. 계속해서 항해 비용을 투자받기 위해 거짓말한 것입니다.

구사일생 끝에 콜럼버스는 1493년 3월 15일, 스페인의 팔로스항에 도
착하며 첫 항해를 마감했습니다. 그가 새로운 항로를 개척했다는 사실

만으로도 스페인은 흥분했습니다. 콜럼버스는 신대륙의 타이노 원주민 7명과 녹색 앵무새를 데려왔습니다. 이들을 보기 위해 많은 사람들이 몰려들었고 바르셀로나의 궁정에 도착했을 때는 귀족들의 환호가 끊이지 않았습니다. 콜럼버스는 여러 곳에 초대받아 파티를 즐겼고, 여왕의 오른편에 앉아 모험담을 들려주었습니다. 왕실은 콜럼버스를 '우리의 대양제독, 인도에서 발견된 섬들의 부왕이자 통치자'라며 치켜세웠죠. 콜럼버스 인생의 황금기가 열린 것입니다.

발견에서 정복으로, 콜럼버스의 2차 항해

이제 콜럼버스는 탐험가가 아닌 명예와 권력을 가진 인디아스의 부왕이 되어 6개월 뒤 두 번째 항해 길에 올랐습니다. 1493년 9월 25일, 스페인의 카디스항에는 17척의 배와 1,200명이 넘는 사람들이 모였습니다. 이번에는 수공업자와 농부를 포함해 말, 소, 양, 밀, 채소와 과일 종자도 함께였죠. 1차 항해와는 차원이 다른 선단의 규모였습니다. 다음 페이지 그림의 오른쪽 위에 서 있는 두 사람은 스페인의 가톨릭 군주 페르난도와 이사벨입니다. 국왕까지 배웅에 나설 정도로 콜럼버스의 명성은 절정기를 누렸습니다.

콜럼버스가 노아의 방주처럼 다양한 곡식과 동물을 싣고 떠난 것은 정착 식민지를 건설하기 위함이었습니다. 1차 항해에서 금과 향신료를 얻지 못한 그는 원주민과 거래하거나 금은보화를 캐내는 데 그치지 않고, 스페인 사람들이 인디아스에 정착해 거대한 영토와 원주민을 지배

2차 항해 시작

하는 계획을 세웠습니다. 이윽고 콜럼버스는 1차 항해에서 선원들을 남기고 온 이스파뇰라섬에 도착합니다.

섬에 도착한 콜럼버스는 충격적인 장면을 보게 되었습니다. 자신이 두고 간 선원들의 시체를 발견한 것입니다. 그는 섬을 돌아보며 남아 있던 39명의 선원 대부분의 시체를 확인했습니다. 요새도 파괴되었습니다. 한 부족장은 선원들이 금과 원주민 여인에 대한 탐욕을 부려 살해당했다고 말했습니다. 하지만 그사이 어떤 일이 있었는지는 아무도 알수 없었죠. 이제 콜럼버스의 눈에 원주민들은 더 이상 순수한 사람들이 아니었습니다.

콜럼버스는 새로운 정착지를 찾는 데 전력을 쏟는 동시에 원주민들을 가혹하게 대하기 시작했습니다. 그는 파괴된 첫 번째 요새 옆에 새로운 식민도시 건설을 시작했고, 도시 이름은 이사벨 1세 여왕의 이름을 따서 '이사벨라'로 지었습니다. 수많은 원주민이 이 도시 건설에 동원됐습니다. 하지만 이곳은 척박한 환경 탓에 작물이 자라지 않았고 끝내 정착에 실패하고 말았습니다. 어느새 이주민들의 식량이 부족해졌고, 금도 발견하지 못하자 이주민들은 새로운 도시를 찾기 시작했습니다. 옮겨간 곳은 지금의 도미니카공화국의 수도인 산토도밍고로 이주민들이 정착에 성공하며 이곳은 식민도시 건설의 표본이 됩니다.

하지만 스페인 이주민들이 적응해 갈수록 원주민들의 삶은 비참해졌습니다. 금과 향신료 등 당장 돈이 될 만한 것을 찾지 못한 콜럼버스는 새로운 사업을 시행합니다. 원주민들을 노예로 팔기 시작한 것입니다. 콜럼버스는 왕실에 원주민의 식인 풍습을 보고하며 비인간적인 그들을 노예로 삼을 것을 제안했습니다. 그리하여 1494년 1월에 군주들에게 식민지 사업 보고서와 함께 사업이 잘되어가고 있다는 과시용으로 550명의 원주민을 노예로 보냈습니다. 실제로 2차 항해에 참여했던 이가 남긴 다음과 같은 기록이 있습니다.

> '어떤 원주민들은 다른 섬을 공격해 사람을 죽이고, 죽은 남자는 그 자리에서 먹어 치운다. (중략) 순수한 원주민도 있지만 매우 거칠고 식인 풍습을 유지하는 원주민도 있다.'

콜럼버스는 이 식인종을 스페인에 보내 식인 풍습을 버리고, 그리스도교 신자로 만들고 언어를 가르쳐 통역으로 활용하자고 제안합니다. 그리고 국왕에게 과장된 내용의 보고서를 보내는 것도 잊지 않았습니

손목이 잘리는 원주민

다. 내륙에서 믿기 힘든 정도의 금을 보았고, 향신료가 많이 난다고 말입니다. 1494년 3월에 콜럼버스는 500여 명을 이끌고 직접 내륙 탐사에 나섰습니다. 쿠바의 남부 해안을 따라 자메이카까지 탐사했지만 금과 은은 없었고 여행기에서 묘사한 아시아와 비슷한 흔적도 찾지 못했습니다. 그럴수록 콜럼버스는 더 잔혹하게 원주민을 학대했습니다.

그림은 스페인 이주민이 원주민의 손목을 자르는 모습입니다. 원주민에게 할당한 금을 가져오지 못한다는 이유로 두 손을 잘라버린 것이죠. 아무리 저항해도 소용없자 원주민들이 아이를 노예로 넘기지 않으려 물에 빠트려 죽이거나, 집단 자살까지 하는 등 비극적 사건도 일어났습니다. 이 모든 것은 1540년대에 스페인 신부 바르톨로메 데 라스 카사스Bartolome de Las Casas가 쓴 〈인디아스 파괴에 관한 간략한 보고서〉 속 내용입니다. 선교사로 활동했던 그는 이 보고서에서 원주민들을 잔혹하게 학살한 이주민의 만행을 수도 없이 상세하게 기록했습니다.

콜럼버스는 결국 2차 항해에서도 금과 향신료를 얻지 못했습니다. 대신 원주민들을 노예로 삼고 유럽에 팔아 큰 이익을 얻었습니다. 위대한 탐험가, 신항로를 개척한 영웅으로 알려진 콜럼버스가 다른 한편으로는 노예 상인이자 원주민 세계의 파괴자였던 것입니다. 콜럼버스는 유럽인이 몰랐던 땅을 발견했지만 오래전부터 그 땅에서 살아온 원주민을 잔혹하게 학대했습니다. 이 때문에 아메리카 원주민 종족 연구자이자 정치 활동가인 워드 처칠Ward Churchill처럼 "콜럼버스의 발견을 찬양하는 것은 나치가 자행한 홀로코스트를 찬양하는 것과 다름없다"라고 콜럼버스를 강하게 비판하는 사람이 적지 않습니다.

금을 찾아야 하는 3차 항해와
세계를 뒤바꾼 콜럼버스의 교환

2차 항해에서도 금과 향신료를 얻지 못한 콜럼버스는 점차 스페인의 신뢰를 잃기 시작했습니다. 큰 성과 없이 끝난 2차 항해에서 돌아온 그는 겨우 다음 항해를 이어갈 수 있었습니다. 3차 항해는 선원 226명과 선박 8척으로 규모가 줄어들었죠.

반드시 금을 찾아야 하는 절박함 때문인지 3차 항해의 항로는 이전과는 달랐습니다. 1, 2차 항해 때 대양 횡단을 시작한 카나리아섬보다 더 남쪽으로 내려가 적도에 더 가까운 카부베르데섬을 대양 횡단의 출발점으로 삼았습니다. 이는 당시 사람들이 금속이 특정 조건에서 자란다고 여긴 시대적 한계 때문이었습니다. 그래서 무더운 적도에 가까이 가면 완전히 자라난 금속인 금이 많을 것이라고 추측했죠. 하지만 내륙은 탐사하지 않고 카리브해 주변만 돌았던 3차 항해 역시 별다른 성과를 거두지 못했습니다.

사실 콜럼버스에게는 금 발견 실패보다 더 큰 문제가 있었습니다. 그는 식민지에서 일어난 반란을 제대로 처리하지 못했고 원주민 학대 혐의까지 받았습니다. 스페인 왕실은 콜럼버스의 노예 무역을 반대했고, 1500년 10월에 3차 항해를 마치고 귀환하는 콜럼버스는 결국 죄수처럼 사슬에 묶여 스페인으로 압송됐습니다. 이제 스페인 왕실은 콜럼버스가 관리자나 행정가로서 역량이 부족하다고 판단했고, 그는 신뢰를 완전히 잃었습니다. 그럼에도 콜럼버스는 포기하지 않고 탐험을 지원받기 위해 노력했습니다. 결국 이사벨 1세는 콜럼버스의 4차 항해도 일부 지원했습니다. 1499년 이후 스페인 왕실은 콜럼버스뿐 아니라 아메리고 베스푸치 등 다른 탐험가들의 항해를 11차례나 후원했습니다.

1502년 5월에 떠난 콜럼버스의 4차 항해는 그에게 인생의 마지막 기회였습니다. 당시 기록을 보면 어렵게 투자를 받아 4척의 배를 마련했고 지난 항해보다 적은 135명의 선원이 모였습니다. 그중 12세~18세 견습 선원이 무려 56명이었습니다. 지원자가 없어 선원의 절반 가까이를 경험 없는 어린 선원으로 꾸려야 했던 것입니다. 또 4차 항해에는 인디아스의 핵심 지역인 이스파뇰라섬에 정박하지 못한다는 조건까지 붙었습니다. 이미 다른 탐험가들을 지원하는 스페인 왕실로서는 콜럼버스에 대한 기대가 낮아졌음을 보여주는 것입니다. 콜럼버스는 선박 파손 등 고생 끝에 별 성과 없이 1504년 11월에 쓸쓸히 귀환했습니다. 어렵사리 출발한 4차 항해마저 허무하게 끝나버린 것이죠. 항해가 끝나면 보통 군주들에게 보고할 기회를 갖는데 콜럼버스는 이마저도 얻지 못했습니다. 그리고 얼마 후 이사벨 여왕이 병에 걸려 사망하자 유일한 후원자를 잃은 콜럼버스는 더 이상의 항해를 하지 못하게 되었습니다. 2년 뒤, 콜럼버스는 쓸쓸한 죽음을 맞이했습니다.

비록 콜럼버스는 금을 찾겠다는 목표 달성에 실패했지만, 그의 항해는 전 세계를 크게 바꿔놓았습니다. 인디아스에서 돈이 될 만한 것을 찾지 못한 콜럼버스는 새로운 사업에 주목했는데 그것은 바로 설탕입니다. 설탕은 향신료만큼 유럽인에게 비싼 사치품이었습니다. 콜럼버스는 2차 항해 때 사탕수수 묘목을 이스파뇰라섬에 들여와 원주민들과 사탕수수 농사를 짓기 시작했습니다. 콜럼버스로 시작된 사탕수수 농장은 16세기 중엽부터 이스파뇰라섬 주변 지역으로 퍼져나가며 막대한 부를 창출하기 시작했습니다.

그런데 이곳에서 원주민의 노동력이 점점 부족해지자 콜럼버스의 후예들은 16세기 초부터 서아프리카의 흑인들을 노예로 들여왔습니다. 학대와 학살, 전염병으로 원주민들이 사라진 땅에 아프리카 출신 노예들과 스페인 사람들이 자리 잡게 된 것이죠. 이처럼 콜럼버스의 항해 이후 인류의 배치가 달라졌습니다. 이때 서로 다른 인종 간의 결합인 혼혈 개념도 생겨났는데, 이는 콜럼버스가 바꾼 세상의 가장 뚜렷한 변화라고 할 수 있습니다. 역사학자 앨프리드 크로스비Alfred Crosby는 이런 두 세계 간의 접촉과 왕래를 '콜럼버스의 교환'이라는 말로 정리했습

콜럼버스의 교환

니다.

콜럼버스의 교환은 두 대륙 사이 인구 이동과 생물학적·문화적 변화를 의미합니다. 그림은 아메리카에서 유라시아 지역으로 넘어간 품목과 반대로 유라시아 지역에서 아메리카로 넘어간 품목을 보여줍니다. 아메리카로 넘어간 가축은 소, 말, 양, 닭, 돼지 등 다양합니다. 하지만 여기에는 천연두 같은 질병을 일으키는 병균도 포함되어 있습니다. 콜럼버스의 교환은 반드시 좋은 것만 주고받는 것이 아니며, 의도하지 않았으나 천연두처럼 다른 지역 사람에게 치명적인 것도 포함했습니다.

대륙 정복 시대의 시작

콜럼버스가 열어놓은 대항해 시대는 스페인에 엄청난 부를 안겨주었습니다. 하지만 콜럼버스로부터 시작된 정복과 식민지화, 그리고 콜럼버스의 교환이 만든 변화는 아스테카와 잉카 문명을 몰락으로 이끌었습니다. 콜럼버스가 끝내 금을 찾지 못했음에도 그가 개척한 신항로를 통해 금을 찾으려는 수많은 스페인 정복자들이 아메리카 땅을 찾았습니다. 1519년 무렵에는 본격적인 대륙 정복의 시대가 시작됐는데, 그중 가장 잘 알려진 인물이 에르난 코르테스Hernán Cortés입니다.

그는 600명의 군사로 그보다 훨씬 많은 병력을 지니고 있던 멕시코의 아스테카 문명을 정복한 사람으로 알려져 있습니다. 코르테스는 콜럼버스가 정착 식민지로 삼기 시작한 쿠바에 머물렀고 쿠바 총독은 그를 대륙 탐사 대장으로 임명합니다. 쿠바 총독의 대륙 탐사 목적은 황금과 노예를 찾는 것인데 코르테스는 그 이상의 큰 야망을 품었고, 이를 위해 아스테카 제국에 대한 정보를 입수하고 있었습니다. 이 사실을 알게 된 총독은 코르테스를 탐사에서 제외했습니다.

하지만 코르테스는 총독의 명령을 어기고 1519년 2월 10일에 스페인인 600명과 원주민 300명, 말 12필, 대포 10문을 실은 배 11척을 이끌고 내륙으로 진출했습니다. 탐사대는 오늘날의 멕시코 중부의 해안가인 베라크루스에 도착했습니다. 동시에 코르테스는 타고 온 배를 모두 침몰시켰습니다. 목표를 달성하기 전까지 돌아갈 수 없다는 의지를 불태운 것으로 알려졌지만, 사실은 부하들이 도망치지 못하게 만든 것이었죠. 멕시코의 저명한 벽화 작가 디에고 리베라Diego Rivera는 1951년 멕시코시의 국립궁전에 당시 상황을 재현한 벽화를 그렸습니다. 그림 아래쪽에 돈을 건네고 있는 남자가 코르테스입니다. 그림을 살펴보면 원주민들은 강제 노역 중이고 감독이 채찍을 휘두르고 있습니다. 그 뒤로

코르테스와 스페인인들의 도착

반항하는 원주민의 목을 매달아 처형한 장면과 노예로 낙인찍는 장면 등을 묘사하고 있습니다.

코르테스가 발을 디딘 베라크루스는 예수가 못 박혔다고 알려진 '진짜 십자가'라는 뜻의 스페인어입니다. 정복자들은 신앙과 관련한 이름이나 이사벨라처럼 여왕의 이름을 정복한 땅에 붙이기 시작했습니다. 산티아고는 예수의 제자 '야고보', 산토도밍고는 '거룩한 일요일', 산타페는 '거룩한 믿음'이라는 뜻입니다. 코르테스는 베라크루스 주변의 원주민 부족을 제압하고 아스테카 제국이 있다는 중앙 고지대를 향해 침투

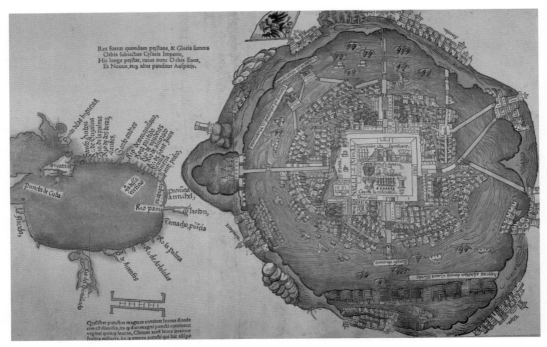

테노치티틀란 설계도

해 나갔습니다. 그러던 중 '틀락스칼라 부족'과 맞닥뜨렸고 이들이 코르
테스 원정대를 공격하며 전쟁이 시작됐습니다. 원시적인 무기만을 사용
했던 원주민들은 말을 타고 칼을 휘두르며 무자비하게 공격하는 코르
테스 원정대에 끝내 항복했습니다. 이후 코르테스는 틀락스칼라 부족
이 아스테카와 오래전부터 적대 관계였다는 결정적인 정보를 얻게 됩니
다. 이때부터 틀락스칼라 부족은 아스테카를 노리는 코르테스의 든든
한 동맹 세력이 되었습니다.

주변 부족을 제압하며 동맹 세력으로 만들던 원정대는 1519년 11월
에 아스테카 제국의 수도 '테노치티틀란'에 입성합니다. 오늘날의 멕시

코시의 중심 구역에 위치했던 이곳은 텍스코코 호수 위에 세워진 수상 도시였습니다. 당시 아스테카 제국은 멕시코 계곡 지역의 다양한 부족들을 병합해 엄청난 인구를 유지하고 있었습니다. 1960년대 연구자들의 추산에 따르면 아스테카 제국의 인구는 무려 2,500만 명에 달할 정도였다고 합니다. 테노치티틀란은 약 20만 명이 살고 있는 거대 도시였습니다. 당시 유럽의 대도시 런던과 파리의 인구가 약 10만 명 정도였으니 아스테카 제국의 규모가 어느 정도인지 짐작할 수 있습니다. 기록에 따르면 이곳에 코르테스 원정대가 나타나자 아스테카 제국의 통치자 목테수마 2세Moctezuma II와 천여 명의 주민이 원정대를 맞이했다고 합니다.

최고 통치자까지 마중 나와 코르테스를 환영한 것은 아스테카인들이 믿고 있던 신화 때문이었습니다. 그들은 때가 되면 바다를 건너 돌아온다는 신 '케찰코아틀' 신화를 믿고 있었습니다. '깃털 달린 뱀'이라는 의미로 아스테카에서 숭배하던 신 중의 하나인데 이들은 코르테스 일행을 신의 사절이라고 생각한 것입니다. 목테수마는 코르테스를 대신전으로 데려갔습니다. 처음 신전을 본 코르테스의 기록이 남아 있습니다.

> "이 도시의 주신전의 엄청난 크기와 웅장함은 인간의 필설로는 도저히 설명할 수 없을 정도이다. 신전 경내에는 피라미드가 40여 개나 있는데, 그중 가장 중요한 피라미드의 높이는 세비야 대성당의 탑보다 더 높다. 이 피라미드들은 너무나 훌륭하게 지어져서 세상 어디에도 그만한 것이 없을 것이라 생각될 정도이다."

코르테스는 예상한 것보다 훨씬 수준 높았던 아스테카의 문명과 시스템을 보고 깜짝 놀랐습니다. 사람들은 도시의 식량 해결을 위해 호수 위에 농지를 조성했고, 거대한 수로를 이중으로 만들어 어느 한쪽이 청소나 수리 중인 경우에도 식수를 확보할 수 있도록 했습니다. 도시에 있는 여러 광장에는 상점들이 빽빽이 들어차 있고, 날마다 6만 명 이상의 사람들이 찾아와 물건을 사고팔았죠. 연대기 작가들의 기록에 따르면 틀라텔롤코 시장의 좌판에는 호랑이, 사자, 수달, 표범, 노루, 오소리의 가죽을 팔고 있었다고 합니다. 농업과 상업이 조화롭게 발달한 아스테카 도시의 아름다움과 청결함에 감명받은 것도 잠시, 코르테스는 너무도 충격적인 장면을 목격합니다. 도시 안의 대신전으로 오르는 계단이 피로 물들어 있었던 것입니다.

계단을 적신 피는 인신 공양이라는 아스테카의 무시무시한 풍습 때문이었습니다. 아스테카 사제의 주관으로 신에게 인간을 제물로 바쳤던 것이죠. 당시 신에게 사람의 심장과 피를 바치는 제사는 아스테카뿐 아니라 주변 국가에서도 이루어지는 핵심적인 행사였습니다. 거대 제국인 아스테카에서는 하루에 수십 명, 수백 명씩 제물을 바치는 제의가 적지 않았고, 대신전 완공을 기념하는 축제 때는 무려 2만 명이 희생되었다고 합니다. 희생자들은 부족 간 전쟁에서 패배한 이들로, 잡혀 온 포로를 피라미드 꼭대기의 제단에 눕히고 사제가 날카로운 칼로 옆구리를 쨀 뒤 펄떡이는 심장을 꺼내 의식용 그릇에 담았습니다. 이를 전쟁과 태양의 신 우이칠로포츠틀리Huitzilopochtli에게 바치는 동시에 피가 제단의 계단을 타고 흘러내리게 했습니다. 의례가 벌어진 현장에서는 시체 썩는 냄새가 진동했고, 아스테카 문명에 대한 코르테스의 호의적 인

인신공양 벽화

촘판틀리

상은 인신 공양을 목격하는 순간 완전히 사라졌습니다. 인신 공양을 마친 뒤에는 죽은 사람들의 해골을 장대에 꿰어 벽처럼 보이게 만들었습니다. 신을 위한 제물이자 주변 부족을 향한 아스테카의 경고인 셈이었죠. 이를 '촘판틀리'라고 부르는데 '해골 제단'이라는 의미입니다. 포로를 산 채로 바치는 의식 때문에 주변 부족들 역시 아스테카에 반감을 가지고 있었고 코르테스 편에 서기도 했습니다.

아스테카 문명은 어떻게 파괴되었나?

아스테카 문명은 뛰어난 건축과 도시 체계까지 갖춘 대제국으로 적게는 수백만에서 많게는 2,500만 명의 인구를 거느렸습니다. 아무리 동맹 세력이 있었다 하더라도 600명에 불과한 코르테스의 원정대가 어떻게 이 거대한 문명을 무너뜨릴 수 있었을까요?

코르테스 원정대의 전략은 왕을 잡아 통치 체계를 장악하는 것이었습니다. 그들이 환영 속에 입성하고 목테수마 2세는 코르테스에게 금과 보석, 옷과 먹을 것 등을 주며 원정대를 극진히 대접했습니다. 하지만 일주일 뒤 코르테스는 핑계를 만들어 목테수마 2세를 인질로 삼았습니다. 아스테카의 절대 권력자를 잡아 제국 전체를 좌우할 수 있지 않을까 생각한 것입니다. 그의 예상대로 코르테스는 큰 무력 충돌 없이 아스테카 제국을 통치하게 되었습니다.

이 시기 아스테카는 주변 부족의 저항과 천재지변, 혜성의 출현 등으로 민심이 혼란해진 상태였습니다. 이런 상황에서 코르테스는 6개월간 불안한 통치를 이어갔습니다. 그러던 중 쿠바 총독이 보낸 진압 세력이 코르테스를 찾아왔습니다. 코르테스는 이들을 쫓아내기 위해 동쪽 해안으로 가서 전투를 벌였습니다.

코르테스가 자리를 비운 사이, 테노치티틀란에서도 작은 오해에서 비롯한 피의 살육이 벌어졌습니다. 아스테카의 전통 축제일이 돌아오자 원주민들은 축제 준비에 한창이었습니다. 그런데 그 모습을 본 코르테스의 부하가 반란을 준비하는 것으로 오해하면서 무차별적인 학살이 일어났습니다. 이날 하루 동안 죽은 아스테카인만 600명에 달했습니다. 이 사건으로 아스테카 군중들은 크게 분노했고 스페인인들에게 강력하게 저항하기 시작했습니다. 돌아온 코르테스는 상황의 심각성을 깨달았고 목테수마 2세에게 성난 신민들을 진정시켜 달라고 요청했습니다. 하지만 아스테카인들은 목테수마에게서도 등을 돌렸습니다. 거센 저항에 코르테스 원정대는 1520년 6월 말 테노치티틀란에서 도망쳐 나올 수밖에 없었습니다. 탈출 과정에서 아스테카인들과 벌인 전투로 스페인 원정대와 동맹 원주민 1천여 명이 죽고, 코르테스는 손가락 두 개를 잃었습니다. 이후에도 코르테스는 아스테카 정복 과정에서 몇 차례 죽음의 고비를 넘겼습니다. 적의 수장을 생포해서 제물로 바치는 아스테카인들의 관행 때문에 목숨을 건진 셈이었죠.

테노치티틀란 주변 호수를 장악하면 아스테카와의 전투에서 이길 수 있을 것이라 생각한 코르테스는 호수 주변의 세력을 끌어들여 전열을 재정비했습니다. 1521년 5월 말, 세력을 회복한 코르테스는 동맹 부족 전사 1만여 명과 함께 테노치티틀란으로 향했습니다. 중무장한 스페인 정복자들과 아스테카와 적대 관계인 부족들은 식수를 공급하는

테노치티틀란 전투

수로를 끊고 테노치티틀란을 완전히 포위했습니다. 아스테카인들은 이질과 굶주림에 시달리며 70여 일을 버텼습니다. 돌을 던지고, 화살을 쏘며 저항했지만 스페인 정복자들의 총포와 철로 된 무기는 당해낼 수 없었습니다.

아스테카 제국을 정복하는 데 코르테스 일행의 무기만큼이나 큰 역할을 한 것이 콜럼버스가 한 세대 전에 들여온 '말'입니다. 말만큼 크고 빠른 데다가 인간의 명령을 잘 따르는 동물을 본 적이 없는 원주민들은 말이 등장하면 혼비백산하면서 도망쳤습니다. 또한 코르테스는 잉글리시 마스티프라는 초대형 견종을 훈련시켜 원주민을 공격하게 했습니다. 잔혹한 무기가 된 이 큰 개는 아스테카 원주민의 목숨을 위협했습니다. 이처럼 정복자들은 무기와 동물, 동맹 세력 등 다양한 방법으로 아스테카를 공격했습니다. 이때의 전투로 약 10만 명의 아스테카인들이 목숨을 잃었습니다. 이후 아스테카인 사이 내분까지 벌어지며 1521년 8월 13일에 아스테카 제국은 코르테스와 정복자들에게 무릎을 꿇고 말았습니다.

사실 이 거대한 제국이 몰락한 결정적 이유는 천연두였습니다. 코르테스가 추가로 영입한 일행 중 아프리카 노예 한 명이 천연두에 걸렸는데 이 전염병은 테노치티틀란을 삽시간에 집어삼켰습니다. 아스테카인들은 붉은 반점과 몸을 괴롭힐 정도의 기침, 고통스럽게 타들어 가는 상처에 시달렸습니다. 천연두는 "한 걸음에 7레구아(약 45km)를 달려가는 신발을 신었다"라고 할 만큼 전염력이 강했습니다. 유럽인과 달리 오랜 고립 생활을 했던 아메리카 원주민들은 면역력이 전혀 없었습니다. 때문에 스페인 원정대와 맞서 제대로 싸우기도 전에 엄청난 수가 천연두로 인해 죽어 나갔습니다. 전쟁보다 천연두로 목숨을 잃은 원주민들이 더 많았을 정도로 천연두의 영향력은 강력했습니다.

잉카 문명의 몰락

천연두는 계속해서 아메리카 곳곳으로 옮겨 다니며 원주민들을 괴롭혔습니다. 연구에 따르면 1520년 중앙아메리카의 원주민 수는 1,200만 명에서 2,500만 명으로 추정됐는데, 식민지화와 함께 천연두가 퍼지면서 1600년에는 250만 명의 원주민만이 살아남았다고 합니다. 약 90%의 원주민이 천연두로 사라져버린 것입니다.

아메리카의 또 다른 거대 문명인 잉카 제국도 이 재앙을 피해 가지 못했습니다. 안데스산맥을 중심으로 드넓은 영토를 가진 잉카 제국은 7만여 병력과 900만 명의 인구를 지닌 대제국이었습니다. '황금 제국'으로 불리며 뛰어난 건축 기술과 황금 공예로 찬사받았죠.

스페인의 또 다른 정복자 프란시스코 피사로Francisco Pizarro는 코르테스의 아스테카 정복 소식을 듣고 아메리카에 있다는 황금의 나라를 찾아 원정대를 꾸렸습니다. 그는 1531년 1월에 코르테스보다 더 적은 수의 군사 160여 명과 30여 필의 말과 함께 잉카 제국에 입성했습니다.

잉카의 지도자 아타우알파Atahualpa는 이복형제와의 내분으로 수도 쿠스코가 아닌 카하마르카에 군대와 함께 있었습니다. 피사로는 통역사와 신부를 이끌고 아타우알파를 만나러 갔습니다. 그러고는 하느님과 스페인 국왕의 이름으로 예수 그리스도의 법에 복종할 것을 요구했습니다.

"신의 말씀을 따르고 통치권을 넘겨라!"

피사로를 만난 아타우알파는 신부의 성경책에 관심을 보이며 그것을 보여 달라고 했습니다. 이때 신부는 성경을 닫은 채로 건네줬고, 다시 성경을 펼쳐주려고 손을 내밀자 격노한 아타우알파가 신부의 팔을 내리치면서 성경이 바닥에 떨어지고 말았습니다. 이를 신성 모독이라 여긴 신부는 피사로에게 "그가 성스러운 책을 땅에 던진 것을 보지 못하였소?"라고 외쳤습니다. 스페인의 침략 목적에는 항상 그리스도교 전파가 있었는데 성경을 집어 던진 것은 그들에게 도전 행위로 비쳤습니다.

당시 잉카 제국에는 인쇄된 책에 대한 개념이 없었습니다. 그들은 매듭 형태의 문자 체계를 사용했기에 성경이 가진 의미를 알지 못했던 것이 죠. 신부의 외침을 신호로 스페인인 병사들은 아무런 전쟁 준비도 하지 않은 원주민들을 덮쳤습니다. 그 과정에서 아타우알파 황제는 피사로에 게 잡혀 포로가 되었습니다.

인질로 잡힌 아타우알파는 황금 제국 잉카의 황제답게 자신을 풀어 달라며 몸값으로 자신이 갇힌 방을 금으로 가득 채워주겠다고 제안했 습니다. 속설에 따르면 가로 6.7m, 세로 5.2m, 높이 2.4m의 방을 모두 채우는 데만 8개월이 걸렸다는데, 그 정도면 금의 양만 약 24톤에 이른 다고 합니다. 하지만 몸값을 받은 피사로는 잉카인들의 저항을 불러일 으켰다는 이유로 아타우알파에게 가톨릭으로 개종할 것을 강요하면서 목 졸라 죽였습니다. 잉카 제국은 침입이 시작된 지 2년도 안 된 1534년 에 스페인 정복자들에게 굴복하고, 아스테카 제국과 같은 운명을 맞이 하며 몰락했습니다.

다른 세계는 가능하다

아스테카 제국의 운명과 유사한 잉카 문명의 몰락 과정에서 가장 큰 의문은 고작 160여 명의 스페인의 정복자들이 어떻게 2년 만에 엄청난 인구를 지닌 원주민 제국을 무너뜨렸냐는 것입니다. 정복 초기에 작성 된 문서들은 스페인 사람들의 지적·정신적 우위를 강조했습니다. 1540 년대 스페인의 한 사제이자 연대기 작가는 고결하고 용감한 코르테스와 소심하고 겁에 질린 목테수마 2세를 대조적으로 그렸습니다. 1840년대에 서양인들의 인식에 큰 영향력을 끼친 역사학자 윌리엄 프레스콧 William Prescott 역시 수완이 좋고 심지가 굳은 코르테스와 전제적이고 유약한 목테수마 2세를 비교했습니다. 비합리적인 케찰코아틀 신앙의 '쇠망의 징조'를 따른 목테수마에게 몰락의 책임을 지운 것이죠. 하지만 종합적으로 볼 때 천연두라는 강력한 전염병과 발달한 철제 무기, 말과 같은 동물, 그리고 원주민 세계의 분열이 정복의 성공을 설명해 주고 있습니다. 만일 이들 중 하나라도 없었다면 코르테스와 피사로 등의 원정은 실패할 확률이 매우 높았을 것입니다.

콜럼버스의 발견과 교환은 아메리카 원주민들을 절멸에 가까운 상태로 몰아넣었고, 그 후의 아메리카는 유럽인들이 새롭게 만들어갔다고 해도 과언이 아닐 것입니다. 지금까지의 이야기를 통해 유럽의 기술적·군사적 우위가 아메리카 정복을 가능하게 만들었고, 이는 불가피한 역사의 흐름이었다고 볼지도 모르겠습니다. 하지만 이는 정복자인 유럽 중심의 사고라고 할 수 있습니다. 우리는 기술적으로 우위에 있다고 해서 모두 다른 지역으로 건너가 그곳에 사는 이들을 정복하고 파괴하는 침략에 나서느냐는 질문을 던져보아야 합니다.

콜럼버스의 항해에 앞서 명나라 정화鄭和의 원정대가 아프리카까지 가지만 그들은 곧 귀환합니다. 당시 중국의 군사적·기술적 수준이 부족해서 그런 것이 아닙니다. 이탈리아의 역사가 카를로 치폴라Carlo Cipolla에 따르면, 유럽과 중국은 각기 다른 두 가지 삶의 방식을 대표했고 각자의 방식으로 가치 있는 삶을 추구한 것입니다. 그러므로 군사적·기술적 우위가 정복으로 자연스럽게 귀결되는 게 아니라 다른 요인이 있었다는 것을 놓치지 말아야 합니다. 소유와 팽창 욕구가 매우 강하고 현세 지향성이 남달랐던 유럽인들은 여러 문명을 정복하고 파괴했습니다.

우리는 16세기 초 이래 세계사의 전개를 유럽 중심의 관점이나 팽창주의적 관점에서 바라보며 약자에 대한 정복을 당연시해 온 관행을 반성할 필요가 있습니다. 지금까지의 역사가 피로 얼룩져 있다고 해도 결코 잊어서는 안 될 가치는 서로의 문명을 존중하는 마음입니다. 1994년 멕시코 치아파스에서 봉기를 일으킨 원주민들과 그 협력자들이 외친 '다른 세계는 가능하다'라는 구호처럼 공존과 조화의 가치를 되새기며 팽창의 욕망을 경계해야 할 것입니다.

벌거벗은 군주, 엘리자베스 1세

영국이 사랑한 해적 여왕

윤영휘

● '해가 지지 않는 나라'라고 불리며 세계를 제패했던 영국은 한때 유럽 변방의 작은 섬나라에 불과했습니다. 그런 영국을 지금의 세계 최고 강대국 중 하나로 만들고 영제국의 신화를 쓸 수 있는 기반을 마련한 인물이 있습니다. 그는 영국 역사상 가장 사랑받는 여왕으로 꼽힌다는 엘리자베스 1세Elizabeth I입니다. 그녀를 좀 더 자세히 들여다보기 위해 대표작으로 손꼽히는 초상화를 살펴보겠습니다.

그림을 자세히 보면 엘리자베스 1세의 인생과 업적 등 그녀를 상징하는 모든 것이 들어있습니다. 가장 먼저 엘리자베스 1세라고 하면 '처녀여왕'을 많이 떠올립니다. "짐은 국가와 결혼했다"라는 말을 남기며, 국가의 번영에 온 힘을 쓴 여왕으로 유명한 그녀는 그림에서 결혼반지를

엘리자베스 1세 아르마다 초상화, 1588

끼지 않았습니다. 그리고 순결함을 상징하는 진주로 온몸을 화려하게 장식했습니다. 엘리자베스 1세는 수많은 초상화를 남긴 것으로 유명한데 그때마다 빠지지 않고 등장하는 보석이 진주입니다. 다양한 보석이 눈에 띄지만 무엇보다 진주를 강조해 자신이 순결한 처녀 여왕임을 드러낸 것이죠.

다음으로 주목할 것은 그녀의 오른손입니다. 지구본 위에 올려놓은 엘리자베스 1세의 손가락이 가리키는 곳은 아메리카 대륙입니다. 이는 식민지 개척을 통해 더 넓은 세계로 진출하고자 했던 그녀의 원대한 꿈을 의미합니다. 실제로 엘리자베스 1세는 그 꿈을 이루기 위해 많은 일을 했습니다.

마지막으로 초상화의 배경을 통해 우리는 그녀의 업적을 알 수 있습니다. 해상 최강국이었던 스페인의 무적함대를 격파한 것이죠. 이는 여왕의 가장 큰 업적이기도 하지만 세계사의 판도를 바꾼 매우 중요한 사건이기도 합니다. 이 승리를 통해 영국은 변방의 섬나라에서 세계를 호령하는 '해가 지지 않는 나라'로 떠올랐기 때문이죠.

이 위대한 영국의 승리 뒤에는 특별한 비결이 있습니다. 엘리자베스 1세의 파격적인 인재 등용으로, 그 상대는 무려 '해적'입니다. 섬나라 영국은 바다와의 접근성 때문에 해적이 발달했는데 엘리자베스 1세는 이들을 소탕하거나 배척하지 않았습니다. 오히려 당시 해상을 주름잡던 해적들을 국가사업의 파트너로 선택하고 밀어주는 파격적인 인사 정책을 보여주었죠. 그리하여 그녀는 '처녀 여왕'이라는 수식과 함께 '해적 여왕'으로도 불렸습니다. 지금부터 그녀가 이토록 과감한 선택을 할 수 있었던 이유를 벌거벗겨 보겠습니다.

본격적인 이야기에 앞서 용어를 정리하겠습니다. 영국은 잉글랜드, 스코틀랜드, 웨일스, 북아일랜드로 구성된 연합 왕국입니다. 엘리자베스 1세가 통치했던 시기 영국은 북쪽은 스코틀랜드, 남쪽은 잉글랜드와 웨일스가 있었는데 두 나라는 통합되었습니다. 따라서 엘리자베스 1세는 정확히 말해 잉글랜드의 여왕이라 할 수 있죠. 다만 이후에 스코틀랜드가 잉글랜드에 통합되고, 우리에게는 영국 여왕으로 알려져 있으므로 여기서는 호칭을 영국으로 통일하겠습니다.

환영받지 못한 공주의 잔혹한 가족사

지금의 영국은 현존하는 여왕 엘리자베스 2세Elizabeth II의 존재가 너무도 커 여왕이 나라를 다스리는 것이 당연하게 느껴집니다. 하지만 엘리자베스 1세가 태어난 16세기에는 흔한 일이 아니었습니다. 여성의 몸으로 한 나라의 왕이 된다는 것은 아직은 어려운 일이었죠. 그런데 이런 시대에 태어난 엘리자베스 1세는 어떻게 여왕의 자리까지 오를 수 있었을까요?

엘리자베스 1세가 20대 초반을 보낸 곳은 런던탑입니다. 이곳은 세계에서 가장 보존이 잘된 중세 성이자, 런던을 찾는 여행객들이 가장 많은 장소입니다. 그녀는 당시 악명 높은 감옥이었던 이곳에서 보낸 시간을 인생에서 가장 힘들었던 때로 기억했습니다.

사실 엘리자베스는 왕이 될 운명이 아니었습니다. 출생부터 불안했고, 한때는 런던탑에 갇히는 죄수 신세까지 되었죠. 왜 이런 일이 일어났을까요? 그 불행의 시작에는 그녀의 아버지이자 여성 편력이 심하기로 유명했던 바람둥이 왕, 헨리 8세Henry VIII가 있습니다.

헨리 8세의 첫 번째 아내는 아라곤(스페인)의 공주 캐서린Catherine이었습니다. 두 사람의 결혼은 시작부터 문제가 있었습니다. 캐서린이 원래는 형의 아내, 즉 형수였기 때문입니다. 본래 왕세자였던 헨리의 형 아서Arthur가 결혼 후 갑작스럽게 사망하자, 당시 영국의 왕이었던 헨리 7세Henry VII는 스페인과의 동맹을 지키기 위해 캐서린을 자신의 둘째 아들인 헨리 8세와 결혼시켰습니다. 이 결혼은 교황의 특별 허가를 받았는데, 캐서린이 "아서와 결혼했지만 첫날밤은 치르지 않았다"라고 증언해 결혼이 성사되었습니다. 캐서린은 여러 번 출산했지만 모두 태어나자마자 죽고, 단 한 명의 딸 메리Mary만 살아남았습니다. 결국 두 사람 사이에 왕위를 계승할 아들은 태어나지 않았죠.

그즈음 왕비의 시녀 앤 불린Anne Boleyn이 헨리 8세의 눈에 들어왔습니다. 앤 불린과 사랑에 빠진 헨리 8세는 그녀와 정식으로 결혼하기를 원했습니다. 하지만 두 사람의 결혼은 불가능했습니다. 당시 영국인들이 믿었던 가톨릭은 교리상 이혼을 허용하지 않았기 때문이죠. 가톨릭 교황의 허락 없이 결혼할 방법을 고민하던 헨리 8세는 교황청과 결별하고 자신이 수장이 되는 영국 국교회를 세우기로 합니다. 사랑하는 여인과 결혼하기 위해 나라의 종교를 바꿔버린 것입니다. 그렇게 그는 캐서린과 이혼하고 앤 불린과 두 번째 결혼을 합니다.

사실 헨리 8세가 국교를 바꾼 것은 결혼 때문만은 아니었습니다. 가톨릭교회가 가진 막대한 부를 빼앗으려는 큰 그림이기도 했습니다. 실제로 헨리 8세는 종교 개혁 후 가장 먼저 수도원을 해산하고 그곳의 토지와 재산을 국고로 환수했습니다. 게다가 당시 유럽은 종교 개혁으로 개신교가 세력을 확장하는 중이었습니다. 많은 유럽의 군주들이 교황청의 과도한 간섭과 헌금 요구에서 벗어나기 위해 종교 개혁을 지지했고, 헨리 8세도 왕권을 강화하기 위해 종교 개혁을 활용한 것입니다. 하지만 이 선택으로 영국은 종교 간 갈등에 휩싸였고, 훗날 엘리자베스 1세는 통치에 어려움을 겪어야 했습니다.

이토록 힘겹게 결혼한 헨리 8세와 앤 불린 사이에 아이가 태어납니다. 자신의 뒤를 이을 후계자를 원했던 헨리 8세의 바람과 달리 또 딸이었죠. 그녀가 바로 엘리자베스 1세입니다. 공주로 태어난 그녀는 결코 환영받지 못했습니다. 그 후에도 앤 불린은 여러 번 아이를 가졌지만 연이어 유산했고 끝내 아들을 낳지 못했습니다. 그러자 헨리 8세는 앤 불린을 참수시켜 버렸습니다. 아들을 낳지 못했다는 것이 죄목이 될 수는 없으니 그녀에게 근친상간, 간통죄 등의 누명을 뒤집어씌운 후 처형한 것입니다. 국교까지 바꾸며 밀어붙인 결혼이지만 이 역시 처참하게 끝났습니다. 엘리자베스는 세 살도 되기 전에 엄마를 잃고 사생아로 전락하고 맙니다. 여기서부터 엘리자베스의 비극이 시작되었죠.

두 번째 왕비를 죽인 헨리 8세는 앤 불린을 처형한 지 고작 11일이 지난 뒤 제인 시모어Jane Seymour라는 여인과 세 번째 결혼을 했습니다. 그녀는 헨리 8세가 그토록 원하던 아들 에드워드Edward를 낳았습니다. 하지만 제인은 출산 후 보름이 채 지나지도 않아 병에 걸려 죽고 말았죠. 그녀의 죽음으로 헨리 8세의 여성 편력은 더욱 심해졌고 이후로도 세 번이나 더 결혼을 합니다. 네 번째 부인은 결혼 전 받아본 초상화에 비해 실물이 너무 못생겼다며 6개월여 만에 이혼. 다섯 번째는 왕비가

헨리 8세의 가족화

바람피운 것이 밝혀져 간통죄로 처형. 마지막 결혼은 헨리 8세가 병으로 먼저 세상을 떠나면서 끝납니다. 헨리 8세가 계속해서 새로운 여인과 결혼하는 동안 엘리자베스는 새로운 엄마들에게 잘 보이려고 노력해야 했습니다. 하지만 그들마저 죽거나 처형되는 모습을 보면서 권력의 핵심은 왕비가 아닌 국왕에게 있다는 것을 배웠습니다.

위의 그림은 헨리 8세가 죽기 2년 정도 전에 그린 것입니다. 오른쪽 기둥 뒤에 서 있는 소녀가 엘리자베스이고 왼쪽 기둥 뒤에 서 있는 여자는 첫 번째 왕비의 딸 메리입니다. 가운데 앉아 있는 헨리 8세의 양옆에는 에드워드와 그를 낳은 제인 시모어가 있습니다. 사실 제인은 이미 죽고 없었지만 헨리 8세는 유일하게 아들을 낳은 왕비라는 이유만으로 그녀를 자신의 진정한 아내로 여겼습니다. 다만 그는 말년에 에드워드 이후 딸들도 왕위 계승이 가능하도록 법을 개정해 주었습니다. 덕분에 양옆 기둥 뒤의 두 딸은 사생아였지만 가족 초상화에 들어올 수 있었죠. 하지만 아들인 에드워드 이후에나 왕위를 생각할 수 있는, 권력에서 밀려난 두 딸의 처지가 고스란히 그림 속에 드러납니다. 헨리 8세가 죽은 뒤 그의 뜻대로 에드워드가 9세의 어린 나이에 왕위를 이어받았습니다.

'피의 메리' 탄생과 죄수가 된 엘리자베스

왕위에 오른 남동생 에드워드 6세는 7년 뒤 갑자기 사망합니다. 동시에 엘리자베스의 이복언니인 메리가 에드워드의 뒤를 이어 왕위에 오릅니다. 영국(잉글랜드) 최초의 여왕이 탄생한 것입니다. 여왕이 된 메리 1세가 가장 먼저 한 일은 헨리 8세가 메리의 어머니와 이혼하기 위해 만든 영국 국교회를 다시 가톨릭으로 돌려놓는 것이었습니다. 열렬한 가톨릭 신봉자였던 그녀는 가톨릭을 국교로 만들기 위해 영국에 피바람을 몰고 왔습니다.

메리 1세는 4년이라는 짧은 기간 동안 수많은 사람을 처형했습니다. 그중 약 300명이 이단이라는 이유로 화형당했는데 상당수는 무고한 시민들이었죠. 그 방법이 너무도 잔혹해 화형 장면을 보는 사람들은 조금이라도 더 빨리 죽을 수 있도록 화형당하는 사람들의 목에 화약 봉지를 걸어주었다고 합니다. 사형 집행인도 고통스러워서 눈길을 돌렸을 정도라고 하니 당시 상황이 얼마나 처참했는지 미루어 짐작할 수 있습니다. 이렇게 잔인한 종교 탄압 때문에 그녀에게는 '피의 메리'라는 엄청난 수식어가 붙게 됩니다.

메리는 결혼과 출산으로 국교가 된 가톨릭을 강화하고자 했습니다.

메리 1세의 초상화[1]

그녀의 눈에 들어온 사람은 강력한 가톨릭 국가였던 스페인의 군주 펠리페 2세Felipe II였습니다. 그는 자신을 가톨릭 수호자로 자처했습니다. 허나 영국 국민들은 두 사람의 결혼을 달가워하지 않았습니다. 여왕이 스페인의 왕과 결혼하면 권력이 자연스레 외국인 왕, 그것도 가톨릭 국왕에게 넘어가리라 염려한 것입니다. 그런데도 메리가 뜻을 굽히지 않자 반란까지 일어났습니다. 메리는 이 반란까지 진압하고 기어이 11세 연하의 펠리페 2세와 결혼합니다. 펠리페 2세에게 메리는 애정 없는 정략결혼의 상대에 불과했지만 메리는 남편을 진심으로 사랑했다고 전해집니다.

군주 간의 결혼에서는 '결혼 조약'을 맺습니다. 두 사람은 '펠리페 2세에게는 영국 왕위 계승권이 없지만 두 사람 사이에 태어난 자손에게는 왕위 계승을 인정한다'라는 내용의 조약을 체결했습니다. 여기에는 '스페인과 프랑스의 전쟁에 영국이 개입되지 않도록 한다'라는 내용도 포함했습니다. 하지만 결혼 이후 펠리페 2세는 점점 본색을 드러내며 프랑스와의 전쟁에 영국을 끌어들였습니다. 이 전쟁으로 인해 영국은 큰 손해를 입었고 유럽 대륙에 남은 마지막 영국 영토였던 칼레마저 빼앗겼습니다. 이렇게 시작된 영국과 펠리페 2세의 악연은 엘리자베스에게까지 이어졌습니다.

엘리자베스는 메리와 달리 영국 국교회에 호의적이었습니다. 아버지 헨리 8세가 그녀의 어머니인 앤 불린과 결혼하기 위해 종교 개혁을 일으키는 중에 성립한 교회였기 때문이죠. 많은 국민의 반대 속에 무리하게 가톨릭교회를 회복하려 했던 메리에게 이런 엘리자베스의 존재는 위협적으로 보였습니다. 그러던 차에 펠리페 2세와의 결혼을 반대하는 반란이 일어나자 메리는 엘리자베스가 그 사건에 가담했다는 누명을 씌워 런던탑에 가둬버렸습니다. 비록 사랑받지는 못했으나 한 나라의 공주인 엘리자베스가 한순간에 죄인이 되어 감옥에 갇힌 것입니다. 가톨릭을 지지하는 신하들은 지금이라도 당장 엘리자베스를 죽여야 한다며 메리 1세를 자극했고, 엘리자베스는 목숨을 지키기 위해 종교를 버리고 언니에게 충성을 맹세했습니다.

"저는 지금까지도 여왕 폐하의 백성이었고 앞으로도 삶이 계속되는 한 폐하의 백성으로 남을 것입니다."

그렇게 런던탑에서 풀려난 엘리자베스는 가택 연금 상태로 감시를 받으며 지냈습니다. 그러던 어느 날 메리 1세의 임신 소식이 들려왔고, 그녀는 엘리자베스를 궁으로 초대했습니다. 왕위를 물려받을 적법한 후계자가 태어나면 엘리자베스는 왕위에서 더 멀어질 수밖에 없는데 이를 두 눈으로 직접 확인하게 하려는 속셈이었죠. 메리 1세의 임신으로 엘리자베스의 입지는 더욱 좁아지는 듯했습니다. 그런데 놀랍게도 메리 1세의 임신은 가짜였습니다. 너무도 간절히 후계자를 원한 나머지 상상임신을 한 것입니다. 이로 인해 우울증에 걸린 메리 1세는 건강이 악화되었고, 결국 심한 감기에 걸려 죽고 말았습니다.

헨리 8세의 유일한 아들이었던 에드워드도 죽고, 그다음 왕위 계승자였던 메리도 죽고 나면, 이제 남는 것은 엘리자베스뿐이었죠. 왕위에 있던 내내 엘리자베스를 경계했던 메리 1세는 결국 숨을 거두기 전 엘리자베스를 후계자로 지목합니다.

준비된 군주의 탄생

25세의 나이로 영국의 여왕 자리를 차지한 엘리자베스 1세는 준비된 군주였습니다. 그녀는 어머니를 죽인 헨리 8세와 자신을 견제하며 종교적 이유로 감옥에 가둔 피의 메리 밑에서도 살아남았습니다. 그 과정에서 스스로 권력을 지키기 위해서는 어떻게 행동해야 하는지를 배우며 정치적 감각을 키웠습니다. 엘리자베스 1세는 어린 시절부터 매우 영특했던 아이로 13세 무렵에는 라틴어, 프랑스어로 책을 번역할 정도로 언어에 탁월한 감각을 가졌습니다. 무려 6개 국어를 구사할 수 있었던 그녀는 여왕이 된 후 외국 대사들과 만날 때면, 영어가 아닌 상대국의 언어로 대화하며 자리를 이끌었다고 합니다.

하지만 당시 영국 사회는 여성 군주에 대한 부정적인 시각이 많았습니다. 게다가 피의 정치를 했던 메리 1세 때문에 여자는 좋은 통치자가 될 수 없다는 편견이 더욱 커졌습니다. 엘리자베스 1세는 "내 성별이 내 특권을 약화하지는 못한다"라고 말하며 이런 편견을 뛰어넘고자 하는 의지를 보였습니다. 여성 군주는 훌륭한 통치를 할 수 없다는 고정관념을 깨기 위해 그녀가 할 수 있는 것은 뛰어난 능력을 보여주는 일뿐이었습니다. 지금부터 준비된 여왕 엘리자베스 1세의 정치 전략을 살펴보겠습니다.

엘리자베스 1세가 왕위와 함께 물려받은 것은 종교 갈등과 불안한 경제로 혼란한 영국이었습니다. 그녀 앞에는 해결해야 할 수많은 문제가 놓여 있었죠. 한 신하는 엘리자베스 1세가 즉위하던 당시를 다음과 같이 회상했습니다.

대관식 예복을 입은 엘리자베스 1세

"국고는 고갈되었고 빚에 허덕였다. 백성들은 여러 가지 종교적 견해로 인해 혼란을 겪고 있었다. 게다가 여왕에게는 힘센 친구도 거의 없었고, 동맹을 도모할 만한 외국 군주도 없었다."[2]

이런 상황에서 여왕은 가장 먼저 종교 문제를 해결하려 했습니다. 이때 영국은 헨리 8세의 종교 개혁과 피의 메리의 잔인한 박해로 가톨릭교와 개신교 세력 간의 갈등이 최고조에 달했습니다. 여왕이 된 엘리자베스 1세는 우선 헨리 8세가 세운 종교 개혁을 마무리했습니다. 개신교 신학을 바탕으로 한 영국 국교회를 확립하되, 아직 가톨릭이 익숙한 많은 국민의 정서를 배려해 가톨릭 의식의 상당 부분을 그대로 남겨 둔 것입니다. 이렇게 양쪽을 최대한 포용해 극도로 예민해진 종교 문제를 서서히 잠재워 나갔습니다.

다음으로 화폐를 개혁하고 제조업을 육성했습니다. 이 시기 영국은 심각한 인플레이션을 겪었습니다. 헨리 8세가 전쟁 비용을 충당하기 위해 이물질이 섞인 주화를 대량으로 발행해 화폐 가치가 떨어질 대로 떨어진 것입니다. 엘리자베스 1세가 즉위할 무렵에는 영국 물가가 몇 배나 폭등한 상태였죠. 이때 영국의 재정 고문 토머스 그레셤Thomas Gresham 은 "나쁜 화폐가 양질의 화폐를 쫓아낸다"라면서 악화를 회수할 것을 주장했습니다. 엘리자베스는 이 조언에 따라 이물질이 섞인 주화를 가져오면 실제 가치에 해당하는 새 주화로 교환해 주겠다고 약속했습니다. 그 결과 70만 파운드, 현재 가치로 약 2,500억 원에 달하는 악화를 회수한 것으로 추정됩니다.

사실 당시 인플레이션은 인구증가의 영향이 컸습니다. 팔 수 있는 물건은 한정되어 있는데 인구가 크게 늘었던 것이죠. 따라서 근본적인 해결책은 더 많은 물건을 생산하는 것이었습니다. 엘리자베스는 이를 위해 끊임없이 국내의 생산 시설과 상품 공급을 증가시키려 애썼습니다. 제조업을 장려하고 육성하는 경제 정책을 펼쳤고, 그 결과 그녀가 통치하는 동안 영국은 무기 제조업과 보석 세공, 의류 제작 등의 분야가 발달했으며 석탄 같은 자원의 개발도 증가했습니다. 이렇게 엘리자베스 1세는 영국이 직면한 문제들을 하나씩 해결해 나가고 있었습니다.

엘리자베스 1세, '처녀 여왕'이 되다

하지만 엘리자베스 1세가 해결해야 할 가장 큰 문제는 여전히 남아 있었습니다. 1559년 2월 4일, 즉위한 지 한 달도 되지 않은 어느 날 영국 국회는 여왕에게 특별 청원을 했습니다.

"여왕 폐하께서 이 나라를 위해 속히 배우자를 얻어 막중한 책무에서 벗어나시길 간청드립니다."

왕조를 이어나가기 위해 엘리자베스 1세가 빨리 결혼해야 한다는 것입니다. 당시 국민들이 왕이 아닌 여왕을 어떤 시선으로 바라보는지 알 수 있는 내용입니다. 엘리자베스 1세는 이러한 청원이 계속되자 다음과 같이 답을 하곤 했습니다.

"나에게는 이미 잉글랜드라는 남편이 있다."

"내게는 자식이 없지만 그대들 모두가 나의 자녀이고 친척이다."

이런 당찬 포부와 함께 결혼하지 않는 길을 택한 엘리자베스 1세는 평생 어떠한 남자도 선택하지 않았습니다. '처녀 여왕'의 전설이 시작된 것이죠.

그녀가 결혼을 거부한 이유는 여러 가지로 추측할 수 있습니다. 먼저 스페인 국왕과 결혼한 언니 메리 1세의 영향입니다. 남편의 사랑을 받지 못하고 오히려 스페인의 입김만 커진 것을 보며 외국 군주와의 혼인을 꺼렸을 수 있습니다. 무엇보다 엘리자베스 1세는 남편과 권력을 나눠 갖기를 원하지 않았을 것입니다. 더 나아가 처녀 여왕이라는 이미지는 그녀에게 매우 훌륭한 정치적 수단이었습니다. 이미지 메이킹의 귀재였던 그녀는 재위 기간 중 처녀 여왕의 이미지를 탁월하게 활용했습니다.

엘리자베스 1세 불사조 초상화, 1575

엘리자베스 1세 담비 초상화, 1585

엘리자베스 1세 체 초상화, 1583

엘리자베스 1세가 '처녀 여왕' 이미지를 적극적으로 이용한 방법은 초상화였습니다. 그녀는 다양한 초상화를 남겼는데 대표적 작품으로 '불사조 초상화'가 있습니다. 가슴에 불사조 모양의 펜던트를 달고 있는 이 초상화는 불사조가 수백 년을 살다가 죽은 뒤 새로운 불사조가 탄생한다는 신화를 배경으로 합니다. 즉 스스로 번식하는 새를 통해 왕권의 영속성과 처녀성을 상징한 것이죠. 또 다른 예로 '담비 초상화'가 있는데, 여기 나오는 담비 역시 순백과 순결을 상징합니다. 그리고 '체'를 들고 있는 초상화도 있습니다. 이는 남자를 쉽게 받아들이지 않는 처녀성을 뜻합니다. 체가 처녀성을 상징하게 된 데는 전설이 존재합니다. 고대 로마 시대, 베스타 신전의 신녀에게는 순결을 지킬 의무가 있었습니다. 그런데 투치아Tuccia라는 한 신녀가 순결을 의심받게 되었습니다. 그녀는 로마를 흐르는 테베레강의 물을 체에 담아 한 방울도 흘리지 않고 신전으로 옮기는 기적으로 자신의 순결을 증명했다고 합니다. 이후 체는 처녀성의 상징이 되었습니다. 그뿐 아니라 체는 군주의 분별력과 지혜를 상징하기도 합니다. 여러모로 엘리자베스 1세에게 꼭 필요한 상징물이었던 셈이죠.

국가와 결혼했다고 선언한 엘리자베스 1세의 다짐과 달리 남자들은 최고의 신붓감인 그녀를 그냥 두지 않았습니다. 스페인 국왕, 신성 로마제국 대공, 스웨덴 국왕, 오스트리아 대공, 러시아 황제 등 내로라하는 남자들이 구혼한 것입니다. 엘리자베스 1세는 듣기만 해도 쟁쟁한 이들을 상대로 자신의 결혼을 영국을 보호하는 외교적 수단으로 사용했습니다.

엘리자베스 1세가 즉위한 뒤 가장 먼저 청혼한 사람은 메리 1세의 남편이자, 엘리자베스의 형부였던 스페인 국왕 펠리페 2세였습니다. 영국을 가톨릭교로 되돌려 놓겠다는 야심을 품은 그는 엘리자베스 1세가 프랑스 왕자와 결혼할 것을 염려했습니다. 그리하여 메리 1세가 죽자마자 자신의 처제인 엘리자베스 1세에게 청혼했습니다. 하지만 그녀는 확실한 답을 주지 않고 애매한 태도로 일관했습니다. 이는 다른 구혼자에게도 마찬가지였습니다. 특히 프랑스 왕자와의 결혼 협상은 무려 10년을 끌기도 했죠.

처형된 왕비의 딸이라는 약점을 지닌 엘리자베스 1세는 국가 원수급의 청혼자가 많을수록 권력의 정통성을 인정받아 안정적으로 자리를 유지할 수 있었습니다. 또한 엘리자베스 1세는 자신의 결혼 협상 과정을 강대국으로부터 영국을 지키는 수단으로 사용하기도 했습니다. 예를 들어 프랑스와 오랜 시간 결혼 문제를 이야기하며 동맹 가능성을 내비친 것도 스페인의 공격을 차단하려는 의도였습니다. 실제로 프랑스와 영국의 결혼 협상은 스페인에 상당한 외교적 부담으로 다가왔습니다. 이처럼 엘리자베스 1세는 자신의 약점을 강점으로 만들고 정치에 이용하며 자신의 입지를 굳혀 나갔습니다. 덕분에 혼란스러웠던 영국은 조금씩 안정을 되찾았습니다.

여왕, 해적과 손잡다

엘리자베스 1세의 또 다른 별명은 '해적 여왕'입니다. 지금부터 그녀가 왜 이런 별명을 갖게 됐는지 이야기하겠습니다. 1568년 영국의 한 선단이 폭풍우를 만나 망가진 배를 수선하고 물자를 보충하기 위해 멕시코의 '산 후안 데 울루아(현재의 베라크루스 지역)' 항구에 정박합니다. 그곳에는 스페인 함대도 정박 중이었습니다. 영국과 스페인 선원들은 평화를 지키자는 약속을 했고, 정박하는 동안 포로를 교환하거나 교역을 하며 지냈습니다. 하지만 스페인 함대가 기습 공격으로 본색을 드러내며 평화는 무참히 깨졌습니다. 방심하고 있던 영국의 선박들은 속수무책으로 당할 수밖에 없었죠. 이 공격으로 6척의 배 중 2척만이 가까스로 항구를 빠져나왔고, 200여 명의 선원이 포로가 되거나 죽었습니다. 그나마 탈출한 선원들도 대서양을 건너는 동안 식량 부족과 질병으로 대부분 죽고 소수만이 돌아올 수 있었습니다.

이때 목숨을 건진 사람 중에는 앞으로 영국의 영웅이 될 한 남자가 있었습니다. 훗날 엘리자베스 1세의 최고의 파트너이자, 영국의 전설적 해적왕이 될 프렌시스 드레이크Francis Drake였죠. 그에게 이번 습격 사건은 너무도 치욕스러운 일이었습니다. 자존심이 상한 드레이크는 그날 이후 삶의 목표를 '스페인을 향한 복수'로 바꾸고 스페인 선박만 골라서 괴롭혔습니다. 선박을 터는 것은 기본이요, 스페인의 식민지인 파나마의 창고를 약탈하고 페루 은광에서 은을 길어 나르는 노새의 행렬까지 기습하기도 했죠. 드레이크가 이끄는 해적단 때문에 스페인이 막대한 피해를 입었다는 소식에 화가 난 펠리페 2세는 1572년에 엘리자베스 1세에게 항의했습니다. 외교적 항의를 받은 여왕은 오히려 드레이크에게 약탈을 허용하는 '사략 허가증'을 발급해 주었습니다.

엘리자베스 1세는 왜 허가증까지 내주며 해적질을 도왔을까요? 영국은 대외 무역 확대를 위해 해상 진출과 식민지 건설에 대한 야심을 키

해적왕 드레이크

왔습니다. 하지만 당시 최강의 함대를 보유하고 있던 스페인에 가로막
혀 있었죠. 특히 스페인의 무적함대 '아르마다'의 위세는 너무도 높았습
니다. 1571년에 아르마다는 유럽, 아시아, 아프리카 3대륙에 걸쳐 광대
한 영역을 지배하던 오스만 제국의 함대를 격파했습니다. 레판토 해전
이라 불리는 이 사건 이후 스페인 함대는 무적함대라는 별명을 얻었습
니다. 이런 강력한 스페인 함대는 영국의 대양 진출을 가로막는 요인이

되었죠.

특히 가톨릭 수호자를 자처한 스페인은 영국의 국교를 가톨릭으로 되돌리고 스페인의 속국으로 만들고 싶어 했죠. 그리하여 펠리페 2세는 호시탐탐 영국을 노렸습니다. 이런 상황 속에서 엘리자베스 1세는 해적들에게서 어려운 상황을 타개할 가능성을 본 것입니다. 여왕의 든든한 지지를 받은 해적들은 이제 개인뿐 아니라 국가의 이익을 위해서 활동하기 시작했습니다.

스페인 vs 영국, 일촉즉발의 위기

해적과 손잡은 엘리자베스 1세의 행보는 점점 더 과감해졌습니다. 1577년 12월 13일, 엘리자베스 1세는 세계 일주를 앞두고 출발 준비에 한창인 드레이크의 배에 올랐습니다. 여왕이 해적선의 배에 오른다는 것은 당시로써는 관행을 깨는 매우 파격적인 선택이었습니다. 운명적인 첫 만남에서 엘리자베스 1세는 드레이크에게 이렇게 말했습니다.

"그동안 내게 많은 상처를 안겨준 에스파냐(스페인) 왕에게 기꺼이 원한을 갚으려 하오."

드레이크의 항해에 크게 투자한 엘리자베스 1세는 이번 항해의 목적을 분명히 했습니다.

첫째, 여왕 자신과 드레이크의 경제적 이익을 추구할 것.

둘째, 스페인 함대에 최대한 피해를 줄 것.

드레이크가 여왕과 뜻을 함께할 것을 약속했고, 두 사람에게는 공동 목표가 생겼습니다. 이로써 해적왕의 항해는 여왕의 명을 받드는 애국 활동이 되었고 영국과 스페인의 보이지 않는 해상 전쟁이 시작되었습니다.

드레이크는 여왕의 배웅을 받으며 5척의 선단을 이끌고 기세등등하게 플리머스항을 출발했습니다. 대항해를 떠난 지 10개월이 흘러 페루를 지나던 그는 마닐라로 향하는 한 스페인 무역선에 관한 정보를 입수했습니다. 배에 금은보화가 가득하다는 소식을 들은 드레이크는 맹렬히 뒤를 쫓았고 지금의 에콰도르 근처에서 그 배를 사로잡는 데 성공합니다. '카카푸에고'라는 이름의 선박에는 은 26톤, 화폐와 장식품이 가득한 보물 상자 13개 등 엄청난 양의 금은보화가 있었습니다. 이 모든 것을 옮겨 싣는 데만 자그마치 6일이 걸렸다고 하니 어마어마한 규모를 짐작할 수 있습니다.

이후 드레이크는 전 세계 바다를 돌며 스페인의 식민지와 선박을 성공적으로 약탈했고 2년 7개월의 세계 일주를 무사히 마친 뒤 영국에 돌아왔습니다. 과연 그의 배에는 얼마만큼의 보물이 있었을까요? 아쉽게도 약탈한 보물의 양을 정확히 아는 사람은 엘리자베스 1세와 드레이크 단 둘뿐이라고 합니다. 약탈한 물품 목록을 만들면 그것이 약탈의 증거가 되어 오히려 스페인에 역이용당할 수 있으니 드레이크가 목록을 만들지 말자고 했기 때문입니다. 하지만 당시 영국의 스페인 대사는 150만 페소로 추정된다고 본국에 보고했다고 합니다.

이 소식을 들은 펠리페 2세는 영국에 강력하게 항의했습니다. 드레이크를 스페인으로 보내던지, 아니면 영국에서 당장 처형시켜 목을 내놓으라고 난리였죠. 그러나 엘리자베스 1세는 펠리페 2세의 거센 항의는 뒤로한 채, 또 한번 드레이크의 배에 올라 큰 선물을 주었습니다. 그에게 기사 작위를 내린 것입니다. 드레이크의 배에 함께 올랐던 프랑스 대사가 여왕을 대신해 기사 작위를 수여했다는 기록도 있는데 이는 여왕의 행동을 프랑스도 지지하는 모양새를 연출한 고도의 정치적 행위라 하겠습니다.

당시 유럽 최강국의 위세를 떨치던 스페인의 펠리페 2세는 결국 1582년에 영국을 침공할 계획을 세웠습니다. 하지만 스페인은 당장 영국 침공을 실행에 옮길 수는 없었습니다. 재정적 상황이 안 좋았기 때문이죠. 당시 스페인은 아메리카, 아프리카, 아시아 대륙에 수많은 식민지를 둔 덕분에 많은 수익을 얻었지만 반대로 식민지를 운영하는 비용이 만만치 않았습니다. 게다가 전 세계 곳곳에 흩어져 있는 식민지 개척을 위해 군대를 보내는 데 엄청난 비용이 들어서 오히려 쓰는 돈이 더 많았죠. 또 이탈리아를 두고 프랑스와의 갈등도 심해져 더 많은 군사력이 필요했고, 네덜란드의 독립 전쟁도 재정을 악화시켰습니다.

이때 스페인을 향한 엘리자베스 1세의 도발이 또다시 이어졌습니다. 1585년에 영국이 네덜란드의 독립 전쟁을 지원한 것입니다. 여왕이 네덜란드를 지원한 데는 같은 개신교 국가라는 이유도 있었지만 계속된 전쟁으로 스페인의 국력이 약해지기를 노린 것이기도 했습니다. 막강한 군사력을 가진 스페인에 정면으로 대항할 수 없었던 엘리자베스 1세는 재정적으로 불안했던 스페인의 약점을 공략한 것이죠. 당시 펠리페 2세는 잘못된 군사 재정 운영으로 이미 세 번이나 파산했고 나중에 한 번 더 파산해 총 4번이나 파산을 겪었습니다. 여기에 드레이크와 해적들의 약탈은 스페인의 재정에 타격을 주었습니다. 약탈 자체도 재정을 악화

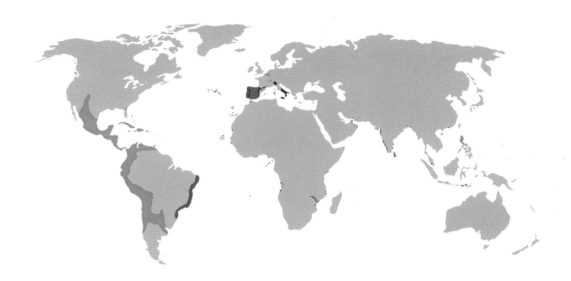

스페인-포르투갈 왕국 지도(1580-1640)

시켰지만, 이는 또다른 경제적 악영향을 불러왔습니다.

펠리페 2세는 식민지를 유지하고 돈과 물자를 실어 나르기 위해 거대한 함대에 의존했습니다. 이 함대는 이탈리아와 독일의 은행가들에게 막대한 돈을 빌려 마련한 것입니다. 그런데 스페인의 함대가 해적에게 포획될 때마다 돈을 빌려준 은행가들이 이자율을 높였습니다. 일종의 리스크 관리였죠. 나중에는 큰 사건이 없어도 해적의 위협 때문에 위험하다는 핑계로 이자율을 올렸다고도 합니다. 이처럼 영국 해적이 스페인의 함대를 공격하면 이자율이 올라 스페인의 재정난이 심해지고, 자연스레 스페인은 전쟁 준비를 중단하게 되는 것입니다. 영국은 이렇게 시간을 벌면서 차근차근 스페인과의 전쟁을 준비했습니다.

결국 영국 때문에 폭발 직전 상태가 된 스페인은 재정난에도 불구하고 영국 침공을 결정하고 1586년 3월에 교황에게 이를 공식적으로 지지해줄 것을 요청합니다. 교황은 재정적 지원까지 약속했습니다.

평생의 라이벌 메리 스튜어트

언제 스페인이 영국을 침공해 올지 모르는 일촉즉발의 상황에서 영국 왕실을 발칵 뒤집어놓는 사건이 일어납니다. 펠리페 2세가 교황의 지원을 요청하는 사이, 영국 내부에서 엘리자베스 1세의 암살을 모의한 서신이 발각된 것입니다. 보안을 위해 암호문까지 사용하며 치밀하게 작성한 서신에는 다음과 같은 내용도 있었습니다.

> "아들 제임스가 계속 개신교도로 남는다면, 스코틀랜드와 잉글랜드를 펠리페 2세에게 양도하겠습니다."

이 서신의 주인은 엘리자베스 1세의 자리를 위협한 평생의 라이벌, 스코틀랜드의 여왕 메리 스튜어트Mary Stuart였습니다. 앞서 등장했던 피의 메리와는 또 다른 메리입니다. 그녀는 엘리자베스 1세와 오촌 관계로 촌수로만 따지면 바로 다음 순서의 영국 왕위 계승자였습니다. 메리는 서자 출신인 엘리자베스 1세와 달리 태어난 지 6일 만에 스코틀랜드 여왕이 되었고, 17세에 프랑스로 시집가서 왕비로 지냈습니다. 그러다 왕이 요절하자 다시 스코틀랜드로 돌아와 여왕이 됐죠.

하지만 메리가 프랑스에서 지내던 사이 스코틀랜드는 종교 개혁으로 대부분의 신하가 개신교도가 되었고, 열렬한 가톨릭교도인 메리는 환영받지 못했습니다. 정치적으로 매우 불리한 상황에 놓인 것이죠. 결국 그녀는 신하들이 원치 않는 결혼을 두 번이나 강행했다가 쫓겨났고 엘리자베스 1세의 도움을 받아 영국(잉글랜드)으로 망명했습니다. 하지만 이때부터 뜻하지 않게 메리는 영국 내 가톨릭 세력의 중심이 됐습니다. 그들은 여왕을 끌어내리고 그 자리에 다음 왕위 계승자인 메리를 앉히면 영국을 다시 가톨릭 국가로 되돌릴 수 있다고 생각했습니다.

펠리페 2세도 이런 메리의 가치를 알고 있었습니다. 그는 교황과 함께 영국 침공을 계획하면서 엘리자베스 1세를 폐위시키면 그 자리에 메리를 꼭두각시로 앉히려고 했습니다. 그리고 자신이 지명한 사람과 결혼시켜 영국을 자신의 지배하에 두려 했죠. 때문에 메리는 여러 번 반역 음모에 연루되었고, 실제로 몇 번은 가담하기도 했습니다. 그럼에도 여왕은 친족의 처형을 거부하고 메리를 보호해 왔습니다. 하지만 1586년의 반역 때는 메리도 죽음을 피할 수 없었습니다. 메리와 역모 모의자 사이에 오간 서신에서 그녀가 깊이 관여한 것이 드러났기 때문이죠. 같은 해 10월에 메리의 사형이 선고됐지만 엘리자베스 1세는 3개월 동안 사형을 집행하지 못하고 계속 고민했습니다. 메리가 망명한 후 그녀를 보호한 19년은 여왕에게 인내의 시간이었습니다. 그러나 여왕의 인내도 이번에는 한계에 다다랐습니다.

1587년 2월, 메리 스튜어트는 군중 앞에 섰습니다. 목이 깊게 팬 검은 코르셋과 진홍색 벨벳 속치마를 입고 있었죠. 진홍색은 당시 가톨릭교도들 사이에서 순교를 상징하는 색으로 알려져 있었습니다. 자신이 가톨릭 순교자임을 온몸으로 보여준 메리는 영국 국교회 성직자의 마지

메리 스튜어트의 처형

막 기도 의식을 거부하고 스스로 라틴어 기도문을 외우며 사형대에 올랐습니다. 그렇게 엘리자베스 1세의 자리를 위협했던 평생의 라이벌 메리 스튜어트는 삶을 마감했습니다.

운명을 건 영국과 스페인의 대결

유럽 전역의 가톨릭교도들은 순교자가 된 메리의 처형에 분노했습니다. 교황도 공개적으로 메리를 추모하고 나섰죠. 펠리페 2세는 메리의 죽음을 명분으로 영국과의 전면전을 준비합니다. 1588년 5월, 스페인의 무적함대가 드디어 리스본항을 떠나 영국으로 향했습니다. 스페인은 130여 척의 갤리온선과 무장상선, 수송선 등에 선원 약 8,500명과 보병 1만 9천 명을 태우고 출발했습니다. 출발에만 이틀이 걸릴 정도의 대규모 병력이었습니다. 영국도 이에 맞서 해군 병력을 꾸렸습니다. 이때 엘리자베스 1세는 매우 파격적인 인사를 결정했는데, 해적 드레이크를 영국 해군의 부 총사령관으로 등용한 것입니다. 사실 당시 해적 출신인 드레이크를 내심 질투하거나 반대하던 귀족들도 있었습니다. 그러나 드레이크는 이미 영국의 영웅이었습니다. 국가에 막대한 재원까지 안겨준 그를 대놓고 반대하며 나서는 이는 없었습니다. 사실 엘리자베스 1세는 스페인에서 드레이크를 극도로 싫어하는 것을 알기에 일부러 그를 등용하기도 했습니다.

다른 군주였다면 국가의 명운이 걸린 전쟁을 해적이 지휘하도록 허락하지 않았을 것입니다. 하지만 엘리자베스 1세는 과감한 결단을 내렸고 그녀의 리더십은 빛을 발했습니다. 영국은 약 200여 척의 배를 준비했습니다. 규모가 큰 배는 40척 정도였지만, 작은 배들은 속도가 빨랐고 전투 성능도 우수했습니다. 게다가 영국 해군은 빠르게 포탄을 재장착 할 수 있었고 더 먼 거리에서 포격이 가능한 무기들로 무장한 상태였습니다.

1588년 7월에 스페인 함대가 영국 근해에 진입했습니다. 스페인과 영국은 세 차례의 소규모 전투를 치렀는데, 영국 해군은 스페인 해군의 영국 상륙 시도를 좌절시켰습니다. 사실 전쟁 전 스페인은 네덜란드의 독립을 막기 위해 이곳에 파견된 스페인 육군을 만나 이들을 배에 태워 영국 본토에 침공하는 계획을 세웠습니다. 그리하여 육군을 만나기 위해 지금의 프랑스 칼레항 근처 바다에 정박했죠. 그런데 합류를 약속한 스페인 육군 지휘관 파르마Parma 공작의 연락이 두절된 것입니다. 스페인 함대는 마냥 기다려야 했고, 이는 큰 불행의 시작이었습니다. 스페인 함대가 칼레항 근방에 정박하고 있다는 소식을 들은 드레이크가 무적함대를 파괴할 결정적인 전략을 세웠기 때문이죠. 드레이크의 선택은 불붙은 배, 즉 화공선이었습니다.

한밤중 드레이크는 8척의 배에 피치, 유황, 타르, 화약 등 발화성 물질을 가득 채우고 불을 붙인 뒤 그대로 적군에게 보냈습니다. 마침 바람도, 조류도 모두 스페인 함대 쪽으로 향하고 있는 완벽한 순간이었죠. 드레이크의 작전은 성공적이었습니다. 칼레항 근처 바다에 닻을 내려 정박하고 있던 무적함대는 불이 붙은 배를 본 순간 공포감에 닻을 끊고 도망쳤고, 무적함대는 대열이 무너져버렸습니다. 칼레 바다를 불태운 화공선의 위력으로 그 일대는 혼란에 빠지고 말았죠. 이날의 바람을 가리켜 영국은 신이 선물한 '개신교의 바람'이라고 표현합니다.

혼돈의 밤이 지나고 8월 8일, 날이 밝자 스페인 함대는 칼레 근처 그라블린 근해에서 다시 대열을 정비했습니다. 이때 또다시 드레이크가 등장합니다. 그는 의미심장한 이름의 배를 타고 나타났는데 바로 '리벤지' 호였습니다. 드레이크의 입장에서 보면 옛날 산후안 데 울루아 항구에서 당한 것을 갚아줄 복수의 날이 온 것이죠. 반면 그라블린에서 다시 전투태세를 갖춘 스페인은 이제야 제대로 된 전투를 하게 되었다고 생각했습니다.

대포 소리가 크게 울려 퍼지고, 전투가 시작됐습니다. 무적함대가 자주 사용하는 전술은 적의 함대를 포위하는 초승달 대형을 만들어 에워

무적함대의 패배[3]

싼 뒤 거리를 좁히는 것입니다. 그다음 적함에 갈고리를 걸어 당긴 뒤 수많은 보병이 건너가 창과 칼로 직접 적군과 맞붙어 싸우는 것이죠. 오스만 제국을 상대로 승리할 정도로 강력한 무적함대의 전술이었습니다. 하지만 영국 함대는 앞선 몇 차례의 소규모 전투를 통해 갈고리에 걸리지 않고 스페인 함대에 다가갈 수 있는 최대 거리를 미리 파악했습니다. 스페인은 계속해서 갈고리를 걸려고 시도했지만 영국 함대는 갈고리가 닿지 않는 최적의 거리를 유지하며 포격을 멈추지 않았습니다.

나라의 운명을 건 대전투는 8시간 동안 계속됐습니다. 영국군은 대포 탄약이 바닥날 때까지 발포를 멈추지 않았죠. 양국 모두 전력을 다한 전투 결과 무적함대의 초승달 대형은 무너졌고 그 과정에서 3척~5척의 스페인 함선이 완파되었습니다. 스페인군에게 닥친 악재는 여기서 끝나지 않았습니다. 8월 9일 아침 강한 서풍이 불어 스페인 배는 더 이상 영국 쪽으로 진격하지 못했고, 스페인 해군은 영국 해군을 피해 북쪽으로 항로를 잡고 퇴각해야 했습니다. 영국이 스페인의 무적함대를 격파한 역사적인 일이 일어난 것입니다.

이때 엘리자베스 1세는 스페인이 상륙하는 것에 대비해 템스강 하구 틸버리 지역에 집결한 병사들 앞에 갑옷을 입고 나타나 그들을 격려하는 연설을 했습니다.

"그대들과 더불어 살거나 죽기 위해, 하나님을 위해, 이 왕국을 위해, 그리고 내 백성을 위해 진흙 속에 내 생명을 던지기로 결심했다. 난 연약한 여성의 몸을 지녔지만 군주의, 그것도 잉글랜드 군주의 용기와 배짱을 가지고 있다."

당시는 통신수단이 발달하지 않았던 탓에 육지의 군인들은 영국 함대가 해전에서 승리했다는 사실을 알지 못했습니다. 이런 상황에서 여왕의 틸버리 연설은 스페인 상륙에 불안해하는 국민에게는 용기를 주었고, 군인에게는 사기를 충전시켜 주었습니다.

익숙하지 않은 북쪽 바다를 돌아가야 했던 스페인 함대의 귀환은 험난했습니다. 도중에 식량 부족과 함선의 파선, 질병 등으로 수많은 군인이 목숨을 잃었습니다. 이 전쟁에서 잃은 병사는 1만 5천 명이었고 다시 쓸 수 있는 배는 없었습니다.

전 세계 바다를 제패한 여왕,
제국의 시작을 알리다

절대 이길 수 없을 것 같던 최강의 스페인 제국을 무찌른 영국은 더이상 유럽 변방의 섬나라가 아니었습니다. 이제 본격적으로 대양 항해에 나섰고, 동인도 회사를 세우기도 하며 세계 곳곳에 시장과 식민지를 개척하기 시작했습니다. 영제국 시대의 출발을 알린 것이죠.

스페인 함대를 격파하고 대략 4년 뒤에 그린 210쪽의 디칠리 초상화속 엘리자베스 1세는 수많은 보석과 진주로 장식된 옷을 입고 있습니다. 천사처럼 그려진 여왕은 세계 지도가 그려진 지구 위에 서 있는데 그녀의 발이 위치한 곳은 영국입니다. 이는 영국 위에 서서 세계를 내려다보는 위풍당당한 모습을 표현한 것이죠. 구름 사이에 빛나는 태양은 강력한 왕권을 상징합니다. 초상화 오른쪽 뒤에 쓰인 문장은 '그녀는 주고 바라지 않는다', '그녀는 복수를 할 수 있지만 하지 않는다'와 같은 내용으로 용서의 메시지를 담고 있습니다. 강력한 제왕이 되었기 때문에 용서를 말할 여유도 생긴 것이죠.

처녀 여왕, 해적 여왕, 그리고 최고의 군주로 기억되는 엘리자베스 1세. 그녀는 폐위된 왕비의 소생이자 여성 군주라는 점에서 그 시대에는 약점이 많은 왕이었습니다. 왕위에 오르는 과정도 결코 순탄하지 않았죠. 하지만 때로는 인내하고 어려움 속에서 기지를 발휘하며, 시대의 편견을 이겨내고 국가의 비전을 제시했습니다. 엘리자베스 1세는 이미지 메이킹을 통해 약점을 강점으로 바꾸어 통치에 이용할 줄 아는 사람이었고, 출신 배경보다 능력에 따라 파격적으로 인재를 등용하는 리더

무적함대 격파 후의 디칠리Ditchley 초상화[5]

십도 갖췄습니다. 과연 드레이크 같은 해적들이 그녀가 아닌 다른 군주 밑에서 국가의 명운을 건 전투를 지휘할 수 있었을까요?

그리고 강대국 스페인과의 전쟁에서 승리하며 분열된 영국인들을 하나로 묶으며 지금의 영국을 만들어준 왕이기도 합니다. 엘리자베스 1세가 있었기 때문에 영국은 '해가 지지 않는 나라'로 발전할 수 있었을 것입니다. 시대의 편견을 이겨내고 끊임없는 노력으로 섬나라 영국에 강대국의 비전을 제시한 엘리자베스 여왕의 리더십은 지금 시대에도 여전히 기억해야 할 부분입니다.

벌거벗은 세계사

벌거벗은 태양왕, 루이 14세

신이 되고 싶었던 프랑스의 군주

임승휘

● '프랑스 왕' 하면 가장 먼저 떠오르는 인물이 있습니다. 그는 프랑스 역사상 가장 긴 시간인 72년간 왕위를 지켰습니다. 프랑스를 지배하는 동안 압도적인 카리스마로 절대 권력을 휘두르며 유럽의 이웃 나라를 두려움에 떨게 만들기도 했죠. 프랑스 국민이 가장 사랑하는 위인 중 한 사람인 그는 태양왕 루이 14세Louis XIV입니다.

루이 14세 하면 가장 먼저 떠오르는 말은 "짐이 곧 국가다!"입니다. 사실 이 말은 출처가 불분명해 그가 정말 이런 말을 했는지 알 수는 없습니다. 하지만 루이 14세를 가장 효과적으로 설명할 수 있는 말인 것은 분명합니다.

루이 14세가 살았던 17세기 프랑스 국민의 평균 수명은 25세였습니다. 그런데 루이 14세는 평균 수명의 세 배가 넘는 77세까지 장수했으며, 그중 72년간 프랑스를 다스렸습니다. 그는 밖으로는 끊임없는 전쟁을 하며 유럽을 두려움에 떨게 만들었고, 안으로는 무너진 프랑스 왕실의 권위를 다시 세우며 절대 권력의 상징이 되었습니다.

오랜 재위 기간 동안 루이 14세는 정치, 경제, 행정, 산업에 깊이 관여했고 예술가를 후원하면서 프랑스를 유럽의 문화 중심지로 만들기도 했습니다. 그가 집권할 당시 프랑스는 왕이라는 태양을 중심으로 움직이는 소우주 같았습니다. 그 모습을 가장 잘 보여주는 곳이 베르사유 궁전입니다. 화려한 이 궁전은 그의 절대 권력을 과시하는 수단인 동시에 반란을 일으키는 일을 의무로 여기던 귀족을 길들인 헤어 나올 수 없는 덫과 같은 곳이었죠.

지금부터 지상에서 살아있는 신이 되어 모든 인간 위에 군림하려 했던 프랑스의 군주 루이 14세에 관해 이야기하겠습니다. 태어나는 순간부터 파란만장했던 그의 삶과 끝을 몰랐던 권력에 대한 욕망, 그리고 초라하고 비루한 종말까지 한 꺼풀씩 벌거벗겨 보겠습니다.

신이 주신 선물

1638년 9월 5일, 프랑스 파리 서쪽의 도시 생제르맹앙레의 성에서 남자아이가 태어났습니다. 이름은 루이Louis이고 성은 부르봉Bourbon, 미들네임은 '신이 주신 선물'이라는 뜻의 디외도네Dieudonne입니다. 그리고 아이의 아버지는 프랑스 부르봉 왕가의 왕 루이 13세Louis XIII입니다.

루이 14세에게 디외도네라는 이름이 붙은 이유는 그가 혼인 후 무려 23년 만에 태어난 후사였기 때문입니다. 에스파냐 공주와 정략 결혼한 루이 13세는 오랫동안 후사가 없어 걱정이 많았습니다. 드디어 그토록 바라던 왕자가 태어났고 프랑스는 축제 분위기에 휩싸였습니다. 하지만 23년 만에 갑자기 탄생한 왕자를 두고 수많은 의혹이 불거졌습니다. 호사가들이 만들어낸 소문은 루이 14세가 왕의 친아들이 아니라는 것이었죠. '루이 14세의 친부는 과연 누구인가?'에 대한 흥미진진한 이야깃거리가 만들어졌습니다.

의혹의 중심이었던 루이 13세는 사실 여자에게 도통 관심이 없던 인물이었습니다. 그래서 사람들은 그를 '순결한 루이'라고 불렀습니다. 프랑스 역사상 애첩이 없는 왕은 매우 드물었는데, 루이 13세가 그중 한 사람이었습니다. 아내 안 도트리슈Anne d'Autriche와의 금슬도 그리 좋지는 않았습니다. 그런 국왕에게서 23년 만에 아들이 태어났으니 출생의 비밀에 얽힌 소문이 돌 법도 했습니다. 말 많은 궁정인들이 만들어 낸 추문은 루이 14세가 쥘 마자랭Jules Mazarin 추기경의 아들이라는 둥, 영국 출신의 버킹엄Buckingham 공작이 친부라는 둥 사실이 확인되지 않는 것들이었습니다. 하지만 소문은 들불처럼 번졌고 나중에는 프랑스 재상 리슐리외Richelieu 추기경이 후사가 없는 왕비에게 가난한 명문가의 남자를 대리부로 소개했다는 말까지 들렸습니다. 이 소문은 나중에 소설 《철가면》의 소재가 되기도 했습니다. 출생의 비밀이 밝혀지면 세상이 발칵 뒤집어질 테니 루이 14세의 친부인 가난한 시골 귀족에게 철가면을 씌워 평생을 감옥에 가두고 감시했다는 이야기입니다. 사실 이 소설은 프랑스의 대표적 계몽 사상가인 볼테르Voltaire가 만든 이야기인데, 훗날 작가 알렉산더 뒤마Alexandre Dumas에 의해 흥미진진한 어드벤처 소설로 재탄생합니다.

상상력을 자극하며 다양한 창작물로 거듭난 철가면을 그저 소설이나 영화 속 가상 인물로만 알고 있는 사람들이 많습니다. 그런데 놀랍게도 철가면 속 인물은 실제로 존재했습니다. 2015년 프랑스 국립 문서고에서 발견한 1703년 9월 20일 바스티유 감옥 수감 기록에서 어느 죄수에 관한 이야기를 확인할 수 있습니다.

"가면을 쓴 채 투옥된 이 남자의 이름은 밝힐 수 없고, 누구와도 말을 섞어서는 안 된다."

당시 프랑스에서 정치 사범에게 가면을 씌우는 일은 드물지 않은 관행이었습니다. 하지만 누구와도 말을 나눠서는 안 되고, 진짜 이름조차 밝히지 않으며, 얼굴을 마스크로 가린 죄수의 존재는 이제껏 없었습니다. 그렇다면 이 남자가 루이 14세의 진짜 아버지였던 걸까요? 아쉽게도 철가면의 진짜 정체는 알 수 없습니다.

루이 14세의 또 다른 탄생 비화는 앞니 두 개가 난 채로 태어났다는 것입니다. 그래서 젖을 물리는 유모가 고생을 많이 했다는 이야기도 있죠. 어쨌든 이러한 다양한 일화들은 루이 14세의 출생이 그만큼 사람들의 관심을 주목시킨 일대 사건이었음을 알려주고 있습니다.

반란이 남긴 유년 시절의 트라우마

이렇게 귀하게 태어난 왕세자를 얻은 루이 13세가 얼마 후 병에 걸려 죽고, 루이 14세는 5세라는 어린 나이에 갑작스럽게 왕위에 올랐습니다. 그림을 보면 알 수 있듯이 루이 14세는 왕 노릇을 하기에는 아직 너무 어렸습니다. 결국 어린 왕을 대신해 모후 안 도트리슈와 재상 쥘 마자랭이 섭정을 맡아 국정을 돌보게 됩니다.

그리고 5년 뒤, 루이 14세의 인생을 송두리째 흔든 충격적인 사건이 일어납니다. 루이 13세 시절부터 전쟁을 치렀던 프랑스는 전쟁 자금 마련을 위해 과도한 세금을 거뒀습니다. 이는 백성의 불만과 분노를 샀고, 크고 작은 반란이 일어나곤 했습니다. 그런데 루이 13세가 죽고 어린 왕이 즉위하면서 왕권이 약해진 틈을 노려 '프롱드의 난'이라는 어마어마한 반란이 일어납니다. 프롱드Fronde는 새총이라는 뜻으로, 백성들이 섭정 중인 마자랭의 집에 새총을 쏜 데서 그 이름이 유래했다고 합니

왕위에 오른 루이 14세

다. 왕비와 재상 마자랭이 수도를 버린 채 어린 국왕을 안고 야반도주해
야 할 정도로 상황은 심각했습니다. 이 사건으로 루이 14세는 오랜 시
간 트라우마에 시달립니다.

아무런 준비도 없이 야밤에 잠옷 차림으로 쫓기듯 파리 외곽의 성에
도착한 루이 14세는 난방도 안 되는 곳에서 추위에 떨며 짚더미 위에서

잠을 청해야 했습니다. 2년 뒤에는 상황이 더욱 심각해졌습니다. 루이 14세의 삼촌, 즉 루이 13세의 동생인 가스통 도를레앙Gaston d'Orleans 공작까지 가담하면서 반란의 세력이 더 커진 것입니다. 반란군이 어린 왕을 납치하고 자신을 수녀원에 감금시킬 것이라는 불안을 이기지 못한 왕비는 또다시 파리를 탈출할 계획을 세웠습니다.

그런데 이 사실이 발각되었고 파리 민중은 루이 14세가 지내는 팔레 루아얄로 향했습니다. 아무것도 모른 채 탈출 준비를 하던 왕비는 성난 민중이 쳐들어오자 어린 루이 14세에게 침대에 누워 잠든 척하라고 지시했습니다. 옷을 모두 입고 탈출 준비를 마쳤던 루이 14세는 어머니의 말을 따랐습니다. 궁으로 몰린 민중은 그 모습을 한참 동안 지켜보다 물러갔습니다. 수많은 사람 앞에서 옷을 입은 채 잠든 연기를 했던 이날의 기억은 루이 14세에게 커다란 치욕과 수치심으로 자리 잡았습니다.

반란은 5년이나 계속되었고 당파 싸움으로 인한 분열과 약탈, 파괴가 난무하는 현실에 귀족과 민중은 지칠 대로 지쳤습니다. 더는 무정부 상태를 견딜 수 없는 민중과 귀족은 어느새 부르봉 왕가가 복귀해 혼란스러운 상황을 해결해 주기를 바랐습니다. 1652년 루이 14세는 마침내 승리자의 이름으로 왕국의 수도 파리에 입성했습니다. 그리고 2년 뒤 16세의 나이에 대관식을 올립니다.

반란의 5년은 루이 14세에게 끔찍한 악몽이었습니다. 어린 왕이 감당하기에 프롱드의 난은 너무나 가혹한 기억이었고 자신의 이익을 위해서라면 언제든 왕에게 등을 돌리는 귀족의 모습은 큰 트라우마로 남았습니다. 반란의 근거지였던 파리는 루이 14세에게 혐오스러운 도시로 낙인찍혔고, 귀족을 향한 커다란 불신이 생겼습니다. 그리고 두 번 다시 이런 수치를 겪지 않기 위해 누구도 건드릴 수 없는 강력한 힘을 갖고 모든 사람의 위에 군림하겠다고 다짐했습니다.

태양왕의 등장-밤의 발레

파리로 돌아온 루이 14세는 국민에게 반란을 진압한 진정한 왕의 모습을 보여주며 자신을 널리 알리고자 했습니다. 지금이라면 다양한 매체를 통해 원하는 메시지를 손쉽게 전달할 수 있겠지만 17세기 프랑스에서는 방법이 그리 많지 않았습니다. 당시 전보를 전달하는 가장 빠른 방식은 파발이었는데, 프랑스 북쪽에서 남쪽으로 가는 데만 22일이 걸렸습니다.

프롱드파에 대한 자신의 승리를 보여주기 위해 루이 14세가 선택한 방식은 발레극이었습니다. 시각적 자극은 말이나 글보다 효과적이기 때문이죠. 그는 귀족과 백성에게 '강력한 왕권'을 각인시킬 만한 특별한 무대를 준비했고, 1653년에 해가 지는 저녁부터 다음날 동이 트는 순간까지 시간의 흐름을 보여주는 〈밤의 발레〉를 선보였습니다. 27년간 매일 두 시간씩 발레 연습을 할 정도로 춤을 사랑한 루이 14세는 이 작품에 직접 출연했습니다. 그는 세상을 비추는 태양의 신 아폴론Apollon으로 분장해 그리스 신화 속 거대한 뱀 피톤Python을 처단하는 장면을 연기했습니다. 이때 피톤은 프롱드파를 상징했는데, 암흑인 프롱드파를 향한 태양 루이 14세의 승리를 은유적으로 보여준 것입니다. 그가

아폴론으로 분장한 루이 14세

태양의 신이 되어 전달하려 했던 메시지는 '짐을 경배하고 찬양하라!'였습니다.

이 시기 프랑스는 왕권신수설, 즉 왕의 권력은 신으로부터 내려왔다는 사상이 지배했습니다. 신으로부터 내려받은 국왕의 권한은 절대적이라는 것이죠. 루이 14세가 아폴론으로 분장한 것은 단순히 멋있기 때문이 아니라 국왕의 신성함을 표현하기 위한 수단이었습니다. 발레를 본 백성에게는 신의 모습을 한 왕이 각인됐습니다. 게다가 무대 중간에는 반란에 참여했던 귀족들이 등장해 태양 주위를 맴돌며 무릎 꿇는 장면도 연출했습니다. 마치 귀족에게 경고하듯이 말이죠. 루이 14세는 자신의 신격화를 위해 발레극을 철저하게 준비했고, 이 무대를 계기로 '태양왕'으로 불렸습니다. 이후에도 루이 14세는 종종 대규모 축제를 열고 자신의 권력을 과시하곤 했습니다.

국가 기강의 확립 - 희생양이 된 푸케

태양과 자신을 동일시하며, 절대적인 지배자가 되고 싶어 했던 루이 14세는 강력한 왕권을 지키기 위해 반란을 꾀하고 국고를 축내는 귀족을 엄벌할 계획도 세웠습니다. 비록 어린 나이에 왕위에 올라 재상 마자랭과 어머니의 섭정을 받았지만, 그는 절대 군주정의 토대를 차곡차곡 쌓아나갔습니다. 16세에는 성대한 대관식을 올리고, 21세에는 평화 조약을 맺으며 오랫동안 계속된 스페인과의 전쟁에 종지부를 찍었죠. 그리고 이듬해인 1660년에는 평화 조약의 약속대로 스페인의 공주 마리 테레즈Marie-Therese와 정략결혼도 했습니다. 두 사람의 결혼에는 '프랑스는 스페인의 상속권을 주장하지 않는다'라는 독특한 조건이 하나 따라붙었습니다. 이 조건을 지킨다는 약속으로 프랑스는 거액의 지참금을 받기로 합니다.

1661년, 프랑스 제1의 권력자였던 재상 마자랭이 죽자 루이 14세는 비로소 진정한 프랑스의 통치자가 되었습니다. 그는 먼저 새로운 재상을 두지 않고 나랏일을 모두 직접 돌보겠다는 친정親政을 선포했습니다. 재상이라는 직책을 없애고 오직 왕인 자신에게 모든 권력을 집중시킨 것이죠.

왕이 절대적인 권력을 행사하려면 강력한 군사력과 왕에게 충성하는 관료, 그리고 많은 돈이 필요합니다. 그런데 절대 권력을 위한 첫걸음으로 회계 장부를 살피던 루이 14세는 왕가의 국고가 텅 비어 있다는 사실을 알게 됩니다. 반복된 내란과 계속된 전쟁으로 엄청난 돈을 쓴 데다, 대부 같은 존재였던 재상 마자랭이 개인적 축재를 위해 국고의 돈을 빼돌린 것이었죠. 그때 사교계 인기인이자 프랑스의 재정을 담당하는 니콜라 푸케Nicolas Fouquet가 루이 14세의 눈에 들어왔습니다. 그는 프롱드의 난에서 주동자들을 와해하고 왕권 수호에 앞장선 공을 인정받아 국고를 관리하는 재무총관 자리를 얻은 인물입니다.

루이 14세는 국가 수입 대부분을 나랏빚으로 갚고 있음에도 오히려 빚이 늘어난 것에 의문을 품고 있었습니다. 그때 국고의 절반이 푸케의 호주머니로 흘러 들어간다는 고발을 듣게 된 것이죠. 이 와중에 눈치 없는 푸케는 새로 지은 자신의 성에서 열리는 대규모 연회에 루이 14세를 초대해 환심을 사려 했습니다. 푸케가 준비한 마차를 타고 성에 도착한 루이 14세의 자존심은 바닥을 쳤습니다. 그의 성은 왕이 살던 루브르 궁전과 비교도 안 될 정도로 화려했기 때문입니다. 정원에는 아름다운 조각상이 가득했고 거대한 운하와 분수, 폭포가 흘렀습니다. 성 안에는 값비싼 예술품이 넘쳤고 황금 접시 위에는 산해진미가 올랐습니다. 연회가 끝난 뒤에는 손님에게 보석과 과자 등을 아낌없이 제공하는 복권 추첨까지 했죠. 루이 14세는 은식기와 호화 상품에 당첨됐는데, 이는 오히려 그의 자존심을 더욱 꺾었습니다. 예술과 풍요, 영광은 오직 왕을 위한 것이라 생각했는데, 신하가 자신보다 더 많은 것을 누리고 있었으니까요.

연회에서 돌아온 루이 14세는 본격적으로 푸케를 제거하는 작업에 착수했습니다. 결국 푸케는 국고 횡령 혐의로 표적 수사를 받았고 반역죄까지 추가됐습니다. 왕은 그의 재산을 몰수한 뒤 종신형을 내렸습니다.

푸케뿐 아니라 당시 관리들은 관직을 사고팔며 급여 외에 온갖 비정상적인 수단으로 부를 축적했습니다. 재상 마자랭이 대표적 인물이었지만 이미 세상을 떠났기에 푸케가 대신 희생양이 되었습니다. 푸케의 처벌은 신하들을 향한 일종의 충격 요법이었던 셈이죠. 이로써 루이 14세는 절대 왕권에 한 발 더 가까이 다가섰습니다.

국가 기강의 확립-귀족 조사 사업

루이 14세는 여기서 그치지 않았습니다. 왕국을 위협하는 가장 큰 원인인 귀족을 단속하고 엄벌할 더욱 강력한 대책이 필요하다고 생각한 것입니다. 그는 왕권 강화를 위해 귀족들에게 결혼 계약서, 유산 목록, 족보 등 자신이 귀족임을 입증하는 서류를 제출하라고 지시합니다. 그렇지 못하면 귀족 지위를 박탈하고 다시 평민으로 강등시켜버렸죠. 문자가 익숙하지 않았던 시기였기에 문서를 소장한 이는 드물었습니다. 귀족들은 신분 증명을 위해 서류를 위조하는 등 다양한 불법을 행했지만 많은 귀족이 지위를 잃었습니다. 이후 지방별 족보 작업을 통해 통계를 내보니 유달리 귀족이 많았던 브르타뉴 지역은 1650년 4만 명이었던 귀족 수가 1700년에는 2만 1천 명까지 감소했다고 합니다. 이처럼 귀족 조사 작업은 왕권을 위협할 귀족의 수를 크게 줄이면서 그들의 권력을 약화시켰습니다.

루이 14세는 여기서 그치지 않고 귀족을 공작, 후작, 백작, 자작, 남작으로 서열화했습니다. 이 작업의 가장 중요한 목적은 귀족의 특권이 타고나는 게 아니라, 왕으로부터 받은 것임을 알려주는 것입니다. 왕이 인정하지 않으면 귀족이 될 수 없다는 사실을 깨달은 귀족이 자신에게 의존하고 복종하게 만들려는 것이었죠. 그렇게 귀족들은 특권과 혜택을 받으려면 왕의 마음에 들어야 한다는 사실을 배웠습니다. 이렇듯 루이 14세는 프롱드의 난에서 어린 왕에게 칼날을 들이밀던 귀족들을 순한 양으로 바꾸려 했습니다.

태양왕의 무대, 베르사유 궁전

루이 14세가 귀족을 완벽하게 통제하기 위해 꺼내든 마지막 카드는

1668년에 그린 베르사유 궁전 전경[1]

베르사유 궁전입니다. 궁전은 왕의 거처일 뿐 아니라, 프랑스 정치와 행정의 중심이지만 루이 14세는 이곳이 특별한 장소가 되기를 원했습니다. 귀족을 온순한 양으로 길들이기 위한 거대한 덫이 되길 바란 것입니다. 둘레가 44km나 되는 베르사유 궁전은 25개의 입구, 200개의 분수, 450개의 방을 가진 거대한 건축물입니다. 여의도의 3배에 이르는 크기로 6만m²가 넘고 동시에 5천 명이 거주할 수 있는 규모입니다. 루이 14세는 궁전 앞에 거대한 계획도시를 건설해 자신만의 소우주를 창조했습니다.

거울의 방

아폴론의 방 천장화

지금부터 황금과 비단의 성이라 불리는 베르사유 궁전을 살펴보겠습니다. 태양신 아폴론으로 장식한 황금빛 대문을 열고 들어가면 그리스 신화의 주인공으로 장식한 200여 개의 분수가 펼쳐집니다. 그리고 아름다운 오랑주리 정원을 만날 수 있죠. 녹색 융단 같은 잔디밭이 끝없이 펼쳐져 있고 왕이 뱃놀이를 즐기던 대운하가 보입니다. 여기에 성 정면에 위치한 아폴론 분수가 어우러져 압도적 장관을 이룹니다. 루이 14세를 위한 신전, 베르사유 궁전 안으로 들어가면 그리스 신전처럼 꾸민 비너스 방과 가구마저 금은보화로 장식한 아폴론의 방 등 수많은 방이 있습니다.

아폴론 방의 묘미는 천장화입니다. 자신을 상징하는 태양 마차를 끌고 가는 아폴론의 모습은 마치 태양왕 루이 14세를 보여주는 듯합니다. 사냥의 신 디아나Diana의 방 역시 사냥에 능했던 왕을 상징하죠. 이 궁전의 절정은 400여 장의 거울과 천장 빼곡히 루이 14세의 치세를 그려 넣은 거울의 방입니다. 과시욕의 절정을 보여주는 이 방은 원래 정원을 감상하기 위한 테라스였던 곳을 73m짜리 갤러리로 만든 것입니다. 베르사유 궁전에서 압도적 인기를 누리는 거울의 방을 방문한 사람들은 고개를 들어 루이 14세가 거둔 전쟁의 업적과 치세를 우러러봐야 합니다.

루이 14세는 건축에 관심이 많았는데 특히 비율과 대칭에 대한 눈대중이 매우 정확했습니다. 그만큼 대칭에 집착했는데, 한번은 궁전 내부에서 십자형 창문틀이 삐뚤어진 것을 발견했습니다. 건축가가 그럴 리 없다고 장담하자 이틀 뒤 다른 건축가를 데려와 끝내 결함을 밝혀냈다고 합니다. 대칭에 대한 왕의 집착 때문인지 베르사유 정원과 궁전에는

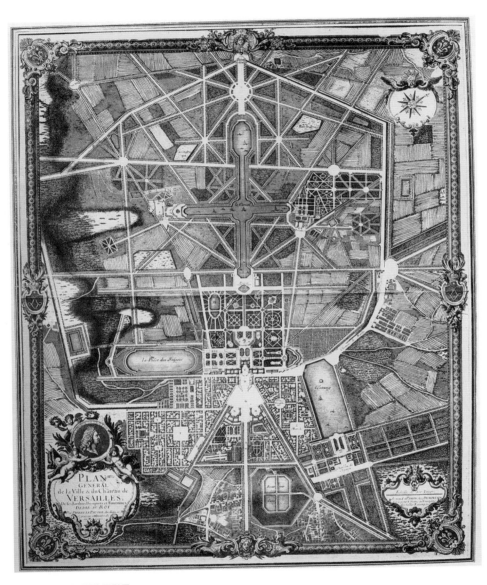

베르사유 궁전 조감도

대칭 구조가 많습니다. 하늘에서 본 베르사유 궁전의 조감도를 보면 한눈에 대칭 구도가 들어옵니다. 이는 아마도 태양왕이 사는 가장 완벽한 곳을 만들겠다는 루이 14세의 철저한 계산에 따른 것일지도 모르겠습니다.

루이 14세가 만든 환상의 공간인 베르사유 궁전은 사실 그의 절대주의를 간결하게 표현한 정치적 선언의 결정체입니다. 여기서 주목해야 할 것은 두 개의 분수입니다. 하나는 태양의 신 아폴론을 형상화한 것이고 다른 하나는 아폴론의 어머니 라토나Latone 여신을 주인공으로 한 것입니다. 사실 베르사유 지역은 고지대인 데다 주변에 늪지가 많아 물이 부족했습니다. 물을 끌어올 강도 너무 멀어 건물을 짓기에는 열악한 환경이었죠. 이런 곳에 궁전을 짓기로 결정한 루이 14세는 오히려 자연을 굴복하고 인간의 힘을 과시할 기회라며 정복욕을 불태웠습니다. 결국 물을 끌어들이기 위해 '마를리 기계'라 불리는 수압 장치를 제작했고 낙차를 이용해 정원에 물을 주고 분수를 솟아오르게 만들었습니다. 정말로 자연마저 극복한 것입니다.

라토나 분수에서 아폴론 분수를 잇는 직선 위에 위치한 궁전 한가운데의 2층에는 루이 14세의 침실이 있습니다. 이는 자연이 태양신 아폴론에게 복종하듯 프랑스가 왕에게 복종한다는 의미를 담고 있습니다.

이런 베르사유 궁전을 짓는 데 동원한 인부는 연평균 2만 5천 명이며, 가장 많을 때는 3만 6천 명까지 달했다고 합니다. 말도 약 6천 마리나 투입했습니다. 공사는 무려 20년이 넘게 걸렸고 차기 왕인 루이 15세 때가 돼서야 완공할 수 있었죠. 여기에는 베르사유 궁전뿐 아니라 궁전을 중심으로 세 개의 계획도시도 건설했습니다. 이곳으로 왕의 얼

아폴론 분수

라토나 분수

굴을 한 번이라도 더 보기 위해 혈안이 된 귀족들을 불러들였습니다.

그런데 수도 파리가 아닌 베르사유 지역에 궁전을 세운 이유는 무엇일까요? 루이 14세는 프롱드의 난이 벌어졌던 파리를 끔찍이도 싫어했습니다. 그는 베르사유로 거처를 옮기기 전에도 주로 파리 외곽의 성에서 지냈습니다. 그러던 중 그의 눈에 들어온 곳이 주로 사냥터로 이용했던 베르사유였죠.

아름다운 베르사유 궁전은 유럽 여러 국가의 왕들이 지은 궁전의 모티브가 되었습니다. 오스트리아의 쇤브룬 궁전, 러시아의 여름 궁전, 이탈리아의 카세르타 궁전, 포르투갈의 켈루즈 궁전 등이 베르사유 궁전을 롤 모델로 삼았습니다. 이제 루이 14세는 국경을 넘어 유럽에서 절대권력의 상징이 된 것입니다.

루이 14세의 태양왕 신화를 더욱 확장시킨 것은 베르사유 궁전만이 아니었습니다. 그를 찬양하는 데 동원된 예술가들도 큰 역할을 했습니다. 루이 14세는 예술가, 문학가, 과학자 등의 후원 사업을 독점하다시피 했습니다. 그렇게 프랑스 예술계를 장악하고 외국 화가들까지 불러들여 왕의 권위와 영광을 선전하는 임무를 주었죠. 예술가들은 루이 14세의 후원에 화답하듯 그를 아폴론, 알렉산드로스 대왕, 로마 황제로 묘사하고 찬양했습니다. 루이 14세의 강력한 군주 이미지를 만드는 데는 이들 예술가의 역할이 매우 컸습니다. 무려 700여 점에 달하는 루이 14세의 초상화 대부분은 이처럼 절대 군주의 영광을 드높인다는 분명한 정치적 목적을 갖고 제작한 것입니다.

특히 왕의 명예를 시각적으로 보여주기 위한 방안을 고민하는 소학술원Petite Academie도 그렇게 탄생했습니다. 소학술원은 주로 메달 제작

루이 14세를 기념하는 메달

을 주도했는데, 전쟁에서 승리를 거둔 영웅적인 순간을 기리는 메달을
만들어서 전국에 보급한 것입니다.

1664년 조제프 베르네Joseph Vernet가 그린 위의 그림에서 아폴론의
모습을 한 루이 14세는 황금 마차를 몰고 있습니다. 월계수를 쓴 그의
뒤에서 강렬한 빛이 사방으로 뻗어 나가며 왼손에는 음악의 수호신인
아폴론을 상징하는 악기 리라를, 오른손에는 힘차게 달리는 말의 고삐
를 틀어쥐고 있죠. 루이 14세의 머리 위로는 승리의 여신 니케Nike를 연
상케 하는 여인이 날고, 그 아래에는 나비 날개를 단 여신이 보입니다.

아폴론의 모습을 한 루이 14세[2)]

그녀는 여명을 알리는 에오스Eos입니다. 신화에 따르면 에오스는 '장미 손가락'을 갖고 있는데, 그림 속 에오스는 아폴론의 마차가 하늘로 들어 갈 수 있도록 문을 열쇠로 따주는 모습을 하고 있습니다. 마차를 둘러 싸고 춤을 추는 것은 계절의 여신들입니다. 이 그림은 루이 14세를 그리스의 신으로 묘사하면서 단순한 인간을 벗어나 신의 지위에 오른 군주로서 표현하고 있습니다.

베르사유 궁전 - 사치와 향락의 함정

궁전은 왕이 사는 곳이지만 베르사유 궁전은 그보다 더 특별한 의미를 가졌습니다. 루이 14세가 자신의 절대적 권력을 과시하는 장소인 동시에 왕이 가장 통치하기 힘든 귀족을 길들이는 공간이었기 때문이죠. 실제로 그곳은 한번 발을 들인 귀족이 절대로 빠져나가지 못하는 덫과 같은 곳이 됩니다. 그렇다면 루이 14세는 어떻게 파리에 살고 있는 귀족을 베르사유로 유인했을까요? 간단합니다. 그들이 가장 원하는 혜택을 주는 것이었죠.

가장 먼저 사치와 향락이라는 미끼를 던졌습니다. 베르사유는 놀거리와 볼거리, 즉 축제와 오락의 중심지가 되었습니다. 베르사유에 살면서 온갖 좋은 것과 진귀한 것을 경험한 귀족들은 자연스럽게 사치와 낭비에 익숙해져 갔습니다. 그리고 아예 의무처럼 여기기 시작했습니다. '노블레스 오블리주noblesse oblige'라는 표현을 알고 있을 것입니다. '귀족의 의무'라는 의미입니다. 오늘날 이 표현은 사회적 지위가 높을수록 책임 의식과 덕망이 높아야 한다는 뜻으로 쓰이지만, 사실은 평민과는 차별되는 귀족의 특정한 생활방식에 대한 의무를 의미합니다. 상업에 종사하거나 농사를 지으면 안 되고 대신 소비와 사치의 삶을 의무처럼 살아야 한다는 것입니다.

이렇게 사치와 향락을 좇아 내로라하는 귀족이 베르사유로 모였습니다. 이들은 경쟁적으로 다른 귀족보다 우월하다는 것을 증명하려 했습니다. 이를 위해 아낌없이 돈을 썼죠. 너도나도 값비싼 가구를 사들이고 그림으로 실내를 장식하며, 성을 짓고 정원을 만들어 가꾸고, 온갖 산해진미를 탐닉했습니다. 모든 수단과 방법을 가리지 않고 스스로를 돋보이게 만든 것입니다. 사치에 열을 올리는 귀족에게 기름을 부은 것은 왕의 총애입니다. 화려하고 성대하게 치장한 사람에게만 말을 걸었던 왕의 눈에 들기 위해 귀족들은 앞다퉈 화려한 옷과 보석으로 치장했습니다. 당시 프랑스 귀족이 1년간 여유 있게 생활할 수 있는 금액인 1만 리브르가 베르사유에서는 드레스 한 벌 값에 불과할 만큼 사치와 낭비가 심했습니다. 이렇게 시작된 귀족의 사치는 궁정에서 파리로, 파리에서 지방으로 퍼져나갔습니다. 낭비의 덫에 걸린 귀족 중에는 비용을 충당하지 못해 도둑질까지 한 경우도 있다고 합니다. 이 모든 일이 귀족에게는 독이었을지 몰라도 루이 14세에겐 도움이 됐습니다. 귀족의 과도한 사치품 소비로 자본 순환이 이루어지고 프랑스 경제가 활성화됐기 때문입니다.

절대 권력을 원했던 왕은 자신에게 복종하는 귀족에게 경제적 혜택을 주기도 했습니다. 쉽게 말해 당근을 제시한 것입니다. 선대왕부터 계속된 전쟁으로 귀족은 재정적으로 힘든 상태였습니다. 프롱드의 난이 실패한 뒤 몇몇 귀족은 빚더미에 허덕이기도 했죠. 루이 14세는 이들을 베르사유로 불러들여 연금과 같은 경제적 혜택과 직업을 보장했습니다. 덕분에 베르사유 궁전에 사는 것이 특권이라는 인식이 널리 퍼졌고, 이는 귀족들을 베르사유로 불러들인 또 다른 요인이 되었습니다.

베르사유 궁전의 운영체제 - 에티켓

수많은 궁정 귀족을 체계적으로 다스리기 위해 루이 14세가 고안한 두 번째 도구는 에티켓입니다. 베르사유 궁전을 컴퓨터라고 한다면 에티켓은 운영체제라고 할 수 있을 것입니다. 베르사유에서는 왕이 잠에서 깨는 순간부터 잠들 때까지 모든 하루 일과가 그 자체로 하나의 의식이자 연극과 같았습니다. 그리고 의식마다 특별한 예절, 즉 에티켓이 있었습니다. 루이 14세는 궁전에 출입하는 귀족의 서열을 나누고 등급에 따라 고유한 에티켓을 부여했습니다. 인사법, 옷차림, 의자에 앉을 권리 등 세세한 에티켓이 넘쳐났죠. 서열에 따라 등받이와 팔걸이의 유무 등 앉는 의자의 종류까지 구별했습니다.

그렇다면 루이 14세는 어떻게 에티켓으로 귀족을 통제한 걸까요? 모든 규칙과 에티켓은 루이 14세에 의해 정해졌습니다. 한마디로 왕은 에티켓이라는 예절 게임의 규칙을 정하는 존재였습니다. 루이 14세는 에티켓의 서열에 따라 귀족을 차별 대우하고, 높은 서열에 특권을 집중시켜 귀족의 경쟁심과 허영심을 자극했습니다. 서 있는 사람은 앉은 사람을 부러워했고 앉은 사람은 서 있는 사람을 무시했습니다. 높은 등급으로 올라가고 싶은 사람의 심리를 이용하는 것은 그리 어려운 일이 아니었을 것입니다. 특히 식탁은 서열이 가장 명확하게 드러나는 자리였습니다. 왕은 늘 여러 사람이 보는 앞에서 홀로 식사를 했는데, 이때 왕과 마주 앉아 그 모습을 지켜보는 것은 최고의 대우였습니다. 이들은 주로 왕의 직계에 해당하는 극소수에 불과했습니다.

왕과의 대화를 원할 때도 지켜야 할 에티켓이 있습니다. 방문 앞에서 신호를 보내는 것인데, 문을 두드리는 것은 예의가 아니라고 생각해 왼쪽 새끼손가락으로 왕이 있는 방의 문을 긁어야 했습니다. 그래서 귀족 사이에서는 손톱을 길게 기르는 것이 유행했다고 합니다. 그 외에도 왕의 초상화를 앞에 두고 등을 돌리면 벌을 받는 등 지금 생각하면 황당한 에티켓이 넘쳐났습니다.

이렇듯 루이 14세는 에티켓으로 자신의 총애를 표현했습니다. 만일 귀족이 에티켓을 지키지 않으면 지위를 강등하거나 모욕을 줬습니다. 가장 큰 처벌은 추방입니다. 베르사유에서 쫓겨난다는 것은 곧 루이 14세에게 버려지는 것이었고, 이는 궁정 귀족에게 사형 선고나 다름없었죠. 이처럼 루이 14세는 사소한 에티켓으로 귀족의 행동을 하나하나 통제했는데, 여기서 만족하지 않고 귀족의 심리까지 조종하려 했습니다. 어느새 귀족은 에티켓을 지키는 것은 물론, 스스로 과한 에티켓을 만들어 왕에게 자신의 복종심을 표현하고 마음을 얻으려 한 것입니다. 이제 귀족들은 루이 14세의 눈 밖에 나는 순간 언제든지 내쳐질 수 있다는 두려움을 안고 살았습니다.

의복에 대한 규정도 에티켓의 일부였습니다. 그는 '쥐스토코르 justaucorps'라는 특별한 옷을 만들었습니다. 이는 '몸에 딱 붙는'이라는 뜻으로 오늘날 슈트의 원형으로 불리는 궁정 예복입니다. 이 옷은 높은 지위와 부를 상징했는데, 오직 왕에게 선택받은 40명만 입을 수 있었기 때문이죠. 루이 14세는 매년 연말 40명의 명단을 발표했습니다. 왕의 말을 무시하고 프롱드의 난을 일으키던 귀족은 이제 옷 한 벌에 고분고분해질 만큼 왕에게 길들여졌습니다. 그들은 쥐스토코르를 입기 위해 경쟁하듯 왕에게 아부했습니다.

옷보다 더 경쟁이 심했던 특권은 왕의 은신처인 마를리에 초대받는 것입니다. 루이 14세는 종종 마를리의 성에서 여흥을 즐겼습니다. 이때 함께 가서 왕족과 같은 식탁에서 밥을 먹고 왕의 친구로 영광을 누릴 수 있는 혜택은 단 50명에게만 허락되었습니다. 마를리로 떠나기 전날 밤, 귀족들은 자신이 이름이 호명되기를 바라며 가슴 졸여야 했습니다. 어느새 귀족은 옷 한 벌, 식사 자리 한 번에 목메는 신세로 전락하고 말았죠.

루이 14세는 이처럼 복잡하고 고통스러운 에티켓으로 총애와 불쾌감을 표현했습니다. 이 시기의 에티켓은 곧 차별을 의미합니다. 눈에 잘 보이는 차별일수록 시기와 질투를 불러일으키고, 이는 곧 경쟁으로 이어졌습니다. 이 경쟁은 결국 에티켓의 규칙을 만드는 국왕에 대한 절대 복종으로 이어졌죠. 차별의 규칙을 결정하는 자에게 복종하는 것입니다. 이제 귀족은 왕이 자기 삶의 질을 결정한다는 사실을 깨달았습니다. 루이 14세는 에티켓으로 귀족들을 통제하면서 베르사유라는 소우주를 지배하는 태양처럼 군림하고자 했습니다.

궁정인들은 어떻게든 권력의 중심인 태양에 근접하려 했습니다. 복잡한 에티켓과 궁정인들의 열망 덕에 베르사유에는 국왕을 위해 봉사하는 수많은 직책이 생겨났습니다. 귀족은 아무리 별 볼 일 없는 직책이라도 왕에게 가까이 다가갈 수만 있다면 영광스러운 기회로 받아들였습니다. 그리하여 귀족이 맡게 된 독특한 왕실의 직책 중에는 의자형 변기 담당자와 용변 후 뒤처리 담당자도 있었습니다. 궁전 안에는 왕과 귀족이 사용하는 일종의 간이 화장실이 곳곳에 비치돼 있었습니다. 루이 14세의 전용 변기 의자는 무려 26개였고, 이를 관리하는 것은 물론 뒤처리까지 귀족이 도맡은 것입니다.

의자형 변기 복제품

왕에게 책을 읽어주는 낭독관이라는 직책은 그 자체로는 보잘것없지만 왕과 가까이 있을 수 있다는 이유만으로 높이 평가했습니다. 같은 이유로 왕이 취침하러 갈 때 촛불을 들어주는 일은 왕자, 해외 대사, 대영주 등이 꿰찼습니다. 그 외에도 왕의 가발을 손질하는 이발사, 시계 수리공, 노새·개 담당관, 늑대·멧돼지 사냥 담당관 등 다양한 직책이 있었죠. 궁정인들은 이런 직책을 차지하기 위해 서로 경쟁했습니다. 당시에는 직업을 사고파는 매관매직이 합법이었기에 직책을 팔아서 국고를 채우기도 했습니다. 이마저도 큰돈을 주고 사서 왕의 총애를 얻고 싶어 하는 귀족이 많았습니다.

모든 것을 알아야 한다-감시와 정보

왕이 귀족을 쥐락펴락한 또 하나의 전략은 감시입니다. 루이 14세는 베르사유 궁전의 모든 것을 알고 싶어 했습니다. 아는 만큼 남을 조종할 수 있다는 것을 알기에 그는 수많은 비밀 요원을 고용해 모든 것을 감시했습니다. 요원들은 왕궁의 하인 제복을 입고 밤낮으로 궁전 안의 모든 길과 통로, 정원을 샅샅이 뒤지며 귀족들을 관찰하고 미행했습니다. 때로는 잠복과 도청도 불사하지 않았죠. 그렇게 모은 궁정인의 일거수일투족을 루이 14세에게 보고했습니다. 예를 들어 어떤 귀족이 언제 행사에 불참했고, 그 배후엔 어떤 음모가 있는지 등을 구체적으로 보고했습니다. 감시를 통해 왕의 눈 밖에 난 귀족은 베르사유 외부로 추방해 버렸습니다. 이렇게 베르사유 궁전은 귀족의 창살 없는 감옥이 되었습니다.

루이 14세는 베르사유뿐만 아니라 파리의 골목 구석구석을 순찰하며 정보를 캐낼 부서를 신설하기도 했습니다. 덕분에 왕에게 밀고하는 첩자가 헤아릴 수 없을 만큼 많았다고 합니다. 이런 첩보와 염탐이 빛을 발한 사건이 있습니다.

어느 날 왕은 자신의 딸과 그 애인이 주고받은 러브레터를 몰래 입수했습니다. 편지를 읽던 루이 14세는 급히 자신의 딸을 불러냈죠. 그리고 충격적인 소식을 알려주었습니다. 딸이 사랑한 남자(클레르몽이라는 근위대 기수)는 왕세자와 가까워지기 위해 계획적으로 접근했고 좋아하는 여인이 따로 있다는 것입니다. 이는 루이 14세가 죽은 뒤 왕세자를 조종해 나라를 좌지우지하려는 음모를 꾸미던 세력이 벌인 사건이었는데, 그 소식을 들은 딸은 놀라서 울부짖으며 절망과 분노를 토해냈습니다. 루이 14세는 당장 딸의 애인을 불러 직위를 박탈하고 베르사유에서 추방했습니다.

화려한 영광의 그늘, 전쟁과 재정

베르사유 궁전은 루이 14세에게 절대 권력의 기반이 되었지만, 그는 궁전 안에 우아하게 앉아만 있는 왕은 아니었습니다. 프랑스를 넘어 전 유럽에 자신의 이름을 널리 알리고 싶었던 왕은 영토 확장의 야욕을 불태웠습니다. 실제로 그는 친정 선포 후 재위한 54년 중 무려 37년을 전쟁에 바쳤습니다. 그런 루이 14세에 첫 무대를 제공한 곳은 네덜란드 남부(지금의 벨기에)였습니다.

17세기 초 유럽에는 신교와 구교 간에 벌어진 종교 전쟁인 '30년 전쟁'이 일어났습니다. 구교인 가톨릭을 지지하던 스페인은 비밀리에 신교를 지원하던 프랑스와 전쟁을 벌였습니다. 두 나라는 1659년 오랜 전쟁을 종결하며 피레네 평화 조약을 맺었는데, 그 조건 중 하나가 프랑스 왕과 스페인 공주의 결혼이었죠. 이 조약에는 '프랑스가 스페인에 대한 왕위 계승권을 주장하지 않는다'라는 독특한 조항이 포함되었습니다. 오직 남자만 왕위를 계승하던 프랑스와 달리 스페인은 여성도 왕위에 오를 수 있었습니다. 따라서 프랑스의 왕이 왕비의 이름으로 스페인 왕위를 요구하는 사태를 방지하기 위해 스페인의 왕 펠리페 4세Felipe IV는 결혼 조건으로 루이 14세에게 그가 결혼할 스페인 공주 마리 테레즈의 왕위 계승권 포기를 요구한 것이죠. 프랑스는 이를 받아들이는 대신 스페인에 거액의 지참금을 요구했습니다.

그런데 스페인은 이 지참금을 지급하지 못합니다. 금액도 컸지만 스페인도 계속된 전쟁으로 재정 상황이 여의치 않았던 것입니다. 루이 14세는 이를 빌미로 스페인의 왕위 계승권을 요구했고, 스페인의 지배령이던 네덜란드 남부를 공격합니다. 이른바 '귀속 전쟁'이 발발한 것입니다. 이 전쟁에서 승리한 프랑스는 릴을 비롯해 네덜란드 남부 지역으로 영토를 확장하는 데 성공했습니다. 그러나 여기서 만족할 수 없었던 루이 14세는 4년 후 다시 스페인령 네덜란드를 공격합니다. 이 전쟁에서 큰 승리를 거둔 프랑스는 프랑슈콩테, 플랑드르 지역 일부를 차지하며 상당한 영토를 편입했습니다.

계속된 전쟁의 승리로 루이 14세의 영향력은 더욱 커졌습니다. 여기에 위협을 느낀 유럽 국가들은 루이 14세의 야망을 견제하기 시작합니다. 그럼에도 루이 14세는 아랑곳하지 않고 팔츠 영토(독일 서남부 지역)의 상속권을 주장하며 또다시 침략을 강행했습니다. 그 결과 1689년 유럽의 반프랑스 국가들이 아우크스부르크 동맹을 맺고 프랑스를 압박하며 '9년 전쟁'이라 불린 '아우크스부르크 전쟁'이 일어났습니다. 하지만 이 전쟁은 그리 성공적이지 못해서 프랑스는 스트라스부르를 제외한 로렌 지방을 포기합니다.

그렇다면 루이 14세의 숙원이었던 스페인의 왕위 계승권은 어떻게 됐을까요? 1700년에 병약했던 스페인 왕 카를로스 2세Carlos II가 후사 없이 사망해 버립니다. 기회를 노리던 루이 14세는 스페인이 미지급한 지참금과 아내 마리 테레즈의 혈통을 내세워 왕위 계승권을 주장했습니다. 끈질긴 집착이 빛을 본 것인지 1700년에 루이 14세의 손자 앙주 Anjou 공작이 펠리페 5세Felipe V라는 이름으로 스페인의 왕위에 오릅니다. 하지만 스페인 왕국을 상속받게 된 프랑스의 세력이 점점 커지는 움직임이 보이자 영국, 네덜란드, 오스트리아 3국이 동맹을 맺고 '스페인 왕위 계승 전쟁'을 일으킵니다. 전쟁은 1713년 펠리페 5세가 프랑스의 왕위계승권을 포기하면서 막을 내렸습니다.

이러한 루이 14세의 전쟁은 태양왕의 위용을 떨치는 데 기여했지만 동시에 프랑스를 병들게 하는 원인이기도 했습니다. 유럽 전역에 절대 군주라는 자신의 지위를 과시하고 싶은 욕망에서 시작한 전쟁 때문에 국가 재정이 망가진 것입니다. 전쟁은 왕에게 권력을 과시할 수 있는 효과적인 수단이지만 백성에게는 재난이었습니다. 루이 14세는 한때 65만 명에 달하는 군대를 보유했는데, 불과 100년 전 프랑스 병력이 최대 1만 명이었으니 그가 전쟁에 얼마나 많은 돈을 들였는지 짐작이 갑니다. 이 병력을 유지하려면 천문학적인 액수의 돈이 필요했고 국가 재정에서 군사비 비중은 끔찍할 수준으로 올라갔습니다. 전쟁이 없어도 군사비는 전체 예산의 40%에 육박했는데 전쟁이 일어나면 무려 70~80%까지 군사비가 치솟았습니다. 이를 부담하는 것은 결국 세금을 내는 농민들이었죠.

그런데 전쟁이 계속되면서 세금으로도 전쟁 비용을 감당하지 못하자 관직이나 귀족의 작위까지 팔며 돈을 마련해야 했습니다. 프랑스 왕국은 징세 청부라는 독특한 관행을 갖고 있었습니다. 왕은 돈 많은 재정가를 상대로 세금 징수권을 경매에 부쳤습니다. 징수권을 받은 청부업자는 정해진 세액을 선납하고 농민들을 상대로 세금을 걷기 시작합니

자신의 손자를 스페인의 왕 필립 5세라 소개하는 루이 14세

다. 이 과정에서 납세자의 부담은 늘어갔습니다. 극단적인 경우, 정해진 세액의 3배까지 징수했기 때문입니다.

그런데 루이 14세의 군사 활동은 왕국의 재정 지출을 매년 증가시켰기에, 왕은 세입을 담보로 재정가들에게서 20%에서 때로는 50%에 달하는 이자를 약속하고 돈을 빌렸습니다. 즉 국가를 상대로 한 고리(20~50%이자)대금업자들이 등장한 것입니다. 그러자 내년에 걷어야 할 세금까지 모두 이자 지불로 탕진하는 비정상적인 재정 구조가 만들어졌습니다. 밑 빠진 독에 물을 붓는 악순환의 고리가 생겨난 것입니다. 결국 태양왕의 치세 말기에 프랑스는 20억 리브르라는 전대미문의 부채를 지게 됩니다. 그리하여 루이 14세는 루이 15세에게 왕위와 함께 이자 8억 리브르를 더한 28억 리브르의 부채도 함께 물려주었습니다. 당시 프랑스의 1년 예산이 1억 5천만 리브르 정도였으니 얼마나 큰 금액의 빚을 졌는지 알 수 있습니다. 이처럼 전쟁은 민중과 국가 어디에도 득이 되지 못했습니다.

설상가상으로 스페인의 왕위 계승 전쟁이 한창인 1708년 겨울부터는 유럽 전체에 이상 기후 현상이 일어났습니다. 3월 말까지 영하 20도라는 강추위가 이어지고 프랑스 전국이 눈으로 뒤덮이며 하천이 얼어붙었습니다. 정원의 모든 과일나무와 곡식이 얼어 죽었고, 대부분의 농작물이 큰 피해를 입었습니다. 베르사유 궁전 침실의 벽장에 진열된 술병들이 깨질 정도였죠. 도시에는 거지가 넘쳤고, 굶주림에 피폐해진 민중은 베르사유 궁전 앞까지 찾아와 빵을 구걸했습니다. 도심 곳곳에는 왕을 비난하는 벽보가 붙고 왕의 동상을 파괴하는가 하면 그의 암살을 주장하는 편지를 뿌리기도 했습니다.

종교의 통일 - 낭트칙령의 폐기

16세기, 독일의 종교 개혁자 마르틴 루터Martin Luther는 로마 가톨릭 교회의 쇄신을 요구하며 종교 개혁 운동을 전개했습니다. 프랑스에서도 종교 개혁의 영향으로 신교파가 생겨났고, 구교파와 신교파 사이에 한 세대가 넘도록 참혹한 내전이 지속되었습니다. 이러한 프랑스의 종교 전쟁을 끝낸 왕은 루이 14세의 할아버지인 앙리 4세였습니다. 그는 1598년 프랑스 종교 전쟁을 끝내며 '낭트 칙령'을 반포해 프랑스에서 신교도의 종교적 자유를 허용했습니다. 신교도의 안전을 보장하고 자치 구역을 할당해 준 것이죠. 이는 매우 예외적인 결정이었습니다. 이 시기 유럽의 왕국은 전통적으로 '하나의 국왕, 하나의 법, 하나의 종교'를 원칙으로 했기 때문입니다.

사실 이 시기 종교는 왕권의 정당성을 보장해 주는 강력한 통치 수단 중 하나였습니다. 국왕은 신의 이름을 빌려 통치력을 강화해 왔습니다. 절대적인 지배자를 꿈꾸는 루이 14세는 왕과 백성이 같은 종교를 믿고 그 종교의 가장 위에 왕이 존재해야 백성을 진정으로 지배할 수 있다고 생각했습니다. 따라서 가톨릭 신자인 루이 14세에게 신교도는 왕권을 위협하는 존재이자 이단 무리였습니다. 지방마다 달랐던 왕국의 법을 정비하며 이미 '하나의 법'을 완성하려 했던 루이 14세는 이제 '하나의 종교'를 실현하려고 했습니다. 아우구스부르크 동맹 전쟁 직전인 1685년 루이 14세는 프랑스뿐 아니라 유럽을 충격에 빠뜨리는 조치를 취합니다. 신교도의 종교적 자유를 인정한 '낭트 칙령'을 폐기하고 신교를 금지한다는 '퐁텐블로 칙령'을 반포한 것입니다.

프랑스 왕실은 루이 13세 때부터 신교파의 세력과 특권을 조금씩 제한하고 약화했습니다. "왕국에서 이단을 박멸하겠다"라는 국왕 즉위식에서의 전통적인 서약을 실천에 옮긴 것입니다. 루이 14세 역시 왕위에 오를 때 이 같은 맹세를 했고 이를 지키려 했습니다. 그는 1661년 친정을 선포한 이후 1685년 퐁텐블로 칙령까지 신교도의 세력을 약화하고 그들의 특권을 빼앗는 칙령을 무려 300건이나 반포했습니다.

퐁텐블로 칙령 이후 루이 14세는 신교도의 가톨릭 개종을 강제하는 공포 정책을 실시합니다. 그중 가장 악명높은 정책은 군대를 이용한 강제적 개종 방식인 드라고나드dragonnade였습니다. 먼저 왕의 명령으로 파견된 관리가 신교도 마을로 가서 국왕의 개종 요구를 전달합니다. 만일 개종을 거부하면 왕의 부대 중 하나인 용기병dragoon을 파견해 신교도의 집에서 숙식을 해결하게 합니다. 용기병들은 배정받은 민가에 들어가 신교도가 개종을 약속할 때까지 괴롭힙니다. 그들의 괴롭힘은 말할 수 없이 악랄했는데 침입한 집의 재산을 약탈하고, 부녀자를 강간하는 일도 서슴지 않았습니다. 또한 끓는 물에 손 넣기, 강제로 물 먹이기, 결박한 채 연기를 뿜어 질식시키기 등 끔찍한 고문이 이어졌죠. 심지어 목을 베어 꼬챙이에 꿰어 돌아다니는 끔찍한 만행까지 벌였습니다. 견디지 못한 신교도가 도망가면 잡아서 강제 노역형에 처했다고 합니다. 루이 14세는 신교도에게 박해를 가하는 것도 모자라 그들의 교회를 파괴하라는 명령까지 내렸습니다.

고문과 박해로 한 마을의 개종이 끝나면 그 부대를 그대로 이웃 마을로 이동시켜 또다시 잔인한 종교 탄압을 일삼았습니다. 한편으로는 신교도가 개종하면 3년간 부채 상환을 미뤄주었고 개종 목사에게는 뇌

신교도에게 개종을 강요하는 용기병

고문 받는 신교도

물과 연금을 주는 회유책을 쓰기도 했습니다. 그런데 이 종교 탄압이 프랑스 경제에 악영향을 끼치고 말았습니다.

당시 프랑스 산업을 움직이는 중요한 기술자의 상당수는 신교도였습니다. 그런데 신교도 박해가 심해지자 이들이 다른 나라로 탈출한 것입니다. 아일랜드의 기네스 맥주 창시자인 윌리엄 실리 고셋William Sealy Gosset과 영국으로 간 철도 기술자, 독일로 간 철강 산업인, 그리고 스위스로 간 시계 장인 등은 모두 프랑스의 탄압을 피해 망명한 신교도였습니다. 기술자의 상당수를 차지하던 신교도가 프랑스를 떠나자 경제는 휘청였습니다. 퐁텐블로 칙령 이후 왕은 이민을 금지했지만 프랑스 신교도의 25%인 20만 명 정도가 해외로 이주한 것으로 추산합니다.

살아있는 신이 벗어나지 못한 육신의 한계

전쟁과 재정의 악화, 그리고 종교적 박해로 태양왕의 이미지는 서서히 빛을 잃어갔습니다. 하지만 진짜로 태양왕을 위협한 것은 다름 아닌 그의 몸이었습니다. 루이 14세는 건강한 체질이었지만 어려서부터 많은 병을 치렀습니다. 천연두와 홍역 등 각종 전염병을 앓으며 몇 번의 죽을 고비를 넘겼고 피부병, 위염, 설사, 편두통, 치통, 통풍, 신장결석, 당뇨 등으로 고생했습니다.

그가 걸어 다니는 종합병원의 상태에 이르게 된 가장 큰 이유는 아마도 식습관일 것입니다. 어마어마한 대식가였던 루이 14세는 매끼 마다 엄청난 양의 음식을 먹었습니다. 당시 많은 음식을 무제한으로 먹을 수 있다는 것은 권력의 상징이었죠. 그는 한 코스당 6종류의 음식이 나오는 식사를 아침, 점심에는 3코스. 저녁에는 5코스씩 먹었다고 합니다. 계산해 보면 아침 식사로 18접시, 점심 식사로 18접시, 저녁에는 무려 30접시를 먹은 것입니다. 여기에 디저트와 과일까지 따로 챙겨 먹었는데 놀랄 만큼 많은 양의 사탕을 먹었고 과자나 초콜릿도 산처럼 쌓아두고 수시로 먹었다고 합니다. 루이 14세가 죽고 난 뒤 그를 부검한 의사들은 모두 그의 위를 보고 경악했습니다. 창자의 부피와 길이가 보통 사람의 두 배나 됐기 때문이죠.

루이 14세를 가장 괴롭게 했던 것 중 하나는 최악의 치아 상태였습니다. 단 음식을 좋아해서 치아가 안 좋았던 그는 결국 45세에 위턱의 치아 하나만 남긴 채 모든 이를 뽑아버렸습니다. 그런데 이때 잘못된 수술로 입천장에 구멍이 생기고 말았습니다. 액체를 마시면 분수처럼 그 일부가 코로 튀어나왔고, 잇몸 염증 때문에 피고름이 흘러 악취가 진동했습니다. 이를 치료하기 위해 뜨거운 쇠로 입속을 지지는 대수술을 세 차례나 받았습니다. 마취 기술이 나오기 전이라 수술의 고통을 그대로 느껴야만 했죠. 고생은 여기서 끝나지 않았습니다. 치아가 없으니 음식을 씹지 못하고 삼켜서 자주 탈이 났고 수시로 위염과 잦은 설사에 시달려 설사약을 달고 살았다고 합니다.

오랜 승마 때문인지 그의 항문 근처에는 치루와 종양이 생겼고 왕은 또다시 대수술을 받았습니다. 수술을 집도한 수석 외과의는 치루 수술을 해본 경험이 없었기에 파리에서 75명의 치루 환자들을 모집해 임상실험을 했습니다. 단 한 사람을 위해 수많은 사람이 실험체가 돼야 했고 덕분인지 루이 14세는 성공적으로 수술을 마쳤습니다. 그뿐 아니라

천연두

만성 두통

티푸스

치아 발치

소화 불량·복통

당뇨병

장염

치루

결석

통풍

루이 14세의 질병들

베르사유 궁전에 온 해부터 바람만 스쳐도 아프다는 통풍으로 고생했습니다. 약물, 독주, 설사약, 심지어 피를 빼는 사혈까지 온갖 치료법을 총동원했지만 소용없었습니다. 별다른 차도 없이 루이 14세는 점점 빛을 잃어가며 몸도 마음도 너덜너덜 지쳐만 갔습니다. 신이 되고자 했지만 인간의 몸에서 벗어날 수는 없었죠.

태양이 저물다! 루이 14세의 최후

해가 저물 듯이 프랑스의 태양왕도 서서히 기울기 시작했습니다. 루이 14세에게는 왕비 외에 세 명의 공식 정부와 여러 명의 비공식 정부가 있었습니다. 그들 사이에서 수많은 사생아를 얻었는데 정부에게서 낳은 자손만 해도 최소 16명이라고 합니다. 그중 성인이 된 것은 고작 6명뿐입니다. 더 큰 문제는 왕위를 계승할 후계자들이 자신보다 먼저 죽어가는 것을 속절없이 지켜봐야 했다는 것입니다.

시작은 루이 14세의 아들이었습니다. 1711년 천연두에 걸린 왕자는 시름시름 앓다가 4일 만에 사망합니다. 그리고 1년도 채 되지 않아 다음 왕위 계승인 손자와 증손자가 연이어 홍역으로 사망했습니다. 루이 14세의 절대 왕권을 이어받을 후계자들이 차례로 사라진 것이죠. 결국 그의 말년에는 증손자인 앙주 공작만 남았습니다.

루이 14세는 한꺼번에 닥친 불행으로 마음의 평온을 잃고 잠도 제대로 자지 못했습니다. 1714년부터 그의 건강은 극도로 악화되었습니다. 1715년 8월에는 일어나 앉지도 못했으며 다리는 괴저로 인해 검게 변했습니다. 고통스러운 왕은 다리를 자르고 싶어 했지만 너무 늦었습니다. 생사를 오가는 고통스러운 한 달을 보낸 9월 1일 아침, 신이 되고자 했던 태양왕 루이 14세는 지극히 평범한 노인으로 고통 속에 눈을 감았습니다. 그에게 남은 유일한 혈육인 어린 증손자는 루이 14세처럼 5세의 어린 나이로 왕위에 올라 루이 15세가 되었습니다.

하늘이 내린 선물이라며 축복 속에 태어나 절대적인 지배자를 꿈꾸었던 태양왕의 말로는 보통 인간과 다를 게 없었습니다. 부검 후 그의 신체는 3등분 되어 시신은 생드니 대성당으로, 장기는 노트르담 성당으로 보내졌고, 심장은 파리의 한 예수회 성당에 안치됩니다.

절대 왕정의 한계와 모순

프랑스 역사상 가장 긴 기간 동안 왕으로 군림하고, 살아생전에 이미 대왕이라는 칭호를 누렸으며, 귀족의 힘을 꺾어 전에 없던 화려한 왕권을 확립했고, 끊임없는 전쟁으로 유럽을 두려움에 떨게 한 왕. 프랑스를 강력한 국가로 만들고 건축, 문화, 예술을 발전시켜 프랑스의 문화 부흥을 이끌었던 루이 14세였지만 그의 업적에는 분명한 한계가 존재합니다. 그는 죽기 전 훗날 루이 15세가 될 어린 증손자에게 이런 말을 남겼습니다.

"아가, 너는 위대한 왕이 될 것이다. 건축물에 탐닉했던 짐의 취향을 닮지 말거라. 전쟁을 좋아하는 점도 닮지 마라. 백성의 짐을 덜어주려고 노력하라. 애통하게도 짐은 그렇지 못했느니라."

안타깝게도 루이 15세는 증조할아버지의 유언을 받들지 못했습니다. 그는 루이 14세가 물려준 부채에 허덕였고, 자신의 의지와 상관없이 잦은 전쟁에 휩쓸렸습니다. 이로 인해 재정난은 더욱 악화했죠. 취약한 왕국의 재정 상황은 루이 16세 치세에 이르러 대혁명을 일으킨 원인이 되었고 결국 부르봉 왕가는 몰락합니다. 절대 군주라는 그럴듯한 이름 아래에서 모든 인간 위에 군림하려 했지만 절대 군주와는 거리가 멀었던 루이 14세. 그는 결코 신이 될 수 없는 나약한 인간에 불과했습니다.

루이 14세는 수많은 초상화를 남겼는데 그의 대표적 초상화는 담비 털로 만든 흰색 망토를 두른 것입니다. 망토 겉면의 푸른 바탕에 금색으로 수놓아진 것은 프랑스 왕가의 상징인 백합입니다. 이 초상화는 왕의 신성한 힘과 권력의 화려함을 과시했던 그림입니다. 그런데 이 초상화를 설명한 다른 그림이 있습니다. 영국의 소설가 윌리엄 새커리William Thackeray가 그린 루이 14세의 풍자화입니다. 256쪽의 그림을 보면 왼쪽 마네킹에는 옷과 가발이 걸려 있고, 오른쪽에는 키 높이 구두를 신고, 가발을 쓴 채 의관을 차려입은 강력한 군주의 모습을 한 루이 14세가 있습니다.

그런데 화면 가운데에 있는 앙상한 다리의 대머리 노인은 누구일까요? 그는 가발을 벗은 채 키 높이 구두에서 내려온 인간 루이입니다. 이는 루이 14세가 그토록 숨기고 싶어 했던, 아니 극복하고자 했던 나약한 인간의 참모습일지도 모르겠습니다. 태양왕의 화려한 포장은 결국 생로병사에 굴복할 수밖에 없었던 인간의 초라한 운명과 극적인 대비를

루이 14세 초상화

Rex.   Ludovicus.   Ludovicus Rex.
NO. 1.—AN HISTORICAL STUDY.

포장을 벗은 루이 14세³⁾

이룹니다.

모든 인간 위에 군림하고자 했던, 그리하여 "짐이 곧 국가다"라는 슬로건을 실현하려 한 루이 14세였지만, 그가 임종 직전에 남긴 말은 정반대였습니다.

"나는 사라지지만 국가는 영원히 남을 것이다."

루이 14세는 절대적인 권력을 추구하며 스스로 국가가 되려 했으나 죽음 앞에서 냉혹한 현실을 고백합니다. 그는 절대 왕정을 유지하기 위해 베르사유에 신들의 정원을 세우고 정교한 에티켓으로 귀족들을 길들였습니다. 끊임없이 전장을 누비며 자신의 이름을 전 유럽에 떨치기도 했죠. 하지만 그로 인한 재정 압박에 시달리면서 백성들을 극한의 상태로 내몰았습니다. 결국 절대 군주의 힘은 강력해질수록 허약해졌습니다. 스스로를 대왕이라 칭송했지만 아마 백성들에게는 그저 세금의 대왕이었을 뿐입니다.

프랑스의 유명한 계몽 사상가 볼테르Voltaire는 루이 14세에 대해 이렇게 평가했습니다.

"그는 자신이 하고 싶은 것을 다 하지 못했음은 말할 나위도 없고, 자신이 할 수 있는 것조차 제대로 할 수 없었다."

모든 인간 위에 군림하는 절대적인 존재임을 주장하고 가장 화려한 방식으로 이를 포장했지만 살아 있는 신이란 인간에게 허락되지 않는 불가능한 꿈에 불과했습니다.

벌거벗은 왕비, 마리 앙투아네트

왕비를 죽음으로 몰아넣은
가짜 뉴스와 프랑스 혁명

조한욱

● 프랑스 파리 중심부에 있는 콩코르드 광장은 여행객이라면 한 번쯤은 가볼 만한 랜드마크입니다. 분수와 함께 여유로운 분위기를 선사하는 이곳은 과거에 날카로운 칼날에 사람들의 목이 잘려 나가고 바닥이 피로 흥건하게 물든 무시무시한 장소였습니다.

1793년 1월 21일, 절대 왕정의 상징과도 같았던 프랑스의 국왕 루이 16세Louis XVI가 바로 이곳에서 백성들의 손에 처형당했기 때문입니다. 그로부터 9개월 뒤인 10월 16일. 국왕 루이 16세가 처형당했던 그곳으로 머리가 하얗게 센 또 다른 죄수 한 명이 끌려왔습니다. 루이 16세의 아내이자 프랑스의 왕비였던, 마리 앙투아네트Marie Antoinette였죠.

사람들은 그녀를 보고 "사치의 여왕", "프랑스를 망친 오스트리아의 스파이"라며 비난했습니다. 그리고 얼른 그녀를 죽이라는 성난 외침이 광장에 울려 퍼졌죠. 사람들의 환호 속에서 마리 앙투아네트는 단두대에 올라갔고 결국 형장의 이슬로 사라졌습니다. 그녀는 왜 이런 죽음을 맞이했을까요?

사실 프랑스 혁명과 관련한 인물은 정말 많습니다. 그럼에도 마리 앙투아네트에 초점을 맞춰서 이야기하는 이유는 프랑스 혁명의 진정한 의의는 물론, 프랑스 혁명의 한계까지 생각해 보도록 만들어주기 때문입니다.

지금부터 마리 앙투아네트를 죽음으로 몰아넣은 프랑스 혁명과 그 와중에 널리 유포된 가짜 뉴스에 관해 이야기해 보겠습니다. 책으로만 봤던 왕비가 아닌 그녀의 진짜 삶은 어떠했는지, 그리고 당시 프랑스의 분위기와 혁명이 어떻게 일어났는지 그 역사의 현장 속으로 들어가겠습니다.

마리 앙투아네트 초상화[1]

적대국으로 시집온 오스트리아 공주

1770년 5월, 유럽을 주름잡는 두 강대국 프랑스와 오스트리아 사이에 경사스러운 일이 벌어졌습니다. 프랑스 부르봉 왕가의 왕위를 이을 왕세자 루이 16세와 오스트리아 합스부르크 왕가의 귀여운 막내딸 마리 앙투아네트가 결혼하게 된 것이죠. 결혼 당시 두 사람의 나이는 만 14세, 15세였습니다. 오스트리아 궁궐에서 자란 14세의 공주가 아는 사람 하

어린 루이 16세와 마리 앙투아네트

나 없는 프랑스 궁궐의 한 살 많은 왕자에게 시집가게 된 것입니다.

그런데 여기에는 숨겨진 비밀이 하나 있습니다. 원래 루이 16세의 약혼자는 마리 앙투아네트가 아니라 그녀의 언니였다는 사실입니다. 만약 루이 16세가 예정대로 마리 앙투아네트의 언니와 결혼했다면 훗날 그녀의 미래도 지금과는 굉장히 달랐을 것입니다.

두 사람이 어린 나이에 결혼한 이유를 알기 위해서는 프랑스와 오스트리아의 관계를 알아야 합니다. 절대주의 시대에 유럽 왕국들은 동맹을 맺을 때 혼인을 통해 결합을 강화하는 경우가 많았습니다. 즉 루이 16세와 마리 앙투아네트의 결혼은 일종의 정략결혼이었던 셈이죠. 하지만 여기에는 평범한 정략결혼을 뛰어넘는 엄청난 의미가 숨어 있습니다. 사실 프랑스랑 오스트리아는 유럽의 지배권을 두고 약 300년 이상 영토 다툼을 해온 적대 관계였습니다. 그러던 중 프로이센(현재의 독일 북부 지역)이 새로운 강대국으로 올라서면서 영국과 동맹을 체결하고 프랑스를 공격했습니다. 그 모습에 위협을 느낀 프랑스가 적대 관계였던 오스트리아와 손을 잡고 동맹을 결성합니다. 이후 1756년부터 7년 동안 유럽의 거의 모든 나라가 전쟁을 벌였습니다. 이른바 '7년 전쟁'입니다. 최초의 세계대전이라고 말하기도 하는 7년 전쟁은 '외교 혁명'이라고 부르기도 합니다. 전통적인 적들이 우방이 되었기 때문에 그렇게 불리는 것이죠. 두 사람의 결혼은 외교적으로도 매우 중요한 의미를 갖는 사건이었습니다.

오스트리아에서 출발한 마리 앙투아네트는 라인강의 지류인 일강에 있는 섬을 중심으로 세워진 '스트라스부르'라는 도시로 향했습니다. 50대가 넘는 마차를 채운 하인들을 데리고 온 마리 앙투아네트는 결혼식을 올리기 전 국경 지역인 스트라스부르에서 특별한 의식을 치러야 했습니다. 완전한 프랑스인이 되기 위해 오스트리아에서 가져온 것들을 버려야 하는 것이었죠. 그녀는 자신이 입고 온 옷은 물론 함께 온 하인과 반려견까지 그 자리에서 포기해야 했습니다. 이 의식으로 오스트리아 국적을 포기함과 동시에 프랑스 국민이 된 것입니다. 이 의식 이후 오스트리아의 마리아 안토니아Maria Antonia는 프랑스의 마리 앙투아네트Marie Antoinette가 되었습니다. 오스트리아에서 가져온 물건을 모두 내려놓고 프랑스에서 준비한 옷으로 갈아입은 그녀는 이제 오스트리아 공주에서 프랑스 왕세자비로 다시 태어났습니다.

루이 16세와 마리 앙투아네트의 결혼은 초미의 관심사였습니다. 결혼을 위해 프랑스로 온 마리 앙투아네트는 결혼식 이틀 전 파리 근교 콩피에뉴의 숲에서 남편이 될 루이 16세의 얼굴을 처음 보았습니다. 첫

베르사유 궁전 예배당의 결혼식 풍경

만남 이후 5월 16일에 두 사람은 베르사유 궁전에서 사람들의 축하 속에 성대한 결혼식을 올렸습니다. 결혼식에 초대한 인물만 약 5천 명이었으며 궁전 밖에도 오스트리아에서 온 공주를 맞이하기 위해 어마어마한 인파가 모였습니다.

그런데 이토록 화려하게 거행된 결혼식에 불길한 기운이 감돌았습니다. 두 사람이 결혼식을 치르는 동안 엄청난 천둥이 치고 벼락이 떨어졌다고 전해집니다. 이는 어쩌면 훗날 루이 16세와 마리 앙투아네트의 결혼생활이 평탄하지만은 않을 것임을 예고하는 징조였을지 모릅니다.

국민 밉상이 된 왕비- 결혼식에서 생긴 가짜 뉴스

실제로 결혼식 직후 마리 앙투아네트의 힘겨운 프랑스 생활의 전조처럼 보이는 사건이 일어났습니다. 마리 앙투아네트와 루이 16세의 결혼은 계속된 축하 행사로 이어졌습니다. 결혼식이 열리고 2주가 지난 5월 30일 콩코르드 광장에서는 결혼식을 축하하는 불꽃 축제가 열렸습니다. 이때까지만 해도 프랑스 국민들은 신부를 환영하는 분위기였는지 많은 사람이 몰렸습니다. 당시 현장에 있었던 극작가 메르시에Mercier에 따르면 폭죽을 터뜨리기 위해 지펴놓은 불이 주변의 인화물질로 옮겨 붙었다고 합니다. 그런데 사람들은 그것도 폭죽 행사의 일부라고 생각했습니다. 그러다가 불이 난 것을 깨달은 사람들이 갑자기 몰리면서 압사 사고가 발생했고, 132명이 목숨을 잃었습니다. 갑작스러운 사고에 어린 마리 앙투아네트와 루이 16세는 엄청난 충격을 받았습니다. 두 사람은 곧바로 행사를 중단하고 모든 축제를 취소했습니다. 두 사람은 자신들 몫의 궁정 비용을 희생자 가족들에게 위로금으로 전달하며 마음을 표현하기도 했습니다.

하지만 소문은 사실과 다르게 퍼져나가기 시작했습니다. 베르사유 궁전에서는 왕세자비가 여전히 축하 파티를 벌이고 있다는 가짜 뉴스가 떠돌았던 것입니다. 이런 악소문이 돌자 프랑스인들은 점차 오스트리아를 어쩔 수 없는 적국으로 여겼습니다. 그곳에서 온 마리 앙투아네트 역시 적이라 여겼죠. 마리 앙투아네트의 노력에도 불구하고 새로운 왕비를 보는 사람들의 시선은 차가워지기 시작했습니다. 이 사건 역시 훗날 마리 앙투아네트가 겪어야 할 운명을 예언하는 듯했습니다. 하지만 앞으로 등장할 그녀에 관한 가짜 뉴스는 상상을 초월합니다.

대체 마리 앙투아네트는 왜 이렇게 미움을 받았던 걸까요? 두 사람의 결혼은 외교적 측면에서 매우 중요한 의미를 갖습니다. 하지만 프랑스 백성들의 입장은 달랐습니다. 오스트리아와 오랜 시간 적으로 지내왔고 내 남편, 내 아들이 그 나라와의 전쟁에 나가서 싸우다 목숨을 잃은 경우도 많았기 때문입니다. 그러니 오스트리아에서 온 왕세자비를 마냥 축하할 수만은 없는 상황이었죠.

국민 밉상이 된 왕비-
불임이 불러온 가짜 뉴스

적국에서 시집온 눈엣가시 같은 존재이자 프랑스 국민이 죽어도 아무 상관 없이 축제를 즐긴 왕세자비 마리 앙투아네트의 평판은 본격적인 결혼생활을 하면서 더욱 나빠졌습니다. 그녀가 국민 밉상이 된 가장 큰 이유는 아이를 낳지 못한다는 것이었습니다. 왕비의 가장 중요한 덕목 중 하나는 후계자를 생산하는 일입니다. 루이 16세는 프랑스 왕국

내에서 자신의 정치적 정당성을 확보하기 위해서라도 후계자가 꼭 필요했습니다. 그런데 결혼한 지 7년이 지나도록 두 사람 사이에는 아이가 생기지 않았습니다. 이때 프랑스 백성들은 불임에 대한 책임을 루이 16세가 아닌 마리 앙투아네트에게만 물었습니다. 그녀는 하루라도 빨리 후계자를 낳아야 한다는 압박을 받으며 극심한 '임신 스트레스'에 시달려야 했죠. 정략결혼을 결정했던 마리 앙투아네트의 어머니인 오스트리아의 마리아 테레사 여왕Maria Theresa은 어려운 일이 있을 때마다 딸에게 편지를 보내 조언했습니다. 편지의 내용은 다음과 같습니다.

> "월경이 돌아왔다는 소식을 들으니 이 어미로서는 기쁘다고 말할 수 없군요. 머지않아 그대에게 '사랑하는 아기 엄마!'라고 부를 날이 오기를 손꼽아 고대합니다."

안타깝고 안쓰러운 마음이 느껴집니다. 두 나라의 동맹을 공고히 하는 방법은 왕위를 잇는 후계자를 출산하는 것입니다. 때문에 여왕으로서 그리고 엄마로서의 염원을 담은 편지를 보낸 것이죠. 아마도 마리 앙투아네트에게는 어서 임신해야 한다는 압박으로 느껴졌을지도 모르겠습니다. 사실 아이가 생기지 않은 원인은 루이 16세에게 있었습니다. 루이 16세는 내성적이고 소심한 성격 탓에 마리 앙투아네트를 제대로 쳐다보지도 못했다고 합니다. 또한 아직 나이가 어려서 성에 대한 지식도 부족했죠. 게다가 그는 평소 사냥에만 관심이 있었습니다. 사냥하지 않을 때는 자물쇠를 만드는 취미에 빠졌죠. 부부관계보다는 다른 곳에 관심을 두는 루이 16세를 보면서 마리 앙투아네트의 마음은 타들어 갔습니다. 그런데 어느새 루이 16세에게 성적인 문제가 있었던 탓에 정상적인 부부관계가 불가능했다는 이야기가 정설처럼 굳어졌습니다. 이는 오스트리아의 소설가이자 저널리스트인 슈테판 츠바이크Stefan Zweig가 쓴 마리 앙투아네트의 전기 때문입니다.

"루이 16세는 성적인 문제로 외과적인 수술이 필요했다."

루이 16세가 포경 수술을 한 뒤에 부부생활이 가능했고, 아이를 낳았다는 이야기입니다. 하지만 이는 사실이 아닐 가능성이 높으며, 틀리지 않았다고 하더라도 과장이 섞인 내용이라는 주장이 제기되고 있습니다. 슈테판 츠바이크가 작가로서 영향력이 컸던 사람이기에 당시 사람들은 책의 내용을 그대로 믿었던 것이죠.

영국 작가 안토니아 프레이저Antonia Fraser는 자신의 책에서 불임의 원인을 "루이 16세의 신체적인 문제가 아니라 심리적인 문제가 컸을 것이다"라고 이야기했습니다. 당시 루이 16세는 매일 같이 일기를 썼다고 합니다. 그 내용을 살펴보면 매일 승마와 운동을 즐겼습니다. 만일 포경 수술을 했다면 불가능했을 것입니다. 안토니아 프레이저가 제기한 또 다른 가능성은 루이 16세가 적국인 오스트리아에서 시집온 마리 앙투아네트가 자신을 정치적으로 이용하지는 않을까 의심했다는 것입니다.

모든 상황을 종합해 볼 때 불임의 원인은 아마도 두 사람 모두에게 있었을 것입니다. 어린 나이에 숲에서 처음 만나 이틀 만에 결혼식을 올린 두 사람은 서로에 대해 제대로 아는 것이 없었습니다. 따라서 정상적인 관계를 맺기는 어려웠을 것으로 보입니다. 신체적 이유이든 정신적

이유이든 아이가 생기지 않던 7년이라는 시간 동안 마리 앙투아네트를 향한 프랑스 국민의 불만은 커져가고 있었죠. 설상가상으로 루이 16세의 남동생인 아르투아d'Artois 백작 부부가 아들을 먼저 출산하면서 왕실에서 그녀의 입지는 더욱 좁아졌습니다. 아르투아 백작은 훗날 샤를 10세로 왕위에 올랐던 사람입니다. 그런데 아이가 생기지 않는 왕비를 두고 이상한 소문이 피어납니다. 당시 〈파리의 혁명〉이라는 팸플릿에는 다음과 같은 글이 실렸습니다.

> "왕비가 국왕의 남동생 중 하나인 아르투아 백작, 스웨덴의 페르센Fersen 백작 등과 방탕한 향연을 벌였다."

다른 팸플릿에는 "성욕이 강한 마리 앙투아네트가 남편에게 만족하지 못하여 왕실의 여자들과 동성애를 한다", "시동생과 근친상간을 한다"라는 사실과 무관한 소문이 실렸고, 프랑스 전역으로 퍼져나갔다고 합니다. 당시 사람들은 사실이든 아니든 말도 안 되는 가짜 뉴스를 퍼뜨렸고 그렇게 마리 앙투아네트의 평판은 나락으로 떨어졌습니다.

국민 밉상이 된 왕비-
사치의 여왕으로 만든 가짜 뉴스

결혼했지만 원하는 아이는 생기지 않았고, 자신을 향한 따가운 시선에 마리 앙투아네트는 지쳤습니다. 외로움과 답답함을 느낀 그녀는 베르사유궁의 화려한 생활에 빠졌습니다. 밤이면 마차를 몰고 도박장에 출입해 빚이 생길 정도였다고 합니다. 그리고 베르사유 궁전으로 매일 밤 친구들과 고관대작의 부인들을 불러들여 연회를 열기도 했습니다. 마리 앙투아네트는 루이 16세에게 작은 정원과 베르사유 궁전의 북서쪽에 자리한 별궁인 프티 프리아농을 선물 받았습니다. 이 궁전은 그녀에게 격식과 의무로 가득 찬 궁정 생활을 벗어날 수 있는 유일한 도피처 같은 곳이었죠. 하지만 이마저도 사치스럽다는 비난을 받아야 했습니다. 사실 마리 앙투아네트보다 다른 왕족들이 더 많은 사치와 도박을 했습니다. 왕의 동생이자 훗날 루이 18세Louis XVIII가 되는 프로방스Provence 백작은 궁전을 고치는 데 엄청 많은 돈을 썼는데, 그에 비해 마리 앙투아네트가 궁전을 보수하는 데 쓴 돈은 5분의 1 정도였다고 합니다. 물론 서민의 입장에서 보면 어마어마한 돈이었죠.

물론 마리 앙투아네트도 다른 귀족 여성처럼 보석과 값진 장신구를 사들이는 걸 좋아했습니다. 그녀는 당대 최고의 디자이너 로즈 베르탱 Rose Bertin이 만든 드레스를 엄청 사랑했는데 호화로운 드레스로 한껏 멋을 낸 마리 앙투아네트의 모습을 보고 귀부인들과 파리의 젊은 여성들은 너도나도 왕비를 따라 했습니다. 요즘 우리가 연예인이나 셀럽들의 패션에 관심이 많은 것과 비슷한 것이죠. 특히 마리 앙투아네트가 주도했던 패션은 독특한 헤어스타일이었습니다. 그녀는 왕실의 미용사 레오나르 오티에Leonard Otier가 고안한 '푸프pouf'라는 헤어스타일로 유명했습니다. 푸프는 머리를 30~60cm까지 위쪽으로 높이고 풍선같이 부풀려 리본, 꽃, 깃털, 과일과 채소, 액세서리 및 다양한 소품으로 장식하고 스타일링 한 것을 뜻합니다.

푸프 헤어스타일

　두 번째 그림은 당시 귀족 여성들의 푸프 머리를 풍자한 만화입니다. 엄청 무거워 보이는 머리를 어떻게 저렇게 높고 화려하게 장식할 수 있었을까요? 여기에는 매우 특별한 비결이 숨어 있습니다. '푸프' 헤어스타일을 하려면 먼저 머리 위에 얇은 철사 프레임을 넣은 뒤 쿠션으로 받침대를 만들어 푸프를 올립니다. 그다음에 밀가루나 옥수숫가루를 물과 섞어 머리를 고정하는 것이죠. 그 위에 장식물들을 걸어두었습니다. 귀족 여성들이 너도나도 이 머리 스타일을 따라 하는 모습을 보는 평민들은 화가 났습니다. "귀족이 치장하느라 피부와 머리에 밀가루를 하도 뿌려서 프랑스에 빵이 부족하다"라는 우스갯소리까지 있었을 정도였습니다. 심지어 최대 높이 약 120cm에 5kg짜리 푸프까지 등장했다고 합니다. 푸프는 높이와 무게뿐 아니라 비용도 어마무시했는데, 일반 백성의 몇 개월 월급에 해당하는 금액입니다. 이 때문에 큰 빚을 지는 사람도 생기기 시작했죠.

그런데 푸프 헤어스타일은 마리 앙투아네트가 처음 한 것도 아니고, 그녀 혼자서만 한 것도 아닌데 유독 그녀를 향한 비난의 화살이 쏟아졌습니다. 다른 귀족이 먼저 하면 괜찮은 일도 마리 앙투아네트가 하면 무조건 비난부터 했습니다. 작은 행동에도 많은 구설수가 따르던 마리 앙투아네트인데, 유행을 몰고 다니는 모습이 걱정스러웠던 어머니 마리아 테레지아는 딸에게 경고하기도 했습니다.

"지나친 유행을 따르지 마라."

"매력 있는 여성은 그런 유행을 따를 필요가 없다."

"왕비가 그런 유행을 따르면 모든 여자가 따라 하니 처신을 조심하라."

훗날 사치의 여왕이라 불린 마리 앙투아네트가 더욱 미움받게 된 결정적인 사건이 또 일어납니다. 당시 유럽에서 가장 훌륭한 다이아몬드 수백 개를 모아 만든 매우 값비싼 목걸이가 있었습니다. 이때 사기꾼으로 유명했던 니콜라 드 라 모트Nicholas de la Mothe 백작 부부가 등장합니다. 이들은 왕비의 측근으로 사칭해 왕비에게 잘 보이고 싶었던 추기경을 찾아갔습니다. 그러고는 왕비에게 목걸이를 선물하라고 설득해 돈을 받아내죠. 백작 부부는 계약금을 건네고 보석상에게 목걸이를 받은 후 그대로 사라져버렸습니다. 그런데 사람들은 사라진 목걸이를 마리 앙투아네트가 가지고 있다고 오해합니다. 소문과 달리 그녀는 그 목걸이를 가진 적이 없었고, 재판에서도 그녀가 이 사건과 무관하다는 판결이 나왔습니다. 하지만 사람들은 그 말을 믿어주지 않았습니다. 진실은 사라지고 사람들의 기억 속에는 그녀에 관한 가짜 뉴스만 남은 것이죠.

왕비에게 누명을 씌운 목걸이 스케치와 재현한 사진[2]

　이 때문에 마리 앙투아네트에게는 '적자 부인', '사치의 여왕'이라는 수식어가 항상 따라다녔던 것입니다. 왕실에서 쓰는 예산에는 왕비궁에서 쓰는 돈이 따로 책정되어 있습니다. 여기에는 왕비가 시중과 시녀를 거느리는 기본 경비와 경비군대도 포함되어 있습니다. 물론 궁 밖의 사람들에게는 막대한 금액이지만 왕실의 다른 사람과 비교해 본다면 사치라는 단어를 붙이기는 어렵습니다. 루이 16세 시절의 재무총감 네케르Necker가 작성한 1788년 예산 내역에 관한 보고서에 따르면, 약 6억 2,900만 리브르에 달하는 전체 예산 가운데 왕실의 예산은 약 3,500만 리브르로 약 6% 정도입니다. 또한 귀족과 왕실의 여성으로서 최신 유행을 따르는 것은 당시 정서에 비춰볼 때 전혀 이상한 행동이 아닙니다. 다만 워낙 말이 많았던 앙투아네트에게는 큰 흠이 됐을 뿐입니다. 그녀를 따라다닌 부정적인 평판에 사치라는 안 좋은 이미지가 하나 더 추가된 것입니다. 사람들은 그녀에 관한 소문이 사실이 아니라고 해도 보고 싶은 대로 보고, 믿고 싶은 대로 믿었습니다.

이미지 개선을 위한 눈물겨운 노력들

수많은 가짜 뉴스는 왕비에게 큰 부담이 되었습니다. 온갖 구설수에 오르내리며 민심을 잃어버린 마리 앙투아네트에게 상황을 역전시킬만한 일이 일어납니다. 기다리고 기다리던 임신 소식이 들려온 것이죠. 7년 동안 아이가 없었던 루이 16세와 마리 앙투아네트 사이에 도대체 무슨 일이 일어난 걸까요? 마리 앙투아네트의 오빠인 요제프 2세Joseph II는 아이를 낳지 못하는 동생이 임신의 압박으로 고통받는다는 소식을 들었습니다. 보다 못한 그는 루이 16세를 찾아가 가정생활에 좀 더 충실하고 후계자 양성을 위해 노력하라고 충고합니다. 오빠라고는 해도 열네 살이나 더 나이가 많은 합스부르크 왕가의 지배자였던 그의 말을 마리 앙투아네트와 루이 16세는 귀담아들었습니다.

신뢰하는 요제프 2세의 조언을 받아들인 덕분이었을까요? 루이 16세와 마리 앙투아네트는 결혼 8년 만에 첫 아이를 품에 안았습니다. 1778년 첫 딸을 낳은 마리 앙투아네트는 1781년에 아들까지 낳았습니다. 하지만 그녀의 평판은 조금도 좋아지지 않았습니다. 아이를 낳지 못한 7년 동안 왕비에 대한 나쁜 소문이 걷잡을 수없이 커졌기 때문입니다. 한 번 잃은 민심은 되돌리기 어려웠습니다.

사람들의 사랑을 되찾는 데 실패한 마리 앙투아네트는 그래도 포기하지 않고 좀 더 나은 이미지를 만들기 위해 부단히 노력했습니다. 사실 그녀는 패션에만 관심을 둔 것이 아닙니다. 예술과 과학에도 많은 후원을 했죠. 1782년 12월 14일에 몽골피에Montgolfier 형제가 최초의 열기구를 하늘에 띄웠는데, 이는 마리 앙투아네트의 후원으로 이루어진 것입니다. 그녀는 열기구를 띄우는 자리에 직접 참관하기도 했습니다. 음악의 나라 오스트리아의 공주답게 그녀는 음악에도 조예가 깊었습니다. 예술을 향한 마리 앙투아네트의 사랑은 왕실을 풍자하는 연극 〈피가로의 결혼〉에도 영향을 미쳤습니다. 이 작품은 표면적으로는 남녀 관계 이야기를 다루지만 내부적으로는 신분제도에 대한 도전과 조롱을 담고 있습니다. 때문에 루이 16세는 이 작품의 공연을 전면 금지했습니다. 하지만 마리 앙투아네트는 남편에게 끈질기게 간청해 작품의 공연을 허락받았습니다. 논란이 될 수 있는 내용 때문에 자칫 공연이 불발될 수 있었음에도 예술을 사랑하는 그녀의 마음은 막지 못한 것이죠. 다른 귀족에 비해 매우 개방적인 사고를 가졌던 그녀의 노력에도 불구하고 마리 앙투아네트의 평판은 전혀 좋아지지 않았습니다.

이 시기에 왕실은 백성들에게 초상화를 주기적으로 공개했습니다. 마리 앙투아네트 역시 국민들에게 친근하게 다가가기 위해 하얀 면 드레스를 입은 초상화를 공개합니다. 그런데 초상화를 본 사람들은 그녀를 향해 일제히 더 큰 비난을 쏟아냈습니다. "왕비가 속옷 차림으로 돌아다닌다!"라며 수군거린 것입니다.

로코코 시대의 일반적인 초상화 복장은 매우 화려하고 격식을 갖춘 모습입니다. 그런데 마리 앙투아네트가 입은 옷은 당시 여성들이 드레스 안에 입는 속옷인 슈미즈Chemise처럼 보였습니다. 왕비가 그것만 입은 채 국민 앞에 모습을 드러냈다는 것은 오늘날로 치면 어느 나라의 퍼스트레이디가 속옷 차림으로 공개 석상에 나타난 것과 같습니다. 왕실의 권위와 격식에 맞지 않는 차림에 사람들은 비난을 퍼부을 수밖에 없었죠. 그런데 이 초상화가 비난받은 이유는 또 있습니다. 마리 앙투

슈미즈 드레스를 입은 마리 앙투아네트

마리 앙투아네트와 아이들[3]

아네트가 입은 옷은 면화로 만든 것으로 당시 면화는 주로 영국의 식민지인 인도에서 수입했습니다. 프랑스 국민은 그녀가 영국의 동인도 회사를 통해 수입한 물건을 입었다는 사실을 불쾌하게 여겼습니다. 게다가 프랑스에서는 면직물로 만든 옷은 모두 '영국풍'이라고 생각했습니다. 그 때문에 초상화를 보는 백성들의 시선은 좋을 수가 없었죠.

사실 이 드레스도 앙투아네트가 처음 입은 것이 아닙니다. 루이 15세의 정부였던 뒤바리 부인Madame du Barry이나 다른 귀족 부인이 이미 이 옷을 입고 초상화를 그렸습니다. 그럼에도 유독 마리 앙투아네트만 비난받은 것입니다. 그녀를 향한 비난이 어느 정도였냐면 이 초상화가 공개된 이후 급격히 나빠진 여론 때문에 마리 앙투아네트의 이미지를 개선하기 위해 아이들과 함께 있는 가정적인 왕비의 모습을 공개했을 정도입니다.

안타깝게도 이 초상화가 공개된 뒤에도 왕비의 이미지는 좋아지지 않았습니다. 이미지를 바꾸기 위해 다양한 노력을 했지만 그녀는 누구에게도 박수받지 못했습니다.

프랑스 국민의 처참했던 상황과 최악의 결정

그녀의 이미지가 좀처럼 좋아지지 않았던 이유는 당시 백성들의 삶을 들여다보면 알 수 있습니다. 매일 베르사유 궁전에서 파티를 벌이던 귀족과 달리 프랑스 백성들은 먹을 것이 없어 굶어 죽기 직전이었습니다. 게다가 최악의 자연재해까지 발생해 여름에는 돌풍이 불고 우박이 떨어지는 바람에 농작물이 망가졌고, 같은 해 겨울에는 기온이 영하 20도까지 내려갔습니다. 이런 날씨에 농사가 제대로 될 리가 없었죠. 추위와 굶주림에 시달리는 사람들은 점점 늘어가는데 왕족들은 국가의 재정난을 핑계로 도와주기는커녕 오히려 세금을 더 거둬갔습니다. 그러니 사치를 일삼는 왕비가 좋게 보일 리 없었던 것입니다.

백성의 간절한 바람에도 국가는 별의별 세금을 만들어 걷어갔습니다. 왕이나 영주의 지배 아래 있는 토지에 부과한 타이유세, 교회에 내는 십일세, 사람 머릿수에 맞춰 걷는 인두세부터 영주가 독점하고 있는 물방앗간·제빵기·포도 압착기 등의 사용료까지 따로 내야 했죠. 이 외에도 백성을 분노하게 만든 세금이 있는데 바로 소금세입니다. 이는 소금이 들어가는 모든 농산품과 공산품에 세금을 부과하는 것입니다. 14세기 중엽에 생긴 간접세인데 나중에 다른 간접세는 모두 없어졌지만 소금세만 계속 남아있었죠. 일부 지역에서는 일정량 이상의 소금을 사도록 강요하기도 했는데 지역마다 가격 편차도 매우 심했습니다. 따라서 소금이 밀수품이 되었습니다. 여성들은 옷 속에 소금을 몰래 숨겨서 자신의 마을로 들어오기도 했는데, 세금을 징수하는 사람들이 소금을 찾는다는 명목으로 여성들의 몸을 마음대로 더듬는 일도 많았습니다. 이처럼 소금세는 다양한 이유로 프랑스 국민의 분노를 사는 세금이었습니다. 그리고 외부에서 파리 시내로 들어가는 물건에는 통과세(입시세)를 매겼는데, 이 세금 때문에 물가가 비싸다는 불만도 많았습니다. 가난한 사람들은 힘들게 세관의 울타리 밖으로 나가서 조금 더 싸게 술을 마시기까지 했을 정도였죠.

그림은 프랑스의 상황을 풍자한 만평입니다. 프랑스는 왕족을 제외하고 세 개의 계급으로 나뉩니다. 제1신분은 성직자, 제2신분은 귀족, 그리고 제3신분이 평민입니다. 그림 속 보라색 옷을 입고 십자가 목걸이를 한 사람이 제1신분인 성직자입니다. 그리고 타조 깃털 모자 쓰고 칼을 찬 사람이 제2신분인 귀족이죠. 마지막으로 너덜너덜한 옷을 입고 두 사람을 업고 있는 남자가 제3신분인 평민입니다.

신분제도를 풍자한 만평

이런 그림이 등장한 이유는 신분에 따라 내는 세금이 달랐기 때문입니다. 제2신분은 자신들이 나라를 지키고 있으므로 따로 세금을 내지 않아도 된다고 주장했습니다. 제1신분인 성직자는 세금을 내긴 했으나 그 돈은 모두 사람들에게서 걷은 십일조였습니다. 결국 세금을 내는 사람은 그림 속 가장 아래 있는 제3신분뿐이었죠. 결국 전체 인구의 약 2%를 차지하고 있던 성직자와 귀족의 사치를 위해 나머지 98%인 평민이 세금을 내며 착취당하고 있었던 것입니다.

이 그림에는 신분 계급으로 생긴 불평등한 상황이 하나 더 숨어 있습니다. 발밑의 토끼와 새들을 그려 넣은 이유입니다. 당시 동물을 사냥할 수 있는 권리는 귀족에게만 주어졌습니다. 그래서 평민들은 농작물을 갉아먹는 동물들을 잡을 수 없었습니다. 새와 토끼가 자신의 식량을 갉아 먹고 있는데도 잡지 못하고 보고만 있어야 했죠. 프랑스가 힘든 시기에 농민 반란이 일어날 때마다 그들이 요구했던 조건은 사냥과 낚시를 가능하게 해달라는 것이었습니다. 그림은 이런 불합리한 상황을 풍자함과 동시에 모순된 제도가 끝나기를 바라는 마음을 보여줍니다. 그림 하단의 글은 '이러한 농간이 곧 끝나기를 바랍니다'라는 뜻입니다. 신분제와 가혹한 세금이라는 불평등이 끝나길 바랐던 평민들의 간절한 소망이 담긴 것입니다.

평민들의 간절한 바람에도 불구하고 상황을 더욱 악화시키는 일이 일어납니다. 이렇게 가혹하게 세금을 거둬가는 것도 억울한데 루이 16세는 그 세금을 영국의 식민지였던 미국의 독립 전쟁을 지원하는 데 사용했습니다. 굶어가는 백성들을 눈앞에 두고 엉뚱한 곳에 국고를 탕진한 것입니다. 이 시기 프랑스는 7년 전쟁에 패배하면서 막대한 전쟁 배상금을 지불해야 했습니다. 프랑스의 수입이 5억 3백만 리브르였는데 총지출은 6억 2,900만 리브르였으니 이미 1억 2,600만 리브르가 적자였던 셈이죠. 그 와중에 부채 이자를 갚는 데만 프랑스 예산의 60%에 가까운 3억 1,800만 리브르를 사용했습니다. 이런 상황에서 미국의 독립 전쟁을 지원하겠다고 나선 것입니다. 이유는 그저 적국인 영국이 잘되는 것을 보기 싫다는 것이었습니다.

루이 16세는 몇 년 동안 미국의 독립 전쟁을 지원하면서 약 20억 리브르를 사용했는데, 1789년 프랑스 왕국의 총수입이 약 4억 7,500만 리브르였으니 매년 왕국의 벌어들인 대부분의 수입을 그대로 미국의 독립 전쟁에 쏟아부은 것입니다. 미국은 프랑스의 지원으로 독립에 성공합니다. 하지만 독립한 미국이 교역한 나라는 영국이었습니다. 정작 도움을 준 프랑스는 얻은 것 하나 없이 오히려 빚만 늘었습니다.

이런 말도 안 되는 루이 16세의 결정에 크게 개입한 사람은 다름 아닌 마리 앙투아네트였습니다. 그녀는 루이 16세의 정치적 결정에 두 번

개입했는데 그중 하나가 미국의 독립 전쟁을 지원한 것입니다. 이때의 그릇된 판단 때문에 마리 앙투아네트는 '정치에 참여한 여성'이라며 온갖 비난을 받았습니다. 왕과 왕비의 잘못된 선택으로 미국 독립 전쟁 이후 프랑스 재정은 파탄의 위기에 처했습니다. 더욱 심각해진 굶주림에 피폐해진 백성들은 모든 원인을 왕이 아닌 왕비의 탓으로 돌리며 수군거리기 시작했습니다.

성난 시민들, 절대 왕정에 칼날을 겨누다!

귀족들의 사치, 최악의 자연재해, 가혹한 세금 제도, 미국의 독립 전쟁 지원까지. 이제 왕실 재정은 거의 파탄에 이르렀습니다. 루이 16세는 이 문제를 해결하기 위해 프랑스를 뒤흔들 만한 엄청난 결심을 합니다.

프랑스에는 14세기부터 '전국 신분회'라는 게 있었습니다. '삼부회'라는 명칭으로 널리 알려져 있는데 이는 일본식 표현입니다. 전국 신분회는 제1신분인 성직자, 제2신분인 귀족, 제3신분인 평민의 대표자들이 모여 세금 징수 같은 국가의 중요 사안을 토론하고 결정하는 신분제 의회입니다. 그동안 프랑스의 왕들은 전국 신분회를 소집하지 않고도 각종 세금을 걷어서 돈을 마련했는데, 이제는 그럴 수 없는 지경까지 오게 된 것입니다. 왕도 처음에는 전국 신분회까지 열 생각은 없었습니다. 하지만 너무도 심각했던 재정 적자 문제를 해결하기 위해 자포자기의 심정으로 1614년 이후 170여 년 만에 전국 신분회를 소집한 것입니다. 루이 16세는 먼저 성직자와 귀족에게 모든 신분에 세금을 징수하겠다고 선언했습니다. 하지만 자신들이 누리던 특권을 내려놓고 싶지 않았던 성직자와 귀족들은 루이 16세의 말에 강력하게 반발했습니다.

사실 인구의 대부분은 평민이었지만 신분마다 각 한 표씩의 결정권이 있었습니다. 성직자와 귀족이 같은 편을 먹으면 평민은 불리한 결정을 따를 수밖에 없는 상황이었죠. 그런데 역사 속에서는 항상 예기치 않은 일들이 벌어집니다. 이제껏 잠자코 있던 제3신분인 평민들이 달라졌습니다. 그들은 개인별 투표권을 주장했습니다. 각 신분의 모든 인원이 개별의 투표권을 갖도록 해 대등한 상황을 만들려 한 것이죠. 국민의 98%에 해당하는 평민들은 성직자와 귀족이 내지 않는 세금을 자신들만 내는 게 부당하다고 주장했습니다. 심지어 이런 말도 했죠.

"우리가 국민의 대표이고 진정한 주권을 가졌다."

당시는 왕이 국가의 모든 권력을 가진 절대 왕정의 시기였습니다. 평민들의 말은 절대 권력을 가진 왕에게 도전하는 것이었습니다. 루이 16세는 제3신분의 요구를 들어주지 않았습니다.

그러자 평민들은 여기서 멈추지 않고 똘똘 뭉쳐 스스로 '국민 의회(국회)'를 만들었습니다. 자신들이 주도하는 프랑스를 만들겠다는 의지를 보여준 것입니다. 루이 16세는 새로운 프랑스를 만들려는 평민들의 모습에 위협을 느꼈습니다. 그리하여 공사를 핑계로 평민들이 모이는 회의실을 닫아버렸습니다. 닫힌 회의실 문을 본 평민들은 분노에 휩싸였습니다. 1789년 6월 20일, 그들은 근처의 테니스코트 장으로 향했습니다. 그리고 다음과 같은 역사적 선언을 했습니다.

"아무도 우리를 방해하지 못한다. 설사 강제로 대표들을 좇아

낸다 할지라도 그들이 모이면 그곳이 어디건 국회임을 밝힌다. (중략) 필요하다면 어디서나 모일 것이다."

이것이 바로 프랑스 혁명을 촉발한 '테니스 코트 선언'입니다. 루이 16세 입장에서 평민들의 움직임은 왕의 권위에 도전한 것과 다름없었습니다. 이들에게 본때를 보여줘야겠다고 생각한 그는 전국 신분회의 모든 대표를 모은 다음 군대를 불러들였습니다. 국민들이 모여서 만든 국회를 인정하지 않겠다는 강한 의지를 표현한 것입니다. 그런데 상황은 루이 16세의 의도와는 다르게 흘러가기 시작했습니다. 그의 행동이 오히려 국민의 분노를 터트리는 기폭제가 되고 만 것입니다. 결국 이 사건이 프랑스의 역사를 바꿔놓았습니다.

테니스 코트 선언

루이 16세가 국민 의회까지 해산하자 국민들은 더 이상 참지 못하고 폭발했습니다. 1789년 7월 14일, 이들은 절대 왕정의 상징과도 같았던 바스티유 감옥으로 향했습니다. 프랑스 혁명의 시작을 알린 바스티유 습격이 일어난 것입니다. 원래 바스티유는 파리의 동쪽을 방어하기 위해 만든 요새입니다. 루이 13세 이후에는 계몽 사상가와 정치범들을 가두는 감옥으로 사용했죠. 파리 중심지에 우뚝 서 있는 바스티유의 성탑은 봉건제도의 상징이자 타파해야 할 대상이었습니다. 분노한 국민이 이 감옥을 습격한 또 하나의 이유는 이 감옥에 화약과 무기가 있었기 때문입니다.

　　바스티유를 습격한 사람들은 그곳에 갇혀 있던 죄수들을 만났습니다. 원래 계몽 사상가와 정치범을 가두던 그곳에는 겨우 7명의 죄수밖

바스티유 습격[4]

에 없었습니다. 그것도 화폐 위조범을 포함한 사기꾼 4인과 정신이상자 2인, 바람둥이 1인뿐이었죠. 바스티유 감옥 안을 돌아다니던 사람들은 그곳에서 엄청난 양의 금서를 발견했습니다. 무려 390여 종에 달하는 것으로 투서를 비롯해 비판적인 시와 노래, 국왕과 종교에 대한 비난이 담긴 글, 미풍양속에 어긋나는 글, 근거 없는 말로 타인을 모욕하는 중상 비방문까지 매우 다양했습니다. 프랑스 혁명 이후 바스티유는 혁명 정부의 명령으로 철거했는데 바스티유가 끔찍이도 싫었던 시민들은 맨손으로 돌을 하나하나 나르면서 바스티유를 부숴버렸다고 합니다. 절대 왕정 체제의 상징이었던 바스티유 감옥은 국민에 의해 철거되고 그 돌은 '콩코르드 다리'를 만드는 데 사용했습니다. 콩코르드 다리는 구체제를 밟는다는 파리 시민의 의지를 담은 상징적인 다리입니다. 그리하여 프랑스 사람들은 이 다리를 '혁명의 다리'라는 별칭으로 부르기도 합니다.

혁명 이후 더 노골적으로 변한, 앙투아네트의 성 스캔들

바스티유 습격으로 프랑스 혁명이 본격적으로 시작됐습니다. 이후 마리 앙투아네트를 향한 가짜 뉴스는 더욱 악랄하고, 노골적이며, 외설적으로 변하기 시작했습니다. 이미 18세기 내내 수많은 귀족 여인들은 외설적 팸플릿의 대상이 되었습니다. 그런데 혁명 이후 그 수가 엄청나게 증가한 것입니다. 1787년에 약 200건이었던 팸플릿은 혁명이 시작된 1789년에 무려 3천 건이나 출간합니다. 혁명이 시작되기 전에도 〈마리 앙투아네트, 방탕아〉라는 팸플릿이 126개나 발견됐는데, 1789년 혁명이 본격화된 이후에는 더 노골적이고, 더 음란하고, 더 방탕한 모습으로 마리 앙투아네트를 묘사하기 시작했습니다. 심지어 다음과 같이 표현한 팸플릿도 있었습니다.

"마리 앙투아네트는 모든 음모의 영혼이었으며, 모든 정사의 핵심이었으며, 그 모든 공포의 근원이었다."

당시 팸플릿에는 마리 앙투아네트가 할아버지와 아버지, 그리고 아들까지 온 가족과 근친상간을 했다는 소문까지 돌았습니다. 또한 여성과 사랑을 나눴다는 내용도 있었죠. 당연히 가짜 뉴스였지만 이 소문을 들은 사람들은 "왕비가 난잡하게 행동한다!"라면서 비난을 퍼부어댔습니다.

다양한 팸플릿에서 마리 앙투아네트는 나쁜 딸, 나쁜 아내, 나쁜 어머니, 나쁜 왕비였고 모든 것에 있어서 괴물로 취급받았습니다. 이는 문란했던 왕실의 사생활과 부패한 지배층을 비판하려는 의도도 있었지만, 그보다는 왕비를 포르노의 대상으로 만들어 조롱하려는 목적이 더욱 컸습니다. 팸플릿 속 비난의 수위만으로도 왕비의 처지를 가늠할 수 있습니다. 왕비를 대상으로 한 포르노그래피의 형태는 노래, 우화, 연극까지 다양했으며 그 수위는 매우 높았습니다. 다음은 당시 불렸던 마리 앙투아네트에 관한 노래 가사의 일부입니다.

'그 암컷도 마찬가지야.

잔인한 위선자 앙투아네트.

뇌도 없는 돼지 같은 루이는 앙투아네트에게 잡혔네.'

이런 팸플릿이 증가한 또 다른 이유는 프랑스 혁명을 주도했던 사람들이 마리 앙투아네트의 가짜 뉴스가 담긴 팸플릿을 적극적으로 배포했기 때문입니다. 팸플릿 속 마리 앙투아네트는 대부분 알몸으로 묘사됐는데 그 이유는 무엇일까요? 누구나 자유롭게 옷을 입을 수 있는 지금과 달리 이 시기에는 성별, 종교, 관습, 신분, 사회 환경에 따라 입는 옷이 달랐습니다. 왕비라는 사회적 신분을 상징하는 옷을 벗겨버리면 귀족이든 평민이든 모두 똑같다는 점을 노린 것이죠. 원초적 인간은 평등하다는 것을 강조하기 위해 왕비의 모습을 알몸으로 표현했다고 합니다.

우리나라의 고전 소설 《임꺽정》에도 비슷한 장면이 있습니다. 의적들은 부패한 양반들을 붙잡아 나무에 묶은 뒤 바지를 내리고 양반의 엉덩이를 내리칩니다. 그리고 이렇게 말하죠.

"양반이나 쌍놈이나 볼기짝은 똑같네!"

즉 왕족이든 귀족이든 벗겨놓으면 평민과 별반 다르지 않으며 모두가 평등하다는 것을 상징하는 장치였던 셈입니다.

우리가 수업 시간에 프랑스 혁명을 배우면서 알게 된 마리 앙투아네트의 죄목은 '사치'였습니다. 하지만 실제로는 무절제한 쾌락을 즐기고 왕을 타락하게 만든 죄가 더 컸습니다. 마리 앙투아네트가 그런 죄목을 떠안게 된 데는 외설적이고 악랄한 팸플릿의 영향이 매우 컸습니다. 그런데 한 가지 이상한 점이 있습니다. 루이 16세에게는 이런 종류의 비난이 없는데 왜 왕비인 마리 앙투아네트를 향해서만 이런 인신 모독적인 비난을 하는 걸까요? 혁명을 주도했던 이들 역시 '남성'이었기 때문입니다. 이로 인해 마리 앙투아네트를 향한 악의적 팸플릿은 나날이 늘어갔지만 이를 해결할 만한 방법이 없었습니다.

빵이 아니면 죽음을 달라!

이런 와중에 빵값과 식료품 가격이 계속 오르면서 평민들의 먹고사는 문제는 전혀 해결되지 않았습니다. 오히려 상황은 점점 더 악화하기만 했습니다. 어느 정도였느냐면 하루 일당으로 겨우 빵 한 개를 살 수 있었죠. 게다가 귀족과 평민이 먹을 수 있는 빵도 달랐습니다. 귀족들은 밀가루와 버터를 충분히 사용한 부드럽고 폭신폭신한 브리오슈라는 빵을 먹었던 반면 서민들은 딱딱하고 질긴 빵을 먹어야 했습니다. 밀가루도 모자라 겨와 콩은 물론이고 심지어는 모래까지 섞었다고 합니다.

시간이 지나도 살림살이는 나아지지 않았고 음식 가격에 민감할 수밖에 없는 여성들이 시위에 나서기 시작합니다. 1789년 10월 5일, 경제적 궁핍에 분노한 여성들은 막대기와 돌멩이, 도끼 등을 들고 파리 시청으로 몰려갔습니다. "빵이 아니면 죽음을 달라"라고 외치면서 말이죠. 수천 명의 여성들은 20km가 넘는 행진을 시작했습니다. 이들은 처음에는 시청 광장에 모였다가 내친김에 베르사유 궁전까지 쳐들어갔습니다. 분노로 가득 찬 시민들에 의해 근위병들은 살해당했고, 여성들은 철책을 무너뜨리고 궁 안으로 들어가 왕비의 침실까지 침입했습니다. 루이 16세와 마리 앙투아네트를 대면한 성난 시민들은 외쳤습니다.

"밀과 빵 권리를 요구합니다!"

그러고는 루이 16세와 마리 앙투아네트, 왕세자를 붙잡아 파리로 데려갔습니다. 베르사유 궁전에서 쫓겨난 이들 가족은 튀일리 궁으로 압송됩니다. 시위자들은 근위병의 머리를 창에 꽂은 채 거리를 행진했습니다. 파리에 도착한 국왕 가족은 다시는 베르사유로 돌아가지 못했습니다. 절대 왕권을 누리던 왕과 왕비는 이제 국민의 감시 아래 살게 된 것입니다.

여성들이 뭉친 시위대는 왕과 왕비를 처단하는 데 앞장섰습니다. 하지만 이들은 인정받지 못했습니다. 오히려 "행진에 참여한 여성들은 살인자와 야만인"이라고 비난받기까지 했죠. 당시 정치는 온전히 남성들의 권리라고 생각했기 때문입니다. 그러니 왕과 왕비를 몰아내는 정치적 행위에 권리 없는 여성들이 끼어들었다고 생각해 비난한 것입니다. 사실 마리 앙투아네트가 유독 미움받았던 이유도 여성인 왕비가 정치에 지나치게 참여한다고 생각했기 때문이죠. 절대 왕권을 없애기 위해 혁명을 주도한 세력에게조차 진정한 평등은 이뤄지지 않고 있었던 것입니다.

여성들이 밀과 빵의 권리를 요구하며 거리로 나왔을 때 그녀들을 더욱 분노하게 한 일이 있습니다. 마리 앙투아네트 하면 떠오르는 그 말은 바로 이때 나온 이야기입니다.

혁명에 참여한 여성들

"빵이 없으면 케이크를 먹어요!"

여기서 말하는 케이크가 앞서 이야기한 브리오슈라고 합니다. 하지만 이는 대표적인 가짜 뉴스입니다. 이 말은 프랑스의 사상가이자 소설가인 장 자크 루소Jean Jacques Rousseau의 책 《고백록》 6권에 나오는 말로, 이미 세상에 돌아다니던 말입니다. 프랑스 사람들은 와인을 마실 때 바게트를 함께 먹는데, 하필이면 그때 바게트가 떨어진 상황이었고 이에 관해 장 자크 루소가 이야기하는 내용입니다. 책의 원문은 다음과 같습니다.

> "나는 한 지체 높은 공주가 제안했던 임시방편을 기억해 냈다. 사람들이 그 공주에게 '농민들에게 빵이 없다'라고 말하니, 그 공주는 '브리오슈를 먹게 하세요'라고 대답했다."

《고백록》 6권이 나왔을 때 마리 앙투아네트는 겨우 9살이었습니다. 어린아이가 할 수 있는 말이 아니었죠. 이 역시 프랑스 혁명군이 퍼뜨린 거짓 소문이었죠.

동양에도 비슷한 말이 있습니다. 백성들이 쌀이 없어 굶어 죽는다는 말에 진나라의 황제가 "그러면 왜 고기 죽을 먹지 않느냐?"라고 말했다는 것입니다. 마리 앙투아네트의 가짜 뉴스와 너무도 비슷합니다. 백성들의 삶에 무관심한 귀족과 양반들을 비꼬는 말로 이미 여기저기에 널리 퍼져 있었던 것입니다.

왕과 왕비, 탈출을 시도하다

처음 파리의 튀일리 궁전에 도착한 왕과 왕비는 베르사유 궁전에 있을 때만큼은 아니지만 어느 정도 대접받으며 생활을 했습니다. 아직 왕실의 위엄이 완전히 사라지지는 않아서 외교 사절단을 접견하는 공식적인 업무도 보았죠. 그런데 시간이 지날수록 민중들의 외침은 점점 커졌고 어느새 튀일리 궁전에서의 생활도 조금씩 구속받기 시작했습니다. 권력을 잃은 루이 16세와 마리 앙투아네트는 국민의 눈총을 한가득 받으며 갇혀 지내다시피 했습니다. 매일 국민의 감시 속에 살면서 왕과 그의 가족은 저들이 언제든 나를 죽일 수 있다는 죽음의 공포 속에서 살아가게 된 것입니다. 그러자 마리 앙투아네트는 한 가지 묘안을 생각해 냅니다. 파리를 탈출하기로 한 것이죠.

마리 앙투아네트는 루이 16세에게 "파리를 떠나야 한다!"라고 말하며 끊임없이 설득했습니다. 만일 루이 16세의 기세가 등등했던 때라면 왕비의 제안에 쉽게 동의하지 않았을 것입니다. 하지만 프랑스 혁명이 일어나면서 심약해진 루이 16세는 왕비의 말을 굉장히 잘 들었습니다. 이후 마리 앙투아네트는 스웨덴 귀족이었던 페르센Fersen 백작에게 도움을 요청했습니다. 만화 〈베르사유의 장미〉에서 마리 앙투아네트의 비밀 연인으로 등장했던 사람이 바로 페르센 백작입니다. 실제로 그는 왕비와 불륜 관계라고 소문이 났던 남자이기도 합니다. 알려진 바에 따르면 페르센 백작은 마지막까지 마리 앙투아네트를 성심성의껏 도왔다고 합니다. 왕비의 부탁을 받은 페르센 백작은 왕과 가족들이 타고 갈 튼튼한 마차를 특별히 주문하고, 중간에 기운 좋은 말로 바꿔 탈 수 있도록 여분의 말까지 준비했습니다. 만반의 준비를 마친 것이죠.

그렇게 1791년 6월 20일 밤, 루이 16세와 마리 앙투아네트를 비롯한 그의 가족들은 자유를 찾아 도주하기 시작했습니다. 그들의 목적지는 파리에서 325km 떨어진 몽메디Montmedy라고 하는 곳이었습니다. 그곳에 왕당파의 군대와 용병대가 루이 16세를 기다리며 혁명군을 진압할 준비를 하고 있었기 때문이죠. 하지만 사소한 실수와 왕의 우유부단으로 탈출 계획은 지체됐습니다. 이런 가운데 왕이 탈출했다는 소식은 파리를 넘어 프랑스 전역으로 퍼졌습니다. 국민들은 "왕가가 우리를 버리고 도망갔다"라며 나라를 버리고 도주한 국왕에게 격노하고 실망했습니다.

그러던 어느 날 한 마을에 수상한 마차와 수상한 사람들이 나타납니다. 마차 안에 타고 있던 이들은 바로 루이 16세와 그의 가족들이었죠. 이들은 미리 배치해 둔 말을 바꿔 타며 계속 국경 쪽으로 향했습니다.

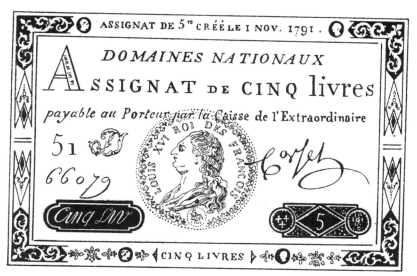

루이 16세 얼굴이 그려진 지폐

그러던 중 한 마을에 멈춰 서서 잠시 쉬어가고 있었습니다. 그때 마차 밖으로 다가온 호위대와 인사를 하느라 루이 16세가 자연스럽게 얼굴을 내밀었습니다. 호위대가 마차 안의 사람들에게 너무도 공손히 인사하는 것을 의아하게 생각한 마을의 우체국장이 마차에 탄 사람의 얼굴을 봤더니 지폐에 새겨진 루이 16세의 얼굴과 흡사했던 것입니다.

지폐를 통해 국왕임을 눈치챈 우체국장은 국민 의회에 이 사실을 알렸습니다. 6월 22일, 우체국장의 연락을 받은 국민 의회는 사람을 보내 왕과 왕비, 그리고 그의 가족을 체포해 다시 파리로 압송했습니다. 국민 의회는 민중들에게 파리로 돌아오는 루이 16세와 그의 가족들을 차갑게 침묵으로 맞이하라고 명령했습니다. 국왕의 선택에 분노와 실망을 느낀 국민들은 차가운 시선과 침묵으로 왕가를 맞이했습니다.

절대 왕정의 상징, 단두대에서 목이 잘리다

다시 파리로 압송된 루이 16세 일가는 탕플 탑에 투옥됐습니다. 결국 그는 국민을 버린 국왕이 되었죠. 국민을 버리고 다른 나라로 도주하려던 루이 16세와 마리 앙투아네트를 보는 민중의 분노는 극에 달했습니다. 이윽고 왕을 퇴위시키고 그들 가족에게 반역죄를 물어야 한다는 주장이 나오기 시작했습니다. 하지만 마땅한 죄명이 없었습니다. 국외 탈출을 시도했다는 이유로 이미 왕을 퇴위시켜 버렸기 때문이죠. 국회 내부에서도 루이 16세를 두고 '무죄 석방해야 한다'와 '죄를 물어야 한다'로 의견이 갈렸습니다. 이때 "루이가 죽어야 나라가 삽니다"라면서 루이 16세의 처형을 강하게 주장했던 사람이 있습니다. 공포정치의 대명사로 알려진 프랑스 혁명기의 정치인 로베스피에르Robespierre입니다. 그는 이렇게 말했습니다.

"루이 16세를 재판하는 것은 혁명 자체를 비난하는 것입니다. (중략) 조국이 살아야 하므로 루이는 죽어야 합니다."

결국 루이 16세는 재판에서 사형을 판결받고 1793년 1월 21일에 단두대에서 처형됩니다. 그렇게 프랑스의 절대 왕정의 시대는 완전히 저물었습니다.

왕의 목을 자른 것은 프랑스 혁명에서 가장 중요한 사건입니다. 당시 유럽 국가들은 모두 왕국이었습니다. 절대 왕정의 상징과도 같았던 루이 16세가 단두대에서 처형당하는 모습을 지켜본 다른 나라의 왕들은 충격과 두려움에 빠졌습니다. 그리하여 모든 국가가 프랑스에 등을 돌려버렸습니다. 지금까지도 영국 왕실에서는 프랑스 혁명을 축하하는 자

처형당한 루이 16세

리에 사절단을 보내지 않는다고 합니다. 왕가의 입장에서는 왕을 죽인 이들에게 축하를 건넬 수 없었던 것이죠.

파리의 콩코르드 광장은 왕의 처형을 확인하려는 민중들로 발 디딜 틈조차 없었습니다. 루이 16세의 처형을 집행하는 순간 이를 지켜보는 사람들은 저마다 손수건을 들고 있었습니다. 처형이 끝나자 사람들은 단두대로 몰려들어 루이 16세의 피로 손수건을 적셨습니다. 옛날부터 사형수가 흘린 피는 신비한 힘을 가지고 있다는 믿음이 있었기 때문이죠. 무서워서 직접 다가가지 못하는 사람은 심부름꾼을 사서 그 일을 시켰을 정도라고 합니다.

박경리 작가의 대하소설 《토지》에서도 한 남자가 살인죄로 처형당하자 그의 아내가 함께 나무에 목을 매달아 죽는 내용이 있습니다. 그때

마을 사람들이 나뭇가지를 꺾어 하나둘씩 챙겨 가는 장면이 등장합니다. 서양뿐 아니라 동양에서도 죽은 자에게는 신비한 힘이 있다고 믿었던 것이죠.

죽는 순간까지 가짜 뉴스에 시달리다

루이 16세가 형장의 이슬이 돼서 사라진 뒤 다음 타깃이 된 것은 그의 아내인 마리 앙투아네트였습니다. 남편의 뒤를 이어 약 9개월 만인 1793년 10월 16일에 그녀도 단두대 앞으로 끌려왔습니다. 프랑스의 화가 자크-루이 다비드Jacques-Louis David는 감옥에 수감되어 있다가 처형 장소로 끌려가는 그녀의 모습을 그렸습니다. 처음 등장했던 초상화와 완전히 다른 모습입니다. 이 모습은 단두대에 오르기 전 마차 안에 있던 마리 앙투아네트라고 합니다. 과거 화려했던 모습은 없고 초라한 모습만 남아 있습니다.

단두대에 올라가기 전에는 처형하는 데 불편함이 없도록 머리카락을 자른다고 합니다. 마리 앙투아네트 역시 처형 전 머리를 짧게 잘라 그림 속 모습이 된 것이죠. 마리 앙투아네트는 프랑스에 도착한 순간부터 죽기 직전까지 혹평과 가짜 뉴스에 시달리며 파란만장한 삶을 살았습니다. 그런데 그녀는 마지막 순간에도 가짜 뉴스로 인해 자신이 하지 않은 온갖 죄목을 끌어안아야 했습니다. 당시 사건을 담당했던 검사가 재판 당시 마리 앙투아네트를 다음과 같이 평가했습니다.

Jacques-Louis David : sketch of Marie-Antoinette on her way to the guillotine
1793 Paris, Louvre

자크-루이 다비드가 그린 앙투아네트

"영원히 가증스러울 이름이 역사책에서 지워지지 않을 이들과 똑같이 루이 카페Louis Capet(루이 16세가 더 이상 왕이 아님을 상징하는 표현)의 미망인인 마리 앙투아네트는 프랑스에 있던 기간에 프랑스 국민의 천벌이자 흡혈귀였다."

여기에 혁명을 이끌었던 이들은 마리 앙투아네트에게 온갖 죄목을 붙였습니다. '적과 내통해서 프랑스를 전복하려 한 반역 행위', '재정 낭비', '정부의 부패를 부른 죄', '백성에 대한 기만', '왕을 타락하게 한 죄' 그리고 '아들과의 근친상간'이라는 입에 담지 못할 혐의까지 씌웠습니다. 근친상간 혐의의 고발자가 이에 대해 묻자 앙투아네트는 이렇게 말했습니다.

> "어머니에게 기소된 이 혐의에 관해서 답하지 않는 것은 당연한 일입니다. 나의 진심을 알아주기를 여기 있는 모든 어머니에게 호소합니다."

이 말을 듣고 재판정에 있던 모든 여성이 마리 앙투아네트에 동조했고 고발자는 아무 말도 하지 못하고 물러났다고 합니다. 하지만 아이러니하게도 이 기소에 대해 증언한 사람은 마리 앙투아네트의 아들이자 프랑스의 왕세자였습니다. 프랑스 혁명을 이끈 혁명파들의 세뇌에 의해 어리고 심약한 루이 17세는 거짓 자백을 했습니다. 어린 나이에 재판정에 나선 그는 강요를 이기지 못하고 거짓으로 자신의 어머니를 고발했습니다. 이렇듯 마리 앙투아네트는 생의 마지막까지 가짜 뉴스에 시달리며 단두대에서 비참한 죽음을 맞이했습니다. 당시 〈유럽 정치 전국 자유인 저널〉이라는 신문은 왕비의 처형을 환영하는 장문의 사설을 게재했습니다.

> "정오 12시 10분에 진행된 그녀의 교수형은 온 세상을 맑고 깨끗하게 정화했다."

마리 앙투아네트는 실제로 어
떤 사람이었을까요? 자신의 집사
와 하녀가 사망했을 때 그들의 아
이들이 고아가 될까 봐 입양했습
니다. 이러한 측면은 조금도 고려
하지 않고 온갖 죄목을 뒤집어쓰
고 마리 앙투아네트는 처형당하
고 말았습니다. 14세의 어린 나이
에 프랑스로 시집온 오스트리아
공주는 사치와 향락의 왕비로 불
렸지만 누구보다 자애로웠고 인간

혁명 재판소의 마리 앙투아네트

적이었습니다. 시대의 흐름과 가짜 뉴스 속에 매몰된 그녀는 단두대 처
형을 앞두고 이렇게 말했다고 합니다.

"부끄러워할 것 없어요. 나는 죄를 지어서 죽는 게 아니니까요."

그렇게 형장의 이슬로 사라진 마리 앙투아네트. 두 사람이 처형된 후
프랑스의 봉건제도는 막을 내렸습니다.

프랑스 혁명으로 바뀐 것들

프랑스 혁명으로 프랑스의 봉건제도는 막을 내렸고 시민 계급이 등
장했습니다. 자유롭고 평등한 시민 사회의 시작을 알리는 신호탄이 된
것이죠. 더불어 근대사회가 시작되는 계기가 됐습니다. 프랑스 혁명은

오늘날까지도 가장 전형적인 시민혁명으로 평가받습니다. 당시에는 프랑스뿐 아니라 영국과 미국에서도 민주주의를 향한 움직임이 있었습니다. 계몽주의 사상이 널리 퍼지면서 시민 계급의 의식이 깨어나기 시작한 시기였기 때문이죠. 그런데 왜 '민주주의의 시작'이라고 하면 프랑스 혁명을 가장 먼저 손에 꼽는 걸까요? 프랑스 혁명 이전에 이미 영국에서도 명예혁명이 일어났습니다. 하지만 이는 왕에 대한 귀족들의 권익만 높인 것에 불과했습니다. 즉 특정 계급의 이익을 위한 한계가 분명했던 혁명이었던 것이죠.

미국 혁명인 독립 전쟁은 18세기 후반 영국령 북아메리카 13개 식민지가 경제적으로 유럽에 의존하고 있던 것을 탈피해 본국의 지배에서 분리된 뒤 독립한 정치적 변혁입니다. 미 대륙을 하나로 묶어주는 역할을 했다는 점에서 의의가 있습니다. 하지만 미국이라는 한 나라의 이익에만 부합했던 혁명입니다.

그렇다면 영국의 명예혁명과 미국의 독립 전쟁, 프랑스 혁명의 가장 큰 차이점은 무엇일까요? 프랑스 혁명만이 '인권'에 대해 이야기했다는 것입니다. 단순히 프랑스 사람이 아니라 보편적인 '인간'을 중심에 두고, 인간은 모두 평등한 권리를 가진다는 사실을 일깨운 혁명이라는 것입니다. 이 때문에 프랑스를 넘어서 모든 인간을 위한 혁명으로 평가받습니다.

프랑스 혁명 덕분에 바뀐 것도 많습니다. 혁명 후에 사람들은 '빵의 평등권'을 얻게 됩니다. 부자와 가난한 자 사이에 빵 먹을 권리를 놓고 차별하지 않게 된 것이죠. 부자만을 위한 흰 밀가루로 만든 빵에서 누구도 차별 없이 질 좋은 빵을 먹을 수 있게 되었습니다.

자유　　　평등　　　박애

프랑스 국기

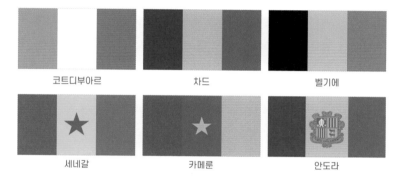

코트디부아르　　　　　차드　　　　　벨기에

세네갈　　　　　카메룬　　　　　안도라

프랑스의 삼색기에 영향받은 주변국들

　그리고 당시 혁명군이 썼던 모자 색깔은 오늘날 프랑스의 국기 색깔입니다. 파리를 상징하는 파란색과 빨간색에 부르봉 왕실의 상징색인 하얀색을 더해서 만든 것이죠. 이는 프랑스 혁명의 구호였던 자유·평등·박애 이념으로도 연결됩니다. 파란색은 자유, 흰색은 평등, 빨간색은 박애를 뜻하죠. 프랑스의 삼색기는 아일랜드, 이탈리아, 루마니아 등 유럽, 아프리카 등 다양한 나라의 국기에도 영향을 주었습니다.

　그리고 프랑스 혁명을 일으킨 국민 의회의 '인권 선언' 문서에 담긴 많은 조항이 UN의 세계 인권 선언에도 반영되었습니다. 〈UN 세계 인권 선언문〉 제1조에는 다음과 같은 내용이 있습니다.

> "태생적으로 모든 인간은 자유롭고 평등하며, 존엄과 권리에서
> 동등하다. 인간은 이성과 양심을 부여받은 존재이며, 서로를 도
> 우며 박애 정신을 실천하는 존재이다."
> "모든 주권의 근원은 본질적으로 국민에게 있다. 어떤 단체나
> 개인도 국민에게서 유래하지 않는 권력을 행사할 수 없다."

구시대의 법과 제도에 사망 선고를 내린 이 문서는 이후 유럽 각 국가
로 퍼져나가 자유민주주의의 뿌리가 됐습니다. 이 문서는 오늘날까지도
프랑스 헌법의 기초가 되고, UN 헌장 및 민주주의 국가의 헌법에 지대
한 영향을 미쳤습니다.

여성사적 관점에서 벌거벗겨 본 프랑스 혁명

프랑스 혁명은 자유롭고 평등하며 시민이 주체가 되는 민주주의의 발
전에 큰 영향을 주었습니다. 그런데 여성의 시각에서 프랑스 혁명을 다
시 본다면 민주주의를 이룬 혁명이라 할 수 있을까요?

어떤 의미를 찾을 수 있을까요? 먼저 왕의 가장 가까운 곳에 있던 여
인 마리 앙투아네트는 평생을 가짜 뉴스에 시달리며 비참한 말로를 맞
이했습니다. 이는 프랑스 혁명에서 구호로 내걸었던 '자유'와 '평등'의 이
념에서 벗어난 것입니다. 프랑스 혁명이 추구하는 이념이 모두에게 전해

지기 위해서는 여성에게도 동등한 권리를 주어야 했습니다. 하지만 혁명을 주도하던 세력은 남자였고 그들은 혹시라도 혁명 이후 성별의 경계가 붕괴할 것을 염려했습니다. 남성 혁명가들은 여성의 정치 참여를 고유한 남성 영역에 대한 침해로 여긴 것이죠.

그때 그들의 눈에 들어온 여인이 있었습니다. 미국의 독립 전쟁 지원을 부추기고, 국외 탈출을 시도하게 만든 사람. 바로 마리 앙투아네트였죠. 그들에게 왕비는 정치에 참여하는 여성의 대표자로서 여성을 정치에서 배제하기 위한 좋은 도구가 된 것입니다. 이 문제는 마리 앙투아네트뿐 아니라 정치에 참여했던 다른 여성들도 마찬가지였습니다. 프랑스 혁명이 내걸었던 구호 자유·평등·박애에서 '박애'는 형제애를 상징합니다. 남자들은 박애가 자매들에게는 적용되지 않는다고 주장했습니다. 이는 곧 인권은 남성만 가질 수 있는 권리를 의미합니다. '인권' 역시 마찬가지입니다. 인간L'Homme을 뜻하는 단어는 동시에 남자를 의미합니다. 결국 프랑스 혁명이 추구한 것은 '남성권'과 다름없었죠.

특히 당시 시민의 편에 서서 사회 변혁을 제대로 하지 않는 정부를 비판하고, 사회의 극빈층을 위해 개혁을 해야 한다고 강하게 주장했던 혁명가 장 폴 마라Jean Paul Marat가 '샤를로트 코르데Charlotte Corday'라는 여성에게 암살당하자, 혁명을 주도한 이들은 공적 영역의 여성들에게 관심을 돌리기 시작했습니다. 파리의 부유한 상인의 딸이었던 '롤랑Roland 부인'은 1793년 루

롤랑 부인

이 16세 처형 이후 적극적으로 공포 정치를 반대하는 입장을 드러냈습니다. 그녀는 프랑스 혁명이 시작된 후 정치 운동에도 활발하게 참여했던 여인입니다. 하지만 "공포 정치를 반대한다"라는 입장을 표명했다는 이유로 끝내 재판에 넘겨졌습니다. 그녀는 남편을 도주시키고 혁명파에게 붙잡혀 형장에 끌려갑니다. 그녀는 처형 직전 이런 말을 남겼습니다.

"혁명이여, 너의 이름으로 얼마나 많은 피가 뿌려졌는가."

나중에 이 소식을 전해 들은 그녀의 남편은 아내를 따라 스스로 생을 마감했습니다.

그리고 〈여성과 여성 시민의 권리 선언〉이라는 선언문을 낸 계몽주의 사상의 대표적 아이콘이었던 '올랭프 드 구주Olympe de Gouges'라는 여인이 있습니다. 그녀는 "여성들도 정치적인 연설을 할 연단에 올라설 권리를 가져야 한다. 또한 그에 못지않게 처형장에도 올라갈 권리를 가져야 한다"라고 주장하며 예술 살롱과 철학 살롱에 드나들며 그곳에서 많은 정치가와 교류했죠.

올랭프 드 구주

정치에 적극적으로 참여했던 이 여인들의 공통적인 결말은 무엇일까요? 모두 단두대에서 처형당했다는 것입니다. 자연의 경계, 즉 남성의 영역에 침범했다는 이유 때문이었죠. 당시 혁명을 주도했던 이들은 새로운 사회 질서 건설에 대해 불안감을 느꼈고, 마리 앙투아네트를 중심으로 어머니와 여성을 공적이고 정치적인 행위로부터 분리해 버린 것입니다. 그리고 자신들이 새로운 정치적 조직을 만들기를 원했습니다.

프랑스 혁명에 적극적으로 앞장섰던 여성들은 모두가 평등한 삶을 꿈꿨지만 현실은 녹록치 않았습니다. 시민들의 자유와 주권을 회복시킨 프랑스 혁명은 과연 여성들의 인권에 있어 혁명적이었을까요? 우리는 이제껏 프랑스 혁명이 가져온 긍정적인 변화에 관해서만 배웠습니다. 하지만 프랑스 혁명에도 분명 한계점은 존재합니다.

우리는 '프랑스 혁명'에 관해 구체제의 모순과 절대 왕정의 상징과도 같았던 바스티유를 습격하고, 인권 선언을 발표하며 국민이 직접 주인이 된 사건이라고 배웁니다. 하지만 이 시점에서 우리는 스스로에게 질문을 던져야 합니다.

"과연 프랑스 혁명에 대하여 우리가 알고 있는 것은 무엇인가?"

"여성사적 관점에서 봤을 때, 프랑스 혁명은 진정한 민주주의의 시작을 알린 사건이 맞는가?"

이것이 바로 역사를 다양한 각도에서 살펴보고 '작은 것'과 '낮은 것'에도 관심을 기울여야 하는 이유입니다. 더불어 한 개인은 물론 역사까지 바꿔놓을 정도로 심각한 문제인 가짜 뉴스에 관해서도 고민해야 합니다. 무분별한 가짜 뉴스를 만들어내는 것도 문제지만 분별력 없이 무조건 받아들이는 것 또한 문제가 됩니다. 가짜 뉴스와 진짜 뉴스가 뒤섞여 거짓이 진실을 가리는 일이 많아지는 요즘, 진짜 뉴스와 가짜 뉴스를 구별할 수 있는 눈을 기르기 바랍니다.

벌거벗은 혁명가, 나폴레옹

우리가 몰랐던 영웅의 두 얼굴

김대보

● 영국, 독일과 함께 유럽의 대표적인 강대국 중 하나인 프랑스. 이 나라가 역사상 가장 강력했던 시기는 언제일까요? 프랑스의 영웅이자 전설적인 리더로 평가받는 나폴레옹 보나파르트Napoleon Bonaparte가 통치했을 때입니다.

　그림 속 지도는 우리가 익히 알고 있는 유럽의 모습입니다. 여기서 붉은 선으로 표시한 지역이 나폴레옹이 사실상 지배한 영토입니다. 이 시기의 프랑스는 영국과 러시아를 제외한 대부분의 유럽 국가를 정복하면서 프랑스의 영향권 아래 두었습니다. 나폴레옹은 이 같은 업적을 바탕으로 지금까지도 많은 프랑스인에게 전쟁 영웅으로 평가받고 있죠. 그뿐 아니라 프랑스의 행정 제도를 비롯해 지금까지 유지되고 있는 다양한 법과 제도 등이 그가 통치했던 시기에 만들어졌습니다.

나폴레옹 정복 지도

작아 보이는 그림 속 나폴레옹

엄청난 업적을 달성한 주인공인 만큼 전 세계적으로 나폴레옹을 향한 인기와 관심은 매우 큽니다. 나폴레옹에 관한 책만 8만 권 이상 출간되었는데, 그중 전기만 해도 2만 4천 종이 넘습니다. 지금도 계속해서 새로운 전기가 출간되고 있습니다. 작가의 정치적 입장과 사료를 해석하는 시각에 따라 나폴레옹을 평가하는 방식은 다양합니다. 하지만 그에 관한 이야기가 너무 많다 보니 이곳저곳에서 와전된 소문이 만들어지기도 했습니다.

나폴레옹의 외모적 특징 하면 가장 먼저 떠오르는 것은 무엇인가요? 160cm도 안 되는 작은 키라고 생각하는 사람이 많습니다. 그런데 나폴레옹의 실제 키는 168cm입니다. 당시 프랑스 성인 남성의 평균 키가 160cm였고, 군인들의 평균은 165~169cm 정도였죠. 즉 일반인치고는 큰 키였고 군대 내에서는 평균이었습니다. 많은 사람이 나폴레옹의 키가 작다고 여기는 큰 이유 중 하나는 다양한 그림입니다.

그는 여러 그림에 자신의 모습을 남겼습니다. 그런데 그림 속 나폴레옹의 모습은 하나같이 작아 보입니다. 여기에는 이유가 있습니다. 그와 함께한 그림 속 인물들이 모두 특별한 사람이었기 때문입니다. 그는 주로 근위대 정예병들과 함께했는데 그들은 최소 176cm였습니다. 상대적으로 나폴레옹이 작아 보였던 것이죠.

그 밖에도 나폴레옹에 관해 잘못 알고 있거나 잘 알려지지 않은 이야기가 많습니다. 우리는 그를 영웅으로만 평가하지만 나폴레옹을 시민의 권리를 파괴한 독재자로 보는 시선도 있습니다. 그를 바라보는 시선이 왜 이렇게 극과 극으로 나뉘는 것인지 지금부터 그 이유를 찾아가 보려합니다. 우리가 알고 있는 나폴레옹과 진짜 나폴레옹의 모습에는 어떤 차이가 있는지 벌거벗겨 보겠습니다.

나폴레옹의 치명적 단점

보통 '될성부른 나무는 떡잎부터 다르다'라고 합니다. 그렇다면 유럽 전역을 제패한 나폴레옹 역시 범상치 않은 어린 시절을 보냈을까요?

많은 사람의 기대와 달리 어린 나폴레옹은 항상 구석에서 책만 보는 외톨이였습니다. 코르시카섬에서 태어난 나폴레옹은 10세가 되던 해, 프랑스 땅으로 건너가 브리엔느Brienne 군사학교에 입학합니다. 사실 나 폴레옹이 태어나기 1년 전까지만 해도 코르시카섬은 프랑스가 아닌 이 탈리아 제노바 공화국의 영토였습니다. 그런데 코르시카섬을 침공한 프 랑스가 그곳을 차지하면서 프랑스령이 된 것입니다. 실제로 코르시카섬 은 지리적으로 프랑스보다 이탈리아와 더 가깝습니다. 만일 프랑스와

코르시카섬 위치

의 전쟁이 없었다면 나폴레옹은 이탈리아인이 되었을 것입니다.

이러한 이유로 나폴레옹의 모국어는 프랑스어가 아닌 이탈리아 토스카나 지방의 방언인 코르시카어였습니다. 프랑스어가 서툴렀던 그는 억양도 남들과 달랐습니다. 군사학교의 친구들은 나폴레옹을 촌뜨기라며 심하게 놀렸습니다. 말뿐 아니라 글도 서툴러 철자도 많이 틀렸다고 합니다. 이때의 기억 때문인지 나중에 황제가 된 뒤에도 나폴레옹은 글을 쓸 일이 있으면 서기가 대신 쓰도록 했습니다.

비록 코르시카 억양으로 프랑스어를 구사한다는 이유로 친구들에게 놀림 받고 외로운 유년 시절을 보냈던 나폴레옹이지만 야망만큼은 누구보다 컸습니다. 힘든 군사학교 생활도 강한 군인이 되어 반드시 출세하겠다는 생각으로 버텨냈죠. 홀로 도서관에서 그리스의 역사가 플루타르코스Plutarchos가 쓴 《영웅전》과 같은 책을 읽으며 군사학교를 졸업한 나폴레옹은 포병 소위로 임관했습니다.

프랑스어도 잘 못하던 촌뜨기 나폴레옹은 어떻게 프랑스의 영웅이 될 수 있었던 걸까요? 코르시카섬 출신의 나폴레옹이 프랑스 황제 자리까지 오른 방법을 알기 위해서는 당시 프랑스 상황을 들여다봐야 합니다.

루이 16세가 프랑스를 지배하던 1789년에 혁명이 일어납니다. 프랑스 사람들은 국민이 국가의 주인이 되는 나라를 만들려고 했죠. 그럼에도 왕실의 권력과 권위를 회복시키려는 움직임이 끊이지 않자 프랑스인들은 루이 16세를 프랑스 혁명의 걸림돌이라고 생각했습니다. 결국 1793년 1월에 혁명을 살려야 한다는 이유로 루이 16세는 단두대에서 처형당했습니다.

국왕을 처형할 당시 프랑스는 안팎으로 어려운 상황이었습니다.

여러 문제 중 첫 번째는 국제적 위기입니다. 유럽의 왕정 국가들이 프랑스의 상황을 예의주시하고 있었던 것입니다. 그도 그럴 게 당시 유럽의 모든 국가는 왕이 다스리는 왕정 국가였습니다. 프랑스 혁명의 승리는 다른 왕정 국가의 국민을 자극할 게 뻔했죠. 프랑스 혁명으로 왕정의 폐지와 공화국 선포, 국왕 처형을 바라보면서 유럽 왕정 국가들은 다음 혁명의 희생자가 자신이 될 수도 있다는 불안을 느낄 수밖에 없었습니다. 이러한 위험을 감지한 주변 국가들은 상황을 해결할 방법을 찾기 시작했습니다. 그리하여 1793년 초, 이미 프랑스와 전쟁 중이던 오스트리아는 영국, 에스파냐 등과 대프랑스 동맹을 맺고 프랑스를 더욱 거세게 압박했습니다. 혁명이 유럽에 퍼지는 것을 막아야 한다는 공감대가 유럽 전체에 형성된 것입니다.

두 번째는 국내 위기입니다. 혁명에 저항하는 반혁명파가 일으킨 반란이 프랑스 내부에서 여러 차례 일어난 것입니다. 대표적으로 대서양 연안의 한 지방에서는 반혁명 군대와 공화국 군대 사이에 전쟁이 일어났고 20만 명 이상이 목숨을 잃었습니다. 그리고 이 지방에 파견된 한 국민 의회 대표는 낭트에서 최소 1,800명에서 최대 4천 명까지 수장시키기도 했죠.

세 번째는 인플레이션입니다. 17세기부터 18세기까지 끊이지 않고 이어진 전쟁은 프랑스를 거의 파산 지경으로 몰아넣었습니다. 프랑스 혁명이 시작된 이후, 프랑스의 재정 상황을 호전시키려고 했으나 단기간에 해결할 수 있는 일이 아니었습니다. 1792년에 오스트리아와 전쟁을 시작한 프랑스는 부족한 재정을 메우기 위해 결국 화폐를 계속 찍어냈습니다. 많은 돈이 필요한데 돈이 없으니 엄청난 양의 돈을 찍어낸 것입니다. 그 바람에 화폐 가치가 떨어졌고 심각한 인플레이션을 불러일으켰습니다. 1793년 8월에는 100리브르 지폐의 가치가 36리브르밖에 안 될 정도였죠. 물가도 상당히 올라 1793년 상반기에만 밀 가격이 두 배 가까이 치솟았습니다.

나폴레옹은 이런 혼란스러운 국내외 정세 속에서 등장했습니다. 프랑스 남부에는 툴롱이라는 도시가 있습니다. 이곳은 루이 12세가 군사 방어 목적으로 요새화한 프랑스의 주요 해군기지였죠. 또한 프랑스가 지중해 진출의 발판으로 삼은 군사 요충지이기도 합니다. 그런데 프랑스의 왕당파가 모여 이곳을 점령하는 일이 벌어집니다. 왕당파는 왕권이 복귀되어야 한다고 주장하는 세력으로, 왕권을 폐지하고 국민이 국가의 주인이 되어야 한다는 프랑스 혁명 정부에 반대했습니다.

왕당파는 완벽한 방어선을 갖추기 위해 왕정을 지지하는 영국군에 도움을 요청했습니다. 이를 받아들인 영국군이 툴롱항을 지키고 있었죠. 지중해로 나가는 중요 항구인 툴롱을 왕당파에게 빼앗길 수 없었던 혁명군은 툴롱 탈환 작전을 시작했습니다. 영국군으로부터 툴롱항을 되찾아오는 중요한 임무를 맡은 인물 중 한 명이 바로 나폴레옹입니다. 그와 같은 코르시카섬 출신 의원 앙투안 크리스토프 살리체티Antoine Christophe Saliceti가 포병부대 장교 자리가 비어 있는 것을 알고 나폴레옹을 추천했던 것입니다.

나폴레옹, 유럽 무대에 데뷔하다

툴롱으로 달려간 나폴레옹의 눈앞에 펼쳐진 혁명군의 상황은 최악이었습니다. 툴롱 탈환군 사령관은 여러 차례 교체되었는데 나폴레옹이 포병 장교로 배치된 이후에도 마찬가지였습니다. 게다가 바뀔 때마다 사령관들은 모두 정면 대결을 벌였습니다. 이런 무모함 때문에 툴롱의 상황은 좋지 않았죠. 나폴레옹은 계속 실패하는 정면 승부가 아닌 다른 계획을 사령관들에게 계속해서 제안했습니다. 물론 사령관들은 나폴레옹의 말을 듣지 않았습니다.

정면 승부를 피한 나폴레옹이 제안한 전략은 툴롱항 반대편에 있는 에기예트 요새를 점령하는 것이었죠. 그는 왜 에기예트를 차지하려 했

툴롱 전투

을까요? 그가 세운 작전을 살펴보면 그 답을 찾을 수 있습니다.

나폴레옹 작전 1

에기예트 요새를 차지해 에기예트와 툴롱항 사이에 정박 중인 영국 군함에 포격

나폴레옹 작전 2

그와 동시에 툴롱항 서쪽과 북동쪽에 위치한 요새를 차지해 툴롱항에 직접 포격

위의 두 작전을 동시에 펼치며 포격하면 툴롱을 탈환할 수 있다고 판단한 것입니다. 마지막으로 교체된 사령관은 나폴레옹의 전략이 유일하게 툴롱을 탈환할 수 있는 방법이라고 상부에 보고했고, 나폴레옹의 전략을 승인합니다. 결국 나폴레옹의 작전대로 에기예트를 점령했고 나폴레옹의 기습 공격을 받은 영국군은 제대로 방어하지 못하고 달아났습니다. 왕당파에게 빼앗겼던 해군기지를 무사히 되찾은 것이죠.

장교 임관 후 첫 번째 전투를 성공적으로 수행한 나폴레옹은 군인으로서 강렬한 인상을 남기며 포병 대위에서 준장으로 고속 승진합니다. 하지만 툴롱전 이후 나폴레옹은 정치적 변동 때문에 감옥에 갇히기도 하는 등 한동안 별다른 활동 없이 지냈습니다.

그런데 1795년 10월, 프랑스의 수도 파리에서 혁명에 저항한 왕당파의 대규모 반란이 일어납니다. 이때 5인의 총재 중 한 명이었던 폴 바라스Paul Barras는 툴롱 전투에서 공을 세운 나폴레옹을 부르기로 합니다.

바라스는 그에게 파리 포병부대의 지휘권을 제안했고 나폴레옹은 이 제안을 받아들였습니다. 사실 바라스는 나폴레옹을 부르기 위해 평소에 그가 잘 다니던 곳에 사람을 보냈는데 그 어디에서도 찾을 수 없었다고 합니다. 그래서 항간에는 나폴레옹이 왕당파와 만나 모종의 거래를 하고 있었다는 소문이 돌기도 했습니다.

다시 한번 반란 진압 작전에 투입한 나폴레옹은 툴롱 전투에서 증명한 탁월한 군사적 재능을 이번에도 발휘했습니다. 다시 찾아온 기회를 놓치고 싶지 않았던 그는 과감하고 저돌적인 작전을 제안합니다. 건물 붕괴를 무릅쓰고 파리 시내의 반란군을 포격으로 진압하겠다는 충격적인 작전을 실행한 것입니다. 파리 생로슈 성당 앞에 진을 친 나폴레옹은 총으로 공격하는 왕당파에게 무차별적인 포격으로 대응했습니다. 그렇게 왕당파 진압에는 성공했으나 엄청난 희생자가 발생하고 말았습니다. 하지만 진압을 성공한 공로를 인정받아 사단장 진급과 함께 지휘권도 얻게 되었습니다. 26세에 불과했던 나폴레옹의 사단장 진급은 당시에도 보기 힘든 초고속 승진이었습니다.

초고속 승진과 영웅의 탄생

군사학교를 졸업하고 프랑스 군대에 입대한 이후 군인으로서 승승장구하던 나폴레옹에게 드디어 국민 영웅이 될 결정적 기회가 찾아옵니다. 1796년 당시 이탈리아 북부 지역은 대프랑스 동맹국 중 한 곳이었던 오스트리아의 영향력이 강했습니다. 프랑스로서는 이곳이 늘 골칫거

1차 이탈리아 원정

리였죠. 이 문제를 해결하기 위해 이탈리아 북부를 먼저 공격한 뒤, 토리노-밀라노-베네치아 등을 거쳐 오스트리아로 진격한다는 대대적 군사작전을 세웠습니다.

그런데 이탈리아 원정군은 보급이 부족하고 병력도 열세였으며 무장도 형편없었습니다. 때문에 처음 원정 계획을 세우고 4년이 지나도록 아무런 성과를 얻지 못했습니다. 자연히 군대는 사기가 하락한 상태였죠. 이때 프랑스군은 나폴레옹을 이탈리아 원정군의 총사령관으로 임명해 작전에 투입했습니다.

승리할 수 있는 결정적 고지를 찾는데 탁월한 능력을 가졌던 나폴레옹은 상대의 빈틈을 잘 알아차리고 전력을 집중시켜 승리를 이끌어냈습니다. 이탈리아 원정에 나선 그는 로디 전투-카스틸리오네 전투-아르

콜레 다리 전투 등 북부 이탈리아를 넘어 오스트리아의 심장부를 향해 거침없이 진격했습니다. 그리고 마침내 리볼리 전투에서 혁명의 최대 적이자 프랑스와 오랜 적대 관계인 오스트리아를 굴복시키게 됩니다. 나폴레옹은 오스트리아를 군사적으로 더욱 압박하라는 총재 정부의 의도를 거부하고 오스트리아와 캄포포르미오에서 평화 조약을 맺습니다. 이탈리아 북부를 완전히 장악할 수도 있었지만, 오스트리아가 이탈리아에서 가지는 권리를 일부 인정해 주는 대신 라인강 서쪽 지역의 지배를 인정받았죠.

원정에 성공한 뒤 돌아온 나폴레옹을 향해 시민들은 엄청난 환호를 보냈고 그는 일약 스타덤에 올랐습니다. 코르시카섬 출신의 따돌림 받던 외톨이에서 프랑스의 국민 영웅으로 첫걸음을 내딛게 된 것이죠. 그리고 인기가 올라갈수록 나폴레옹의 가슴속에는 조금씩 더 큰 야망이 피어올랐습니다.

이탈리아 원정의 승리도 잠시뿐 나폴레옹은 또 다른 원정길에 올랐습니다. 다음 원정 장소는 이집트로, 그가 이곳으로 향한 이유는 영국 때문이었습니다. 나폴레옹은 원래 영국을 공격하기 위한 사령관으로 임명되었습니다. 그러나 해상 공격을 감행할 영국과의 전쟁에 승산이 없다고 판단한 나폴레옹은 총재 정부에 이집트 원정을 제안했습니다. 이집트는 영국의 식민지였던 인도의 교역로였기 때문입니다. 나폴레옹은 이집트를 점령한다면 영국과 인도의 교역망을 막을 수 있다고 생각한 것입니다. 총재 정부 역시 전쟁 영웅 나폴레옹을 이집트로 보내 눈엣가시였던 영국을 견제하려 했죠. 이 전략으로 나폴레옹은 이집트 원정을 승인받았습니다.

하지만 이 원정에는 총재 정부의 또 다른 의도가 숨어 있었습니다. 프랑스 혁명 이후 정치인들은 전쟁에서 승리를 거둔 군인을 상당히 경계했습니다. 군인의 인기가 높아질수록 그들에게 권력을 빼앗길지도 모른다는 위기감을 느낀 것이죠. 이탈리아 원정 이후 치솟은 나폴레옹의 인기를 경계하던 총재 정부는 이집트 원정을 나폴레옹을 견제할 기회로 삼았습니다. 프랑스에서 멀고 승리 가능성이 낮은 곳에 그를 보내는 것이었죠.

하지만 나폴레옹은 그들의 검은 술수를 이미 알고 있었습니다. 정치적 계산이 빨랐던 그는 오히려 총재 정부의 견제를 역으로 이용하려고

이집트 피라미드 전투

했습니다. 이탈리아 원정 이후 별다른 성과가 없었던 그는 이집트 원정을 자신의 정치적 입지를 높일 기회로 여겼습니다. 하지만 상황은 나폴레옹이 생각한 대로 흘러가지 않았죠. 이집트의 수도 카이로를 점령하며 승리하는 듯 보였지만 영국의 해군 영웅 넬슨Nelson 제독의 등장으로 상황이 뒤바뀐 것입니다. 영국 해군은 이집트 나일강에 정박 중이던 프랑스 함대를 괴멸시켰습니다. 이로 인해 보급과 퇴로가 끊긴 나폴레옹은 오도 가도 못한 채 이집트 안에 고립되고 말았습니다.

그와 동시에 영국은 프랑스 본토를 공격하기 시작했습니다. 엎친 데 덮친 격으로 이집트 내에서는 프랑스군에 반대하는 저항 운동이 일어나고 흑사병까지 돌기 시작합니다. 최악의 상황에 놓인 나폴레옹은 목적을 달성하지 못한 채 발만 동동 구르고 있었죠.

그런데 파리의 상황이 심상치 않았습니다. 인플레이션과 부정부패 등 국내외 위기 상황에서 총재 정부가 너무도 무능력했던 것입니다. 때문에 프랑스 정치권에서는 파벌 싸움이 벌어졌고 일촉즉발의 위기에 놓였다는 소식이 들려왔습니다. 이에 나폴레옹은 자신이 이집트에 고립된 채 있을 게 아니라, 프랑스로 돌아가 정치에 나서야 한다고 생각하기 시작합니다. 나폴레옹은 결국 이집트에 군대를 남긴 채 소수의 부하와 함께 이집트를 탈출해 프랑스로 돌아갔습니다.

쿠데타로 권력의 중심에 서다

파리 시민들은 이집트 원정에서 돌아온 나폴레옹을 여전히 반기며

'전쟁 영웅 나폴레옹'을 외쳤습니다. 나폴레옹을 혼란을 잠재울 구원자라고 생각한 것이죠. 그리고 이때 한 사람이 나폴레옹을 찾아옵니다. 그와의 만남은 나폴레옹의 인생에 큰 전환점이 되었습니다.

나폴레옹이 파리에 도착하자 당시 혁명의 흐름에 불만을 품었던 에마뉘엘 조제프 시에예스Emmanuel Joseph Sieyes'라는 사람이 그를 찾아와 한 가지 제안을 합니다. 그는 5인의 총재 중 한 사람으로 프랑스 혁명 초기에 대의제와 시민에 대한 이론을 발전시킨 인물이기도 합니다. 시에예스는 지금의 정부를 뒤엎고 쿠데타를 일으키자고 제안합니다. 마음속으로 야망을 키우며 정계 진출의 기회를 노리고 있었던 나폴레옹은 드디어 때가 왔다고 생각하고 그의 제안을 수락하죠. 사실 시에예스는 30세의 젊은 나폴레옹을 자신이 충분히 통제할 수 있을 거라 생각해 그를 쿠데타에 활용할 도구 정도로 생각했습니다. 그러나 이는 희대의 오판이었습니다.

1799년 11월 9일, 나폴레옹은 '브뤼메르 18일의 쿠데타'를 결행합니다. 그는 자신의 군대를 이끌고 국회의사당에 들어가 무력으로 의회를 제압하고 쿠데타를 일으켰습니다. 이로 인해 총재 정부가 몰락하고 나폴레옹을 중심으로 세 명의 집정관을 두는 집정관 정부를 새롭게 수립합니다. 이때 프랑스에서 최고 권력을 갖는 제1통령에 나폴레옹이 올랐습니다. 또한 기존 의회를 강제로 해산하고 자신에게 유리한 새로운 의회를 결성하기에 이렀습니다. 이때 나폴레옹은 불과 30세였습니다. 한편 나폴레옹에게 쿠데타를 제안하며 정치적 야망을 드러냈던 시에예스는 나폴레옹에 의해 권력의 중심에서 밀려나며 머지않아 정계에서 사실상 은퇴하고 말았습니다.

상상 불가, 알프스를 넘어 진격하라!

프랑스 최고의 권력자에 오른 나폴레옹의 다음 행보는 역시나 전쟁이었습니다. 나폴레옹은 계속해서 프랑스의 안정을 위협하는 오스트리아와 우호 관계를 만들고 싶었습니다. 하지만 오스트리아는 이를 거부합니다. 결국 나폴레옹은 이들과의 전쟁을 결심합니다. 이때 오스트리아 군대가 프랑스군이 주둔한 이탈리아 북부를 기습 공격하자 나폴레옹은 직접 이탈리아 원정에 나섰습니다.

이때 이탈리아에는 나폴레옹의 오른팔 마세나Massena 장군의 군대가 제노바 동쪽에 주둔하고 있었습니다. 그런데 오스트리아가 기습 공격을 하며 이들과 프랑스 사이를 막아버린 것이죠. 나폴레옹은 마세나의 군대를 구하기 위해 촌각을 다투는 절체절명의 상황에 놓였습니다. 하루라도 더 빨리 전쟁터에 도착해야 하는 이때 과연 나폴레옹은 어떤 전략을 세웠을까요? 오스트리아는 지중해와 면해 있는 프랑스와 이탈리아 국경 지역과 마렝고 근처에 병력을 배치해 둔 상태였습니다. 과거 나폴레옹의 전투 경험을 살펴볼 때 프랑스군이 가장 쉽고 빠르게 올 수 있는 예상 경로였기 때문입니다. 그런데 나폴레옹은 예상을 뒤엎고 알프스산맥을 넘어 이동하기로 합니다. 허를 찌르는 기습 작전으로 오스트리아의 뒤통수를 치기로 결심한 것이죠.

당시 제노바에는 프랑스 군대가 주둔하며 오스트리아와 대치 중이었습니다. 나폴레옹은 남은 프랑스군에게 최대한 시간을 끌어 버텨달라는 지시를 남기고 알프스산맥을 넘어가기 시작합니다. 길도 제대로 닦이지 않고 눈으로 뒤덮인 알프스산맥을 넘어 군대를 이동한다는 것은

나폴레옹 군대의 이동 경로

상상하기 힘든 전략이었습니다. 알프스산맥을 넘는 동안 군대가 막심한 피해를 입을 것이 분명했죠. 그럼에도 나폴레옹은 무리한 전략을 감행했고, 무려 이틀 만에 알프스산맥을 넘었습니다.

　나폴레옹은 다양한 방법으로 기동성을 높여서 적보다 빠르게 치고 빠지는 속전속결로 전쟁을 치렀는데, 이는 병사들에게 상당한 호평을 받았던 전술이었습니다. 그는 이번에도 속전속결 전략을 선택했습니다. 적보다 빠르게 움직이기 위해 보급품을 최소화했고 텐트나 침낭 같은 물건도 챙기지 않았고 담요 한 장이 전부였죠. 그리하여 병사들은 담요에 의지해 비바크biwak를 하면서 버텼습니다. 오늘날 캠핑용어로 많이 쓰이는 비바크(등산 도중 예상치 못한 사태가 일어났을 때 한곳에서 밤을 지새는 것)는 바로 프랑스어 비부악bivouac과 같습니다. 또한 알프스를 넘을 때 무거운 대포를 완전히 분해해 운반하는 방법으로 군대의 이동 속도를 높일 수 있었습니다.

보급품을 최소화하면서 병사들을 힘들게 만들었다고 볼 수도 있지만 그렇다고 나폴레옹이 병사들의 보급에 제대로 신경 쓰지 않은 것은 아닙니다. 오히려 엄청 세심하게 챙겼습니다. 꼭 필요한 군사들의 보급품인 군화의 경우에는 개수와 경로까지 직접 정해주며 챙겼다고 합니다. 전쟁에서 최고 사령관이 이렇게까지 꼼꼼하게 살피는 경우는 매우 드문 일입니다. 나폴레옹은 철저한 계획하에 전쟁 물자의 이동 경로를 따로 지정해 혼선을 막았고, 병사들이 알프스에서 조금이라도 빠르고 편하게 이동하도록 만들었습니다.

무모하고 저돌적인 전략으로 단 이틀 만에 알프스산맥을 넘은 나폴레옹의 군대는 적을 공격하는 데 성공합니다. 남아 있던 프랑스군과 위아래서 협공하며 전투를 승리로 이끌었죠. 이게 바로 카르타고의 전쟁 영웅 한니발Hannibal 장군 이후 2천여 년 만에 알프스를 넘은 나폴레옹으로 유명해진 '마렝고 전투'입니다. 이 전투에서 약 9천 명의 오스트리아 병사를 격파합니다. 하지만 프랑스 병사 역시 4천여 명이 전사할 정도로 피해가 컸습니다. 그렇게 마렝고 전투에서 프랑스의 이탈리아 지배를 확보한 나폴레옹은 프랑스 내에서 입지를 다시 한번 굳힐 수 있었습니다.

마렝고 전투에는 재미있는 사실이 숨어 있습니다. 먼저 두 그림을 살펴보겠습니다. 옆의 그림은 우리가 익히 알고 있는 알프스산맥을 넘는 나폴레옹의 모습입니다. 이 그림은 19세기 최고의 화가이자 나폴레옹 궁정의 수석 화가였던 자크-루이 다비드Jacques-Louis David의 작품입니

말을 타고 알프스를 넘는 나폴레옹[1]

다. 워낙 유명한 탓에 사람들은 나폴레옹이 알프스산맥을 넘을 때 저렇게 멋진 말을 타고 갔다고 알고 있지만 사실은 달랐습니다. 뒤에 나올 그림은 프랑스의 화가 폴 들라로슈Paul Delaroche가 그린 것으로 오히려 사실에 가까운 그림입니다. 실제로 나폴레옹은 노새를 타고 매우 조심스럽게 움직였습니다. 험한 알프스를 말을 타고 달리는 일은 불가능했

노새를 타고 알프스를 넘는 나폴레옹[2]

기 때문입니다. 그런데 나폴레옹은 왜 옷 속에 손을 넣었을까요? 이에 관해 무궁무진한 속설이 많습니다. 사실은 당시 프랑스 바지에는 주머니가 없었고 손을 어디에 둬야 할지 몰라 넣은 것이라고 합니다.

그렇다면 자크-루이 다비드는 왜 사실과 다른 그림을 그렸을까요? 나폴레옹은 자신의 이미지 메이킹에 굉장히 능한 사람이었습니다. 자신을 최대한 멋지게 그림으로써 스스로가 얼마나 대단한 사람인지를 보여주려 한 것이죠. 나폴레옹의 이미지 메이킹 능력은 그의 인기 비결 중 하나라 볼 수 있는데, 자기 자신을 끊임없이 미화하면서 대중에게 전쟁 영웅 이미지를 심어주었습니다. 예를 들어 전쟁을 마치고 돌아올 때도 자신이 불리했던 상황은 쏙 빼놓고 활약만을 강조해 선전하는 등 스스로 영웅의 이미지 메이킹을 했습니다.

그림뿐 아니라 나폴레옹은 긍정적인 이미지를 만들기 위해 본인이 익명으로 직접 기사를 써서 배포하기도 했습니다. 자신에게 유리한 방향으로 여론을 만든 것이죠. 다음은 나폴레옹이 이탈리아 군단 소식지에 직접 쓴 기사입니다.

> "나폴레옹은 번개처럼 빠르게 날아올랐고, 벼락처럼 공격했다. 나폴레옹은 모든 곳에 있었고, 모든 것을 보았다. (중략) 모든 곳에서 나폴레옹이 지나갈 때마다 관대함이 넘친다."

기사를 통해 대중에게 나폴레옹이 대단한 사람이라는 사실을 계속 강조했던 것입니다.

프랑스를 혁명 전으로 되돌린 영웅

이미지 메이킹 외에도 나폴레옹이 프랑스 시민들로부터 사랑받았던 또 하나의 인기 비결은 《나폴레옹 법전》입니다. 이는 나폴레옹이 자신

나폴레옹 종신 집정관 찬반투표

의 가장 위대한 업적으로 꼽은 것이기도 합니다. 나폴레옹은 국민투표를 통해 제1통령인 자신을 종신 통령으로 정하고 더욱 강한 권력을 갖게 되었습니다. 이후 자신이 다스릴 프랑스의 기틀을 마련하는 일을 시작했는데 제1통령 시절부터 준비해 온 법전 편찬에 착수한 것입니다. 당시 프랑스는 헌법은 있었지만 일반 국민의 생활에 영향을 주는 민법은 지역마다 체계가 달랐습니다. 즉 통일된 법전이 없었죠. 따라서 프랑스 북부는 게르만족 관습법을 따르고 프랑스 남부는 로마법을 따랐습니다.

단일한 사법 체계가 필요하다고 생각한 나폴레옹은 프랑스 법학자들을 불러 모았습니다. 그리하여 1804년 3월 21일, 36개 법과 2,281개 조항으로 구성된 《나폴레옹 법전》을 공표합니다. 나폴레옹은 훗날 자신의 회고록에서 이 법전이 자신의 가장 큰 업적이라고 이야기했습니다.

'나의 진정한 영광은 마흔 번의 전투에서 거둔 승리에 있는 것이 아니라 나의 민법전을 말살시킬 수 없다는 데 있다.'

실제로 나폴레옹의 지휘 아래 통합된 이 법전은 《함무라비 법전》, 《로마법대전》과 더불어 '세계 3대 법전'으로 평가받습니다. 이 법전은 성직자와 귀족의 특권과 여러 관습법을 폐지하고 사유재산을 인정하면서 프랑스 혁명의 정신을 이어받았다는 점에서 프랑스 국민에게 큰 지지를 받았습니다. 《나폴레옹 법전》에 명시된 개인의 자유와 권리, 재산, 평등을 보장하는 내용은 오늘날까지 이어지고 있습니다. 하지만 이렇게 칭송받는 《나폴레옹 법전》에도 치명적인 한계점이 있습니다. 제213조에 따르면 '남편은 그 처를 보호할 의무를 지고, 그 아내는 남편에게 복종할 의무를 진다'라고 규정되어 있습니다. 이 조항 때문에 여성 인권에 관한 문제가 제기되고 있습니다. 2021년에 나폴레옹 사망 200주년을 맞이한 프랑스에서는 과연 그가 기념할 만한 인물이 맞는가에 대한 논란이 있었습니다.

또한 나폴레옹은 현재 프랑스에서 유지하고 있는 각종 행정 제도를 시행한 것으로도 유명합니다. 가령 프랑스어로 '프레페préfet'라고 하는 우리나라의 도지사와 비슷한 지방 행정관도 나폴레옹이 처음 시행한 것입니다. 또한 매년 프랑스 대혁명 기념일인 7월 14일이면 샹젤리제 거리에서 다양한 유니폼을 입은 사관생도들의 퍼레이드를 볼 수 있는데,

이 역시 군사 교육 과정을 세분화한 나폴레옹 덕분입니다.

코르시카 촌뜨기 나폴레옹, 프랑스 최초의 황제가 되다!

국가 시스템부터 법률까지 영향을 미친 나폴레옹의 야망은 종신 통령에서 끝나지 않았습니다. 프랑스 최고 권력자인 통령보다 더 높은 곳에 올라가고 싶었던 나폴레옹의 다음 목표는 프랑스 최초의 황제가 되는 것이었습니다. 그러나 이미 왕정을 한 번 몰락시킨 프랑스인들에게 나폴레옹의 황제 등극은 쉽게 받아들일 수 있는 것이 아니었습니다. 그래서 나폴레옹에게는 자신이 과거 프랑스의 왕들과 다르다는 점을 보여줄 필요가 있었습니다. 이를 위해 나폴레옹은 자신과 관련한 음모를 이용하기로 합니다. 사실 이 기회는 전혀 예상하지 못한 곳에서 찾아온 것이었습니다. 1803년 5월에 프랑스와 영국 사이의 전쟁이 재개되자, 영국으로 망명한 한 프랑스인은 부르봉 왕실의 복귀를 위해 나폴레옹 제거 계획을 세웠습니다. 그러나 실행 전에 발각되면서 주동자들이 모두 체포되었습니다. 이때 나폴레옹은 이 음모에 대한 책임을 물어 부르봉 왕실의 인원이었던 앙기앵Enghien 공작을 체포합니다.

사실 앙기앵 공작은 프랑스 혁명을 피해 현재의 독일인 바텐 공국에 머물고 있었기에 역모와는 아무런 연관이 없었습니다. 나폴레옹이 거짓 혐의를 뒤집어씌운 그는 결국 한밤중에 납치돼 총살당했습니다. 국경 침범, 납치, 근거 없는 재판 등 다양한 불법이 자행된 앙기앵 공작 처형 사건은 권력에 대한 끝없는 탐욕을 드러낸 나폴레옹이 선을 넘고 마는 계기가 되었습니다. 나폴레옹은 국민에게 부르봉 왕가가 재기를 노리고 있다는 불안감을 불러일으켰고, 나폴레옹은 이 불안감을 이용하기 위해 돌이킬 수 없는 범죄를 저지르고 만 것입니다.

나폴레옹은 프랑스 시민에게 '나폴레옹이 황제가 되어 새로운 왕가가 탄생한다면, 부르봉 왕가를 완전히 몰아낼 수 있다'라는 인식을 심어주었습니다. 즉 나폴레옹이 프랑스 혁명 이전과 같은 왕정을 회복하지 않을 것이라는 여론을 만들어낸 것입니다. 또한 나폴레옹은 자신을 제거하려는 이 음모를 영국이 꾸몄다고 선전했고, 자신을 중심으로 프랑스인이 뭉치도록 유도했습니다. 이렇게 국민 여론을 사로잡은 나폴레옹은 기세를 몰아 프랑스 최초로 황제를 뽑는 찬반 국민투표를 실시합니다. 이 투표를 통해 나폴레옹은 세습 군주가 되려고 한 것이었죠.

국민투표 결과는 찬성 352만 1,675표, 반대 2,579표였고, 약 99.93%의 찬성률로 나폴레옹은 황제 자리에 올랐습니다. 그런데 훗날 역사가들은 이 투표 결과가 조작한 것임을 밝혀냈습니다. 1804년 국민투표 당시 실제 투표한 사람의 수가 300만 명을 넘지 않았던 것입니다. 그리고 각 지방의 작은 마을에서는 찬성이 몇 표이고 반대가 몇 표인지 표기한 것이 아니라 '만장일치로 찬성'이라고 기록했다고 합니다. 조작 없이도 찬성 지지율이 높았지만 다른 군주들에게 압도적 지지율을 보여주고 싶었던 나폴레옹은 투표 결과를 조작했습니다. 조작은 특히 군대에서 심했습니다. 나폴레옹에게 제출한 보고서에는 육군은 12만 32명 찬성, 해군은 1만 6,224명 찬성이었는데 나폴레옹은 이 숫자를 지우고 육군 40만 명 찬성, 해군 5만 명 찬성으로 바꿨다고 합니다. 시간이 흘러 역사가들이 확실한 조작이라고 확인한 수치만 21만 5천 표였습니다.

비록 조작한 표가 많다고 해도 찬성표가 반대표에 비해 압도적으로 많은 것이 사실입니다. 아무리 시민들이 루이 16세와 부르봉 왕가를 싫어했다고 해도 이렇게 압도적인 지지율로 다시 군주제를 받아들여 왕을 앉힌다는 것은 선뜻 이해하기 어렵습니다. 하지만 당시 프랑스 국민의 삶을 들여다보면 그들의 선택을 이해할 수 있습니다.

혁명 이후 계속되는 내전과 외세의 공격에 지칠 대로 지친 프랑스 국민들은 차라리 강력한 카리스마를 가진 단 한 명의 지도자가 이 사태를 수습해 주고 평화를 주길 바랐습니다. 그들이 간절히 원했던 구원자가 바로 나폴레옹이라고 믿었던 것이죠. 당시 국민들이 이러한 바람을 담아 길거리에서 불렀던 노래를 보면 얼마나 나폴레옹에 열광했는지 알 수 있습니다.

'나폴레옹 만세, 만세! 우리에게 주네. 닭고기와 빵과 포도주를 이렇게 많이! 이번에는 거짓말이 아니네!'

실제로 나폴레옹은 대관식 날 시민들에게 빵과 포도주, 햄, 닭고기를 무료로 나눠줬다고 합니다. 이제껏 구체제에서는 백성들에게 세금을 쥐어 짜내기 바빴는데 나폴레옹은 황제가 되자마자 음식을 무료로 나눠주니 사람들이 좋아할 수밖에 없었던 것이죠. 그리고 이 시기 나폴레옹의 이름에 관한 흥미로운 이야기가 하나 더 있습니다. 나폴레옹은 군인 시절에는 보나파르트라고 불리다가 황제가 된 뒤에는 나폴레옹으로 불렸습니다. 그 이유는 당시 프랑스 왕들이 루이, 필립 등 이름으로 불렸기 때문에 자신도 다른 왕처럼 이름으로 불리고 싶었던 것입니다.

혼란의 시대에 혜성처럼 나타난 전쟁의 신, 불안한 사회 속에서 우리를 구원해 줄 영웅 나폴레옹. 루이 16세를 단두대 위에 올렸던 시민들은 나폴레옹 역시 자신의 손으로 황제 자리에 올렸다고 생각했습니다. 하지만 모순적이게도 나폴레옹이 황제가 되면서 프랑스 국민들이 이뤄냈던 프랑스 공화정은 12년 만에 막을 내리게 됩니다. 프랑스 혁명 정신을 뒷걸음치게 만든 것입니다.

유럽 내에서 프랑스 혁명의 가치를 높게 평가하던 사람들은 황제가 된 나폴레옹을 보며 실망하기도 했고, 분노를 느끼기도 했습니다. 그중 대표적 인물인 베토벤Beethoven은 누구보다 실망하고 분노했습니다. 청력을 잃어가던 베토벤에게 나폴레옹은 영감을 주던 인물이었습니다. 프랑스에 구세주처럼 등장한 전쟁 영웅이 부패한 권력을 끝내고 자유, 평등, 형제애라는 프랑스 혁명의 이상을 실현시켜 줄 거라고 믿었기 때문입니다. 그래서 나폴레옹에게 헌사하는 '나폴레옹 보나파르트'라는 곡을 작곡하기도 했습니다. 그러나 그가 곡을 완성할 즈음 나폴레옹은 스스로 황제 자리에 올랐고 이 소식을 들은 베토벤은 환멸을 느끼며 악보를 찢어버렸습니다.

"나폴레옹도 보통 사람과 다를 바 없는 야심가였던가."

베토벤은 결국 이 교향곡의 이름을 〈영웅Eroica〉이라고 바꾼 뒤 '한 위대한 인간의 추억'이라는 부제를 붙여 발표했습니다. 이 곡은 〈운명 교향곡〉과 더불어 베토벤의 대표적인 곡으로 손꼽힙니다.

권력의 끝판왕, 프랑스 황제가 되다

1804년 12월 2일, 드디어 나폴레옹이 그토록 기다렸던 황제 대관식이 열렸습니다. 궁정 화가 자크-루이 다비드는 이 장면을 그림으로 남겼습니다. 그림 속 나폴레옹은 150여 명의 참석자가 지켜보는 가운데 아내인 조제핀Josephine에게 왕관을 씌우고 있습니다. 그리고 황제 바로 뒤에 앉은 교황은 오른손을 들어 축복하고 있죠.

그런데 이 그림에는 흥미로운 이야기가 숨어 있습니다. 교황이 나폴레옹에게 왕관을 씌워주려는 순간 나폴레옹이 갑자기 벌떡 일어나 교황이 든 왕관을 빼앗아 자신이 직접 쓴 것입니다. 사람들은 그 모습을 보고 충격을 받았습니다. 이 행동은 교황과 사전에 협의한 일종의 퍼포먼스였습니다. 하지만 사람들에게는 황제의 권위가 교회보다 위에 있음을 나타내는 것으로 보였습니다. 유럽에서 황제가 된다는 것은 기독교 세계를 보호하고 그 역할을 하는 로마 제국의 전통을 물려받는 것을 뜻합니다. 신성 로마 제국이라는 이름이 그 사실을 잘 나타냅니다. 신성 로마 제국의 황제도 교황의 인정을 받아야 진정한 황제가 될 수 있습니다. 그런데 나폴레옹은 교황을 불러놓고 스스로 황제의 관을 쓴 것입니다. 교황은 그 모습을 보고만 있게 만들었죠.

놀라운 것은 이뿐만이 아닙니다. 이 그림에는 당시 살아있지 않은 사람이 들어가 있습니다. 나폴레옹의 뒤에서 그를 지켜보고 있는 사람으로, 그는 로마 공화정 말기의 정치가이자 장군 율리우스 카이사르Julius Caesar입니다. 기원전 인물인 그가 그림 안에 들어 있는 이유는 무엇일까요? 황제라는 칭호와 개념은 로마 제국에서 처음 사용한 것으로 로마

나폴레옹의 대관식³⁾

나폴레옹의 대관식 속 카이사르

제국의 전통을 물려받은 자만이 황제가 될 수 있었습니다. 알다시피 나폴레옹은 코르시카섬 출신의 촌뜨기 군인으로 로마 전통의 계승자라 할 수는 없었습니다. 이에 화가가 나폴레옹 뒤에 카이사르를 넣어 그가 황제의 정통성에 적합한 인물이라는 사실을 강조하려 한 것입니다.

위기는 곧 기회, 유럽 최강에 우뚝 서다

이제 막 황제 자리에 오른 나폴레옹은 기세를 몰아 전쟁으로 점령한 이탈리아의 왕위에 스스로 올랐습니다. 나폴레옹의 독주를 지켜보며 위기를 느낀 영국, 오스트리아, 러시아는 프랑스에 반하는 대프랑스 동맹을 맺어 나폴레옹을 견제하려고 나섰습니다. 사실 이들 국가는 과거의 이해관계에 따라 서로 동맹 관계가 바뀌기도 했습니다. 하지만 나폴레옹이 황제가 되고 프랑스의 세력이 더욱 커지는 것을 지켜보고만 있을 수는 없었습니다.

1805년 10월, 영국과 바다에서 충돌 중이던 프랑스는 끝내 영국과 대규모 일전을 벌였습니다. 스페인 남서쪽 트라팔가르에서 벌어진 해전으로 프랑스 함대는 에스파냐 함대와 연합해 공격했으나 영국 해군에게 대패했습니다. 하지만 육지에서는 달랐습니다. 경제적 위기 속에서도 징병과 관련한 법률을 통과시키면서 전쟁 준비를 마친 나폴레옹은 1805년 가을부터 동쪽으로 진군했습니다. 트라팔가르 해전에서 패배한 이후 자신의 인기를 유지하기 위해 군사적 승리가 필요했던 그는 드디어 그 기회를 잡게 됩니다. 오스트리아 제국 아우스터리츠(현재의 체코)

에서 오스트리아와 러시아 군대를 상대로 대승을 거둔 것입니다. 이 전투는 나폴레옹에게 무엇보다 중요했는데 전투의 승리로 프랑스가 오스트리아와 러시아를 넘어 유럽 패권을 장악하는 관문을 통과했기 때문입니다. 또한 전쟁 배상금을 받았는데 이를 프랑스 재정 개혁에 사용했습니다. 덕분에 다시 한번 자신의 입지를 굳히게 되었죠.

나폴레옹은 이 전투가 끝난 뒤 병사들에게 이렇게 말했습니다.

"병사들이여! 나는 그대들로 인해 기뻐하노라."

나폴레옹 전쟁 중 최고의 걸작이라 불리는 아우스터리츠 전투의 승리 소식은 순식간에 나폴레옹의 위세를 전 세계로 널리 퍼지게 만들었습니다.

욕심과 오만에서 시작된 참혹한 학살

프랑스 국민의 지지를 받으며 황제 자리까지 오른 나폴레옹. 국민들은 그가 정치·사회적으로 혼란한 상황을 끝내고 새로운 시대를 열 것으로 기대했습니다. 하지만 황제가 된 나폴레옹은 국민의 기대와는 다른 행보를 보이기 시작합니다. 점점 포악한 독재자의 모습을 드러낸 것이죠. 이 모습이 가장 잘 보인 곳은 스페인입니다. 황제 나폴레옹은 자신의 야망과 정복욕을 채우기 위해 탄압도 서슴지 않았습니다.

1808년 3월 18일 스페인 왕국 내부에서 후계자 문제로 혼란이 심해지자, 나폴레옹은 스페인 왕 카를로스 4세Carlos IV와 그 맏아들 페르난도 7세Fernando VII를 프랑스로 불러들였습니다. 그리고 그들을 가둔 뒤

1808년 5월 3일 마드리드 [4]

무력으로 폐위시키고 자신의 형 조제프 Joseph 를 스페인의 국왕으로 세
웁니다. 나폴레옹의 형이 즉위한다는 사실이 알려지면서 스페인 마드
리드에서는 반대 시위가 일어났고, 이에 프랑스군은 무력으로 시위대를
진압했습니다. 그리고 1808년 5월 3일, 마드리드의 프린시페 피오 언덕
에서 끔찍한 학살 사건이 벌어집니다.

　스페인을 대표하는 화가 프란시스코 고야 Francisco de Goya 는 당시의
참상을 그림으로 남겼습니다. 무기가 전혀 없는 상태에서 처형 직전의

절망감에 빠진 스페인 사람들의 모습과 대조적으로 얼굴조차 보이지 않은 채 총을 겨누고 있는 프랑스군의 모습은 전쟁의 참상과 인간의 잔혹함을 보여주었습니다. 이 그림은 학살 장면의 교과서로 불릴 만큼 세계적으로 큰 영향을 끼쳤습니다.

프랑스군의 잔인함에 마드리드에서는 봉기가 일어났습니다. 이는 금세 스페인 전역으로 퍼졌고 스페인군은 프랑스군과의 전투에 나섰습니다. 스페인의 왕이었던 나폴레옹의 형은 스페인 군대에 패배하며 치욕적인 항복을 선언했습니다. 이 패배에 전 유럽이 환호했죠. 무적이라 생각한 나폴레옹의 군대가 굴욕을 당한 것을 보며 유럽의 국가들은 그들을 상대로 이길 수 있다는 자신감을 얻은 것입니다. 이렇게 전쟁의 신 나폴레옹의 이미지에 금이 가기 시작합니다.

사실 나폴레옹이 보낸 군대가 저지른 학살은 스페인 마드리드 이전에도 있었습니다. 나폴레옹이 쿠데타를 일으키고 제1통령이 되었던 1801년 말, 나폴레옹은 현재의 아이티인 생도맹그라는 프랑스의 식민지에 자신의 군대를 보냈습니다. 프랑스는 과거 아프리카 출신 노예들의 노동력으로 많은 부를 축적했는데 프랑스 혁명이 일어나던 그때 아이티에서도 혁명이 발발했습니다. 그 와중에 1794년에 프랑스의 노예제도가 폐지되면서 생도맹그의 노예들은 해방을 맞이했죠. 그런데 나폴레옹은 프랑스 혁명 때 폐지한 이 노예제를 부활시키려고 했습니다. 노예제를 부활한다는 결정은 생도맹그에서 큰 반발을 불러일으켰습니다. 사실 나폴레옹은 아메리카 대륙에서 미국 세력이 확대되는 것을 견제하기 위해 북아메리카 중부의 루이지애나 식민지, 카리브해, 그리고 남아메리카의 귀얀(기아나)을 잇는 식민지 제국을 건설하려는 생각을 갖고 있었습니다. 노예제 부활은 제국 건설의 한 부분이었죠. 그러나 생도맹그 군대의 거센 저항과 황열병 때문에 2년 만에 군대를 철수하기로 합니다.

프랑스군이 생도맹그에 주둔하던 시기에 그들은 주민을 상대로 끔찍한 학살을 저지르기도 했습니다. 파병군 지휘관은 "12세 미만의 아이들만 제외하고 남자든 여자든 산속에 있는 모든 흑인을 죽여야 한다"라고 명령했습니다. 그뿐 아니라 목에 무거운 자루를 매단 뒤 바다로 밀어서 수장시키는 등 잔혹한 방식으로 그곳의 주민들을 살해했습니다. 생도맹그 주민들도 이에 대한 복수로 프랑스 군인들을 잡아서 처형시키기도 했죠.

후대에 나폴레옹의 노예제 부활이 다시 이슈가 되면서 인종 차별주의자였던 나폴레옹을 위인으로 평가해야 하느냐는 논란이 계속되고 있습니다. 2021년 나폴레옹 사망 200주년 기념 연설에서 프랑스의 에마뉘엘 마크롱Emmanuel Macron 대통령은 나폴레옹이 노예 제도를 부활시켰던 점을 들며 국가적 위인에 대한 무조건적인 추종을 경계했습니다.

권력의 폭주, 독재자의 길을 걷다

나폴레옹은 황제에 오르며 국민에게 다음과 같이 약속했습니다.

"나는 이전 부르봉 왕가와는 다를 것이다."

그는 약속을 지켰을까요?

최고의 자리에 오른 나폴레옹은 권력에 점점 집착했고 국민에게 한 약속은 까맣게 잊었습니다. 그는 자신의 권력을 유지하기 위해서라면 수단과 방법을 가리지 않았죠. 황제가 되기 전 직접 기사까지 쓰면서 언론을 통해 자신을 미화하고 이미지 메이킹을 했던 그는 황제가 된 뒤에는 언론을 통제하고 검열하면서 자신에게 유리한 방향으로 여론을 만들었습니다. 그는 언론을 향해 이렇게 말하기도 합니다.

"내가 만약 언론에 대한 구속을 느슨하게 한다면, 권력을 잡을 수 있는 기간은 석 달이 채 안 될 것이다."

나폴레옹은 권력을 유지하는 데 언론과 여론이 무엇보다 중요하다고 생각했습니다. 실제로 나폴레옹이 황제가 된 뒤 혹독한 언론 통제와 감시 속에 신문의 수는 점점 줄어들었습니다. 나폴레옹의 쿠데타 직전인 1799년에는 파리에 73개의 신문이 발행되었으나 쿠데타 직후인 1799년 12월에는 13개로 줄었고, 나폴레옹 제정 말기인 1814년에는 4개의 신문사만 남았습니다. 그리고 이렇게 남은 신문사들은 모두 나폴레옹 황제를 위한 신문이 되었죠. 나폴레옹을 비난하거나 국민의 삶이 힘들다고 보도하는 기사는 더 이상 프랑스 내부에서 찾을 수 없었습니다.

나폴레옹은 언론만 막은 게 아니라 프랑스 시민들의 입까지 막아버렸습니다. 20명 이상이 모이지 못하게 했고, 사람들이 많이 모이는 카페 같은 곳에는 비밀 경찰을 심어 자신이나 정부에 대해 모욕적인 발언이나 낙서를 하는 시민들을 체포했습니다. 한 시민은 술에 취해 "보나파르트는 단두대에 보내버려야 마땅하다"라고 소리쳤다가 투옥되었고, 또 다른 시민들은 "나폴레옹은 왕의 자리를 빼앗은 사람이며 폭군이다"라는 이야기를 주고받다가 체포되기도 했습니다. 이렇게 언론과 시민을 통제하고 탄압했던 나폴레옹은 스스로에 대해 어떻게 평가했을까요?

나폴레옹이 직접 고백한 회고록을 보면 그의 생각을 읽을 수 있습니다.

> "내가 비난받을 것이 무엇이 있겠소? 내 독재에 대해서? 역사
> 가들은 독재가 불가피했다는 것을 증명할 것이오."

나폴레옹은 자신이 자유를 억압한 것이 아니라, 시민들이 혼란한 시
국에서 벗어나기 위해 스스로 속박을 선택한 것이라 생각했습니다. 그
리고 자신의 독재는 어쩔 수 없는 선택이었다며 스스로를 정당화하고
합리화했죠. 그래서일까요, 나폴레옹의 독재를 보며 히틀러를 떠올리는
사람들이 있습니다. 과거 히틀러 야전군 사령관의 말에 따르면 히틀러
는 또 다른 나폴레옹이 되기를 원했다고 합니다. 제2차 세계대전 당시
나치 독일이 프랑스를 함락하자 파리에 입성한 히틀러는 나폴레옹의 무
덤을 찾아 모자를 벗고 존경을 표하기도 했습니다.

권력을 위해 아내를 버린 황제

독재 체제를 견고히 하며 정치를 이어가던 나폴레옹에게는 한 가지
걱정이 있었습니다. 나폴레옹은 국민 투표를 통해 황제에 즉위하는 것
뿐 아니라 '황제의 권위는 세습한다'라는 보장도 받았습니다. 하지만 그
는 후계자가 없었습니다. 황제 세습을 위한 후계자 때문에 전전긍긍하
는 사이 설상가상으로 나폴레옹이 불임이라는 소문까지 퍼졌습니다.
이는 나폴레옹 체제를 위협할 수 있는 소문이었죠.

나폴레옹은 아내 조제핀과 결혼 후 10년 동안 후사가 없었습니다. 그런데 전 남편과 사별한 조제핀은 나폴레옹과 결혼하기 전에 이미 두 명의 아이를 낳았습니다. 그러니 두 사람 사이에 아이가 없는 것은 조제핀이 아닌 나폴레옹의 불임이라는 소문이 나돌게 된 것입니다. 사실 나폴레옹은 소문도 걱정이었겠지만 본인이 진짜 불임일지도 모른다는 사실이 더 큰 걱정이었을 것입니다. 황제의 권위를 세습해야 나폴레옹 왕가가 생기고, 나폴레옹 왕가가 생겨야 죽어도 그 권력이 유지되는데 불임이라면 이 모든 것이 불가능하기 때문입니다. 후사가 없던 그는 늘 불안해했습니다.

그러던 어느 날 후사 문제로 전전긍긍하던 나폴레옹에게 한 가지 희소식이 들려옵니다. 나폴레옹의 정부 마리아 발레프스카Maria Walewska가 임신한 것입니다. 자신이 불임이 아님을 확신한 나폴레옹은 자신의 권력을 견고히 할 후손을 만들기 위해 조제핀과 이혼을 결심합니다. 가난한 귀족 출신이었던 나폴레옹은 항상 자신의 출신에 대한 열등감을 가지고 있었습니다. 때문에 황제로서 자신의 권위가 다른 나라의 황제의 권력이나 왕권과 비교했을 때 전혀 모자라지 않다는 것을 보여주고 싶었습니다. 그리하여 강력한 나라의 여인과 결혼하기를 원했습니다.

첫 번째로 물망에 오른 황비 후보는 러시아 공주였습니다. 하지만 당시 러시아 공주는 고작 14세였습니다. 자신의 어린 여동생을 40세의 나폴레옹에게 시집보내고 싶지 않았던 러시아 황제는 차일피일 답변을 미뤘습니다. 그리고 이 상황을 누구보다 긴밀하게 살피던 곳이 있었죠. 두 나라 사이에 낀 오스트리아입니다. 오스트리아는 프랑스와 러시아가 동맹을 맺으면 가운데 낀 자신이 피해를 볼 것이라 생각했습니다. 그리하여 오스트리아가 먼저 황녀 마리 루이즈Marie-Louise를 나폴레옹의 재혼 상대로 내세우며 결혼을 추진했습니다. 국익을 위한 선택이었지만 당사자인 마리 루이즈는 나폴레옹과의 결혼을 끔찍이도 싫어했다고 합니다.

마리 루이즈의 고모할머니가 바로 마리 앙투아네트였기 때문이죠. 그녀는 어린 시절부터 자신의 고모할머니를 처형한 프랑스를 증오하며 자랐고, 나폴레옹을 '코르시카 괴물'이라고 배웠습니다. 마리 루이즈는 자신의 가족이 처형당한 나라에 가고 싶지 않았지만 오스트리아의 국익을 위해 나폴레옹과 결혼하기로 합니다. 1810년 4월 2일, 40세의 나폴레옹 황제와 18세의 오스트리아 황녀 마리 루이즈는 결혼식을 올렸습니다. 그로부터 1년 후 나폴레옹이 그토록 원했던 후계자 나폴레옹 2세가 태어납니다.

몰락의 시작, 대륙 봉쇄와 러시아 침공

후계자까지 태어난 나폴레옹의 야망은 점점 더 커졌고 유럽 대륙의 저 끝까지 퍼져나가기 시작했습니다. 그런데 이 야망으로 인해 나폴레옹이 몰락의 길을 걷게 되는 사건이 일어납니다. 나폴레옹의 최악의 한 수라고 꼽히는 러시아 원정을 떠난 것입니다.

당시 프랑스는 영국과 러시아를 제외한 유럽 대부분의 국가를 정복한 상태였습니다. 그만큼 많은 승리를 했는데 이는 대부분 대륙에서 거둔 승리였으며 해상전에서는 제대로 힘을 발휘하지 못했습니다. 특히 영국 해군과의 해전에서 항상 패배했는데 이집트 원정과 트라팔가르 해전에서 영국의 넬슨 함대에 된통 당하면서 나폴레옹의 자존심이 굉장히 많이 상한 상태였죠. 그래서 해전에 강한 영국을 침공하는 것은 무리라고 판단한 나폴레옹은 간접적으로 영국을 공격할 계책을 세웠습니다. 이름하여 대륙 봉쇄령. 1806년 나폴레옹은 유럽 전역에 영국과의 무역을 전면 금지하는 대륙 봉쇄령을 내립니다. 섬나라인 영국을 경제적으로 고립시켜 압박하겠다는 전략이었는데, 러시아에서 대륙 봉쇄령을 무시하고 영국과의 교역을 이어나가면서 나폴레옹은 크게 분노했습니다. 이때 프랑스 지배하에 있던 바르샤바 대공국(현재의 폴란드)을 러시아가 침공한다는 소식이 들려왔습니다.

1812년 6월, 나폴레옹은 응징 차원에서 60여만 명의 대군을 이끌고 러시아 원정길에 나섰습니다. 그때까지만 해도 나폴레옹은 이 길이 자신을 나락으로 빠뜨릴 몰락의 길이라는 걸 꿈에도 생각하지 못했습니다. 나폴레옹은 최대한 빨리 러시아와 붙어서 전쟁을 끝내고 싶었지만, 이를 간파한 러시아는 조금씩 후퇴하며 차일피일 전투를 피하며 시간을 끄는 청야전술을 펼쳤습니다. 이렇게 프랑스군을 유인한 러시아는 나폴레옹이 원정길에 나선 지 3개월이 되어서야 첫 전투를 벌였습니다. 물론 소규모 교전이 있긴 했지만 주로 프랑스군의 포격이었고, 양국 군대가 제대로 맞붙은 것은 9월의 보로디노 전투가 처음이었습니다. 양측의 사상자가 7만여 명에 달할 정도로 큰 전투였지만 결국 나폴레옹이 승리합니다.

하지만 러시아는 항복하지 않았습니다. 6월에 시작된 전투가 9월로 넘어갔으니 이제 곧 러시아의 추위가 몰려올 것이고 그럼 자신이 유리

크렘린 궁전에서 화재를 바라보는 나폴레옹

모스크바 대화재

하다는 것을 알았기 때문입니다. 나폴레옹은 러시아군의 항복을 받기 위해 모스크바를 점령하기로 결심합니다. 1812년 9월 14일, 나폴레옹의 군대가 모스크바에 도착합니다. 그런데 도시는 쥐 죽은 듯 고요했습니다. 러시아군이 항복할 것이라 생각했던 나폴레옹은 텅 빈 도시를 거쳐 크렘린 궁전으로 향했습니다. 그리고 주인 없는 크렘린 궁전에서 러시아군의 항복을 기다렸습니다. 그런데 바로 그날 밤 모스크바 전역이 엄청난 화염에 휩싸이며 모스크바 대화재가 일어났습니다. 사흘 동안 이어진 이 화재는 도시를 순식간에 잿더미로 만들었습니다.

화재 이후 나폴레옹은 깊은 고민에 빠졌습니다. 프랑스군이 모스크바에서 겨울을 보낼 수 있을지, 다른 전략을 세워서 러시아군에 승리를 거둘 수 있을지 등 수많은 고민을 거듭했습니다. 실제로 프랑스군은 월동 장비가 부족했고 넓은 전선을 유지하는 데 어려움이 컸습니다. 러시아 게릴라 부대가 지속적으로 프랑스의 보급선을 위협했기 때문입니다. 게다가 시간이 지날수록 러시아의 전력이 보강되고 있다는 사실도 프랑스에는 점차 부담으로 다가왔습니다.

그뿐 아니라 프랑스군에는 또 다른 복병이 있었는데 러시아의 추위였습니다. 9월 중순임에도 영하 20도의 살을 에는 듯한 추위가 시작되자 한 달가량 버티던 나폴레옹도 결국 퇴각을 결정할 수밖에 없었죠. 러시아에서 돌아오는 길은 이미 원정 초기에 러시아의 청야전술과 프랑스의 포격으로 폐허가 되어 있었기 때문에 처참함 그 자체였습니다. 러시아의 극심한 추위와 전염병으로 수많은 병사가 죽어 나갔고, 이들이 가는 길마다 시체가 산을 이뤘습니다. 얼마나 시체가 많았으면 강을 건너는 다리가 손상됐을 때 나무가 아닌 시체들을 붙여서 다리 무게를 지탱했다고 합니다. 살아남은 병사들에게도 러시아 원정길은 지옥이었습니다. 병사들은 살기 위해 말이 죽으면 바로 배를 갈라 내장을 꺼내먹었고, 빵 하나 때문에 옆 사람을 죽이는 등 아비규환이 따로 없었죠. 러시아 원정길에 참가한 61만 명의 병사 중 40만여 명이 목숨을 잃었습니다. 나폴레옹의 처참한 실패였습니다.

그림을 보면 당시 상황이 얼마나 비참했는지 알 수 있습니다. 말을 타고 눈밭 위를 지나는 나폴레옹의 표정은 측은할 정도이고 주변에는 병사들의 시체가 널브러져 있습니다. 살아있는 병사들의 모습도 처참하기 그지없습니다.

나폴레옹의 불패 신화가 깨지자 그동안 프랑스에 짓눌렸던 주변국들

모스크바에서 퇴각하는 나폴레옹[5]

은 서둘러 100만 대군 규모의 대프랑스 동맹 군대를 결성합니다. 그리고 1814년 3월 31일에 파리에 입성하죠. 영국, 오스트리아, 러시아를 주축으로 한 대프랑스 동맹의 압박 아래 나폴레옹은 자신과 자신의 후계자가 프랑스의 왕위를 포기하겠다는 조약을 작성합니다. 프랑스 혁명의 정신을 두려워했던 대프랑스 동맹은 프랑스를 혁명 이전으로 되돌리기 위해 영국에서 망명해 숨어 살던 루이 18세를 프랑스로 데려와 왕 자리에 앉히며 부르봉 왕가를 복귀시켰습니다.

나폴레옹의 백일천하, 워털루 전투

　프랑스 제국의 황제였던 나폴레옹은 결국 지중해에 있는 엘바섬으로 유배를 갔습니다. 나폴레옹이 엘바섬에서 극심한 재정난에 시달리고 있을 때, 프랑스 내에서는 부르봉 왕가 복귀에 대한 반발로 민심이 들끓었습니다. 이때 나폴레옹은 자신의 복귀를 바라는 프랑스 민심을 읽게 됩니다. 야망가 나폴레옹은 9개월의 유배 생활을 뒤로하고 자신의 지지자들과 함께 1815년 2월 26일에 엘바섬을 탈출해 파리로 귀환합니다. 재기를 꿈꾸며 프랑스에 돌아온 나폴레옹은 다시 한번 군대와 민심을 장악해 루이 18세를 끌어내리고 황제 자리에 복귀했습니다.

　이후 프랑스 민중들이 원하는 입헌주의를 약속하고, 프랑스에 적대적인 나라들과 평화 조약을 맺으려 합니다. 하지만 나폴레옹의 위세를 두려워하던 유럽 국가들은 이를 거부하고 프랑스는 다시 전쟁에 돌입합니다. 그리고 나폴레옹 하면 빼놓을 수 없는 워털루 전투가 벌어집니다.

　나폴레옹의 재집권 소식을 들은 유럽 각국은 동맹군을 결집합니다. 나폴레옹은 연합군이 함께 침공하기 전에 각개 격파하면 이해관계가 다른 각 국가의 동맹 관계가 악화될 것이라 판단했습니다. 그리하여 벨기에에 주둔하고 있던 영국 연합군과 프로이센군을 향해 진격했습니다. 나폴레옹의 군대는 약 12만 5천 명인 데 반해 연합군은 약 21만 5천 명으로 수적으로 열세였습니다. 그러나 양쪽 군대가 합류하기 전에 기습적으로 공격한다면 병력의 열세를 극복할 수 있는 상황이었습니다. 프랑스는 먼저 리니 전투에서 프로이센군을 격파합니다. 이 소식을 들은 영국군은 워털루로 후퇴하죠. 나폴레옹을 끈질기게 괴롭혔던 영국과 벌인 워털루 전투에서 두 나라의 전력은 막상막하를 다퉜습니다.

하지만 나폴레옹군에 치명적인 문제가 발생합니다. 전날 밤 내린 폭우 때문에 땅이 질퍽해졌고 이 때문에 나폴레옹군의 주력 무기인 포를 다룰 포병과 기병의 이동이 어려워진 것입니다. 이런 상태로는 바로 대전할 수 없다고 생각한 나폴레옹은 계속해서 공격 시간을 미뤘습니다. 그사이 늦은 출격으로 퇴각하던 프로이센군이 영국군에 합류했고 나폴레옹의 군대는 수세에 몰렸습니다. 설상가상으로 무능력한 지휘관의 잘못된 판단으로 5천여 명의 기병대가 전멸해 버립니다. 어설픈 실수와 우연이 겹치면서 결국 나폴레옹군은 완전히 패하고 말았습니다.

워털루 전투의 패배로 나폴레옹의 재집권은 백일천하로 끝을 맺었습니다. 나폴레옹은 다시 황제 자리에서 내려왔고 프랑스는 다시 부르봉 왕가가 집권하게 됩니다. 그러자 혁명을 피해 외국으로 도피했던 망명 귀족들이 다시 돌아오기 시작합니다. 결국 프랑스는 혁명 이전으로 돌아가 버린 것입니다. 그리고 나폴레옹에 승리한 대프랑스 동맹국의 수장들은 오스트리아 빈에 모여 군대와 비밀경찰, 검열 제도를 강화해 프랑스 혁명으로부터 확산한 민족주의와 자유주의를 억압하자고 동의합니다.

신화의 끝, 세인트헬레나 유배

지나친 욕심과 야망 때문에 스스로 몰락의 길로 들어선 나폴레옹의 시대는 이렇게 막을 내립니다. 나폴레옹은 인생의 마지막을 어디서 어떻게 보냈을까요?

워털루 전투 이후 나폴레옹은 또다시 유배를 떠났습니다. 이미 탈출한 전적이 있는 나폴레옹의 위세가 두려웠던 대프랑스 동맹은 나폴레옹이 다시는 프랑스로 돌아오지 못하도록 대서양 남쪽에 버려진 작은섬, 세인트헬레나로 보냈습니다. 이곳은 외딴섬으로 가장 가까운 육지가 1,200km나 떨어져 있습니다. 육지까지 가려면 배를 타고 한 달이 넘게 가야 했죠. 오갈 데 없는 유배지에서 나폴레옹은 자신의 일생이 담긴 회고록을 집필합니다.

이 회고록으로 나폴레옹 신화가 오늘날까지 널리 퍼지게 됩니다. 1821년 5월 5일, 한때 유럽 전역을 호령하던 프랑스의 황제는 52세의 나이로 유배지에서 초라하게 생을 마감했습니다. 그는 유언장에 다음과 같은 말을 남겼습니다.

"내 유해는 사랑하는 프랑스 국민들이 보는 앞에서 센강 강가에 뿌려지길 원한다."

그의 바람과 달리 나폴레옹은 죽어서도 세인트헬레나섬을 벗어나지 못했고, 그의 유해는 19년이 지난 1840년 5월이 되어서야 프랑스로 반환되었습니다.

지금까지 이야기한 나폴레옹은 모순적인 인물이었습니다. 혁명의 가치를 계승하겠다고 했지만 프랑스에 왕정을 다시 세웠고, 언론의 자유를 탄압하면서 독재자의 면모를 보였습니다. 이런 나폴레옹은 프랑스에 영광을 가져온 영웅일까요? 아니면 자신의 권력을 강화하는 데 혈안이 된 독재자일까요?

우리는 나폴레옹의 삶을 통해 역사 속 인물을 평가하기가 이토록 어렵다는 사실을 알 수 있습니다. 그래도 두 가지 측면의 평가는 가능합니다. 첫 번째는 나폴레옹과 같이 무력으로는 유럽을 통합할 수 없다는 것입니다. 두 번째는 나폴레옹이 등장했던 시기에 수많은 사람의 희생이 없었다면 지금 우리가 아는 나폴레옹이라는 인물도 있을 수 없다는 것입니다. 나폴레옹이 권력을 쥐고 있던 동안 전쟁터에서 죽어간 무수히 많은 사람이 있었다는 점을 기억해야 합니다.

우리는 유명한 인물의 삶을 통해 역사를 봅니다. 그러나 잊힐 수 있는 사람들의 목소리를 찾아내서 발언권을 주는 것 역시 역사입니다. 앞으로 우리가 더 많은 사람의 목소리를 찾아내려 한다면 역사를 공부하면서 새로운 의미를 찾을 수 있을 것입니다.

벌거벗은 대통령, 링컨

미국 남북 전쟁에 숨겨진 불편한 진실

김봉중

● 1865년 어느 날 워싱턴 D. C. 포드 극장에서는 〈우리 미국인 사촌〉이라는 연극이 한창 공연 중이었습니다. 관객의 박수갈채가 쏟아지자 한 남자가 서서히 누군가에게 향합니다. 잠시 후 극장 안에 울려 퍼진 한 발의 총성. 그와 동시에 총에 맞은 한 사람이 쓰러집니다. 방아쇠를 당긴 사람은 과거 이 극장에서 공연했던 배우입니다. 극장의 구조와 연극 내용을 정확히 알고 있던 그는 관객의 박수 소리가 가장 큰 순간에 맞춰 정확히 총을 쏜 뒤 곧바로 무대 위로 뛰어내렸습니다. 그러고는 연극의 일부인 양 무대를 가로지르며 소리쳤습니다.

"독재자의 종말은 늘 이렇다!"

이 남자는 한 사람을 암살하기 위해 극장을 찾은 것입니다. 그의 총에 맞아 쓰러진 사람은 미국인의 사랑을 한몸에 받던 대통령, 에이브러햄 링컨Abraham Lincoln입니다. 그는 왜 암살의 대상이 됐을까요? 범인은 왜 링컨을 향해 "독재자의 종말은 늘 이렇다!"라고 외친 걸까요?

링컨은 미국인뿐 아니라 전 세계 사람들에게 '위대한 해방자'로 불리며 노예 해방의 영웅으로 평가받습니다. 그런데 그가 암살당한 원인 또한 노예 해방이었습니다. 사실 링컨을 둘러싼 노예 해방 문제는 오랫동안 논란의 대상이었습니다. 그가 정말 노예를 해방한 영웅이 맞는지, 오히려 흑인 노예를 차별했던 인종 차별주의자는 아니었는지, 하는 의문을 던지는 사람들이 있습니다. 지금까지도 끝나지 않고 이어져 오고 있는 인종 차별 문제는 링컨과 어떤 연관이 있을까요? 지금 부터 미국 남북 전쟁 속에 숨겨진 불편한 진실과 노예를 해방시킨 링컨의 두 얼굴을 벌거벗겨 보겠습니다.

흙수저로 태어나 대통령을 꿈꾸다

오늘날까지 미국 사람들의 사랑을 한 몸에 받는 대통령, 미국 역사를 논하는 데 빠질 수 없는 정치가, 노예 제도를 없애 자유와 평등의 상징이 된 에이브러햄 링컨! 그는 어떤 삶을 살았기에 노예 해방이라는 엄청난 업적을 이뤘을까요.

우리가 알고 있는 링컨은 성공한 정치인의 모습이 강합니다. 하지만 그는 미국 중남부 켄터키주의 시골 통나무집에서 태어난 촌놈이었습니다. 찢어질 정도로 가난한 집에서 자란 링컨은 어릴 때부터 바쁜 부모님을 도와 일을 했습니다. 돼지 잡기, 우유 짜기, 가축 돌보기, 우물 파기, 땅 갈아엎기, 밭 일구기, 장작 패기까지. 이 모든 일을 해야 하는 어린 링컨에게 학교는 꿈과 같은 일이었죠. 심지어 링컨이 살던 동네의 학교는 선생님이 부임하면 문을 열고 선생님이 떠나가면 문을 닫을 정도로 열악했습니다. 이런 환경 때문에 링컨이 받았던 총 학교 수업은 1년이 채 되지 않았답니다.

비록 학교 교육은 받지 못했으나 링컨은 학구열이 매우 높았습니다. 그는 학교 수업 대신 책으로 공부했습니다. 책을 살 돈이 없으면 주변 사람들에게 빌려서 읽었을 정도로 엄청난 독서광이었죠. 하루는 친구에게 빌린 책이 폭우에 흠뻑 젖는 일이 벌어졌는데 갚을 돈이 없자 친구가 "사흘간 옥수수를 따서 책값을 갚아"라고 말했습니다. 그말을 들은 링컨은 "그럼 그 책을 가질 수 있겠다"라며 너무도 좋아했다고 합니다. 그렇게 손에 넣은 책을 몇 번이고 읽었는데, 그 책은 미국의 초대 대통령 조지 워싱턴George Washington의 전기였습니다.

하지만 링컨의 아버지는 독서를 나태한 행동이라 여겼습니다. 링컨이 농장에서 책을 읽거나 책 이야기를 하면 아버지는 책을 찢고 체벌을 가할 정도로 심하게 화를 내곤 했죠. 아버지의 극심한 반대에도 링컨은 책 읽기를 멈추지 않았고, 그렇게 갈고닦은 실력으로 문맹인 이웃을 위해 편지를 대신 써주기도 했습니다. 링컨은 독서 외에도 말을 잘하는 사람들을 찾아다니며 그들의 이야기를 듣는 취미를 즐겼습니다. 집에서 50km나 떨어진 법원까지 걸어가 변호사들의 변론을 듣고 오거나 저녁 내내 어른들의 정치 이야기를 새겨들었다가 친구들에게 쉬운 말로 풀어서 설명해 주곤 했죠. 이런 링컨의 능력은 훗날 그의 가장 큰 자산이 됩니다.

성인이 되어서도 링컨의 인생은 결코 순탄하지 않았습니다. 그는 '실패의 아이콘'이라 할 정도로 인생의 대부분을 실패만 하며 보냈습니다. 가난한 집에서 태어나 어머니까지 일찍 세상을 떠나고 어렵게 성장한 링컨은 돈을 벌기 위해, 성공하기 위해 닥치는 대로 일했습니다. 뱃사공, 가게 점원, 토지 측량 기사, 사업가, 우체국장 등 다양한 직업을 거쳤습니다. 링컨은 사업 실패로 1년 만에 파산하기도 했는데 이때 생긴 빚을 무려 17년 동안이나 갚았다고 합니다. 이렇게 여러 직업을 전전하는 삶을 살던 링컨은 23세가 되던 해 어릴 때부터 관심이 있었던 법조계에 진출하기로 마음먹습니다. 그리고 누구의 도움도 받지 않고 변호사 시험에 합격합니다. 끝없는 노력 끝에 변호사로서 새로운 삶을 시작하게 된 것입니다.

불시착한 한 척의 배에서 시작된 노예 제도

변호사로 활동하며 평범한 백인의 삶을 살던 링컨은 어느 흑인 노예의 소송을 맡으며 인생의 전환점을 맞이합니다. '베일리 대 크롬웰'이라 불리는 이 소송은 흑인 소녀를 노예로 사고판 것에 관한 사건입니다. 자유주가 된 일리노이주에서 노예 신분이 아님에도 사고팔리는 노예 취급을 당하자 이에 반발한 흑인 소녀가 소송을 낸 것이죠. 링컨은 흑인 소녀 낸시의 담당 변호사로 나서서 그녀를 변호했습니다. "흑인 소녀가 노예였다는 확실한 증거 없이 매매한 것은 불법"이라고 주장하며 낸시의 자유를 위해 싸웠습니다.

사실 이 사건은 반노예주의자인 친구의 간곡한 부탁으로 맡게 된 것이었죠. 재판 결과 대법원은 링컨의 손을 들어줬습니다. 비록 이 사건은 크게 이슈가 되지는 못했지만 링컨에게는 매우 중요한 일이 됐습니다. 그전까지 링컨은 노예 문제에 별다른 관심이 없는 어정쩡한 반노예주의자에 불과했습니다. 그런데 이 사건을 계기로 흑인을 보는 시선이 달라지고, 노예 문제를 깊게 생각하기 시작한 것입니다.

재판이 끝나고 처가가 있는 켄터키주의 렉싱턴에 3주 정도 머물던 링컨은 농장에서 일하는 노예들의 생활을 유심히 살펴보았습니다. 노예들의 처우를 확인하거나 직접 노예 경매를 목격하기도 하죠. 노예들의 환경은 열악했고, 그들이 받는 대우는 부당했습니다. 삼삼오오 철사 줄에 발이 묶인 노예들이 목화밭으로 끌려가는 모습까지 보게 된 링컨은 노예 제도에 대해 많은 생각을 했습니다.

그렇다면 링컨이 목격한 흑인 노예들은 어디서 왔으며, 비인권·불평등의 상징인 '노예 제도'는 어디서 만들어진 걸까요? 그 비극의 시작을 알아보기 위해 400여 년 전으로 시곗바늘을 돌려보겠습니다.

때는 1619년, 영국 식민지였던 버지니아 제임스타운 인근에 위치한 어느 해안가에 한 척의 배가 도착합니다. 배의 정체는 네덜란드 국적의 깃발을 달고 운항하던 영국 무장 함선이었죠. 그들은 멕시코를 향해 가던 중 식량을 구하려 버지니아 해안에 잠시 정박합니다. 그곳 사람들은 난데없이 등장한 배를 보고 몰려들기 시작했습니다.

영국 함선에는 선원뿐만 아니라 20여 명의 흑인도 함께 있었습니다. 식량이 필요했던 선원들은 이 지역의 정착민들에게 한 가지 제안을 합니다.

"배에 싣고 온 흑인 20명과 식량을 맞교환합시다!"

이것이 바로 영국의 북아메리카 식민지, 지금의 미국에서 이뤄진 최초의 흑인 노예 거래입니다. 이미 15세기부터 포르투갈, 영국, 스페인

버지니아에 도착한 노예선

등 여러 나라에서는 아프리카 노예 무역이 활발했습니다. 하지만 미국에서는 노예 제도가 존재하지 않았습니다. 초기에 미국에 정착한 흑인은 모두 노예가 아닌 '계약 하인'의 신분이었기 때문이죠. 당시 미국에는 두 종류의 계약 하인이 있었습니다.

1. 미국으로 이주할 비용을 빌리고 그 돈을 갚는 조건으로 계약 기간 동안 하인으로 일하는 것.
2. 범죄자들이 죄를 사면받는 조건으로 일정 기간 하인으로 일하는 것.

그런데 식량과 맞바꾼 아프리카 흑인들은 계약 하인 증서가 없었습니다. 때문에 형식적으로는 계약 하인이지만 실질적으로는 주인 마음대로 처분 가능한 노예 신분이나 다름없었던 것이죠.

가혹한 노예 무역과 잔인한 만행들

1619년 우연히 정박한 배 한 척에서 시작된 노예 거래는 노예 해방을 맞이하는 1863년까지 오랜 시간 계속됐습니다. 시간이 흘러 노예를 필요로 하는 곳이 많아지자 사람들은 어느새 자신이 소유한 노예의 규모를 곧 부의 척도이자 신분의 상징처럼 여기기 시작했습니다. 부자들은 더 많은 노예를 갖고 싶어 했고, 결국 노예를 경쟁적으로 사고파는 노예 경매까지 생겨납니다. 경매는 노예를 가득 실은 배가 항구에 도착하

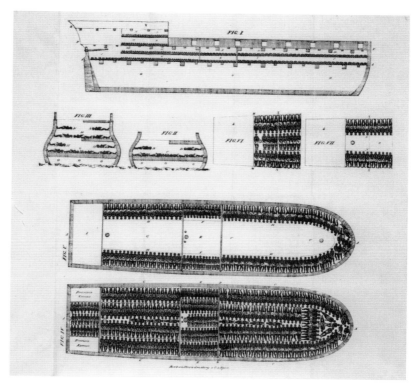

노예선 설계도 일부

면 시작됐습니다. 당시 노예들을 싣고 항해했던 함선의 설계도는 노예 제도의 잔혹함과 끔찍함을 그대로 보여줍니다.

설계도에 보이는 까만 막대 하나하나가 흑인 노예 한 명을 표현한 것입니다. 최소한의 공간에 최대 숫자의 노예를 실으려고 이렇게 제작한 것이죠. 물건을 보관하던 창고에 흑인 노예들을 짐처럼 층층이 눕혀서 이동했는데, 노예들은 목적지에 도착할 때까지 거의 움직이지 못했습니다. 혹시 모를 상황에 대비해 대부분의 노예가 사슬이 묶인 채로 탑승해야 했기 때문이죠. 갑판의 상황에 따라 쪼그려 앉아 이동하기도 하고, 아이는 엄마가 안고 태우기도 했습니다. 비위생적인 조건에서 항해할 수밖에 없었기에 탈수, 이질, 괴혈병 등으로 괴로워하는 노예가 많았습니다. 항해 중 죽거나 병든 노예는 가차 없이 바다에 던졌습니다. 여기서 살아남은 노예들은 경매에 올라가기 전까지 아주 잠시나마 호강을 누렸는데 영양가 있는 음식과 과일을 먹이고, 머리카락과 수염도 다듬어줬다고 합니다. 이는 인간적인 대우가 아니라 더 비싼 값을 받기 위한 상품 손질이었습니다.

이 과정이 끝나면 노예선에서 이런 목소리가 울려 퍼집니다. "노예 팔아요!" 경매를 알리는 소리와 함께 한쪽에서는 노예 판매 전단을 마구 뿌리기 시작합니다. 경매에 끌려 나온 노예들은 마트 진열대에 올라간 상품처럼 갑판에 전시됩니다. 이때부터 구매자와 노예선의 선장은 흥정을 벌입니다. 백인 구매자들은 노예의 입과 눈을 특히 꼼꼼하게 살폈습니다. 이들에게 노예는 하나의 상품이었기 때문에 상태가 양호하지 않은 노예는 헐값에 거래됐습니다. 예를 들어 빠진 치아의 개수가 많을수록 노예의 가격도 떨어졌습니다. 또 궤양이나 피부병, 괴혈병, 기생충 같은 신체적 결함이나 질병의 증상도 꼼꼼히 체크했습니다. 노예의 힘과 건강 상태를 알아보기 위해 달리고, 뛰어오르고, 말하고, 팔다리를 놀려보게도 했죠. 마치 물건을 사듯이 말입니다. 이 과정에서 여성 노예는 옷을 걷어 몸을 보여주는 등 말도 안 되는 일이 많이 일어났습니다. 낙찰된 흑인은 곧바로 가슴이나 어깨 위에 뜨거운 불에 달군 은제 낙관으로 주인의 이니셜을 새겼죠. 그리고는 주인의 농장으로 끌려갔습니다. 지옥과 같은 항해를 마치고 살아남은 자들에게는 더 큰 시련이 기다리고 있었던 것입니다.

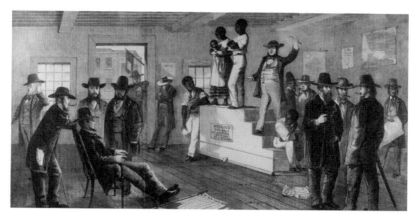

노예 경매 현장

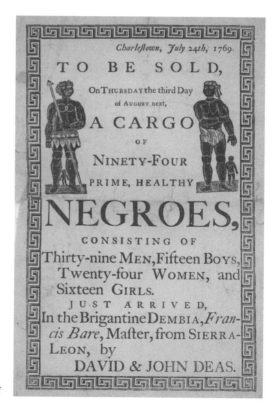

Charlestown, July 24th. 1769.

TO BE SOLD,

On THURSDAY the third Day
of AUGUST next,

A CARGO

OF

NINETY-FOUR

PRIME, HEALTHY

NEGROES,

CONSISTING OF

Thirty-nine MEN, Fifteen BOYS,
Twenty-four WOMEN, and
Sixteen GIRLS.

JUST ARRIVED,
In the Brigantine DEMBIA, *Francis Bare*, Master, from SIERRA-
LEON, by

DAVID & JOHN DEAS.

노예 경매 전단

농업 중심의 남부 VS 산업화된 북부

이러한 노예들이 팔려 간 곳은 대부분 미국 남부 지역이었습니다. 당시 미국은 남부와 북부의 차이가 뚜렷했고 그 차이 때문에 남부에서는 흑인 노예를 원하는 사람들이 훨씬 많았습니다.

미국은 각각의 주권을 유지한 각 주들이 연합해 만들어진 연방국입니다. 미국이라는 나라가 탄생하기 전 영국은 지금의 미국 영토에 13개의 식민지를 갖고 있었습니다. 각각의 식민지는 다양한 형태로 정착했습니다. 특히 종교적 차이가 뚜렷했는데, 시간이 지날수록 남부와 북부의 지역적 차이가 두드러지기 시작했습니다. 영국인이라는 것 외에는 공통점이 별로 없었기에 남부와 북부는 마치 서로 다른 국가들이 각자 다른 문화를 유지한 채 살고 있는 것 같았습니다. 이처럼 남과 북은 미국이 독립하기 전인 식민지 시대부터 나누어져 있었죠.

문화뿐 아니라 경제 구조도 아예 달라졌습니다. 초창기에는 미국 전체가 농업 사회였으나 북부는 산업화로 상공업 위주의 경제로 발전했습니다. 하지만 남부는 여전히 농업 중심 사회였고 인구가 늘어나는 만큼 더 많은 땅을 농작하기를 원했죠. 그러다 보니 농사일을 할 값싼 노동력이 더 많이 필요한 남부 지역에서 자연스럽게 노예 매매가 훨씬 활발하게 이루어졌습니다.

남부는 특히 목화 농사 때문에 많은 노예를 필요로 했습니다. 우리가 입는 옷의 원재료인 목화에는 약 20개의 씨가 들어 있는데, 빼기 힘들고 시간이 오래 걸려 한 사람이 하루에 약 30kg 정도만 작업할 수 있었습니다. 그래서 당시 남부에서는 주로 목화 대신 담배를 재배했죠. 그런데 1793년 엘리 휘트니Eli Whitney가 면화에서 씨를 분리하는 조면기를 발명하면서 미국 남부 목화 재배에 대변혁이 일어납니다. 작업 효율성이 50배나 증가하면서 많은 목화를 따서 작업할 수 있게 된 것이죠. 덕분에 생산량이 크게 증가했습니다. 게다가 이 시기 국제적으로 목화의 수요도 크게 늘었습니다. 과거 서양 사람들이 많이 입던 양모는 피부에 닿으면 간지럽고 세탁이 불편했는데, 면은 가볍고 감촉도 좋은데 물세탁까지 가능해 점점 면 옷을 찾는 사람이 많아진 것입니다.

이렇게 목화 농장은 남부의 주력 상품으로 떠오릅니다. 목화 수확은 열매가 익는 7~8월에 집중되는데, 목화가 벌어져 건조되면 솜이 땅에 떨어지거나 바람에 날아가서 상품 가치가 떨어졌습니다. 그러니 그 전에 최대한 빨리 따야 했죠. 이런 이유로 빠른 시간 내에 많은 양의 목화를 딸 수 있는 어마어마한 양의 노동자가 필요했습니다.

그때부터 남부는 닥치는 대로 노동자들을 구하기 시작합니다. 그런데 일할 수 있는 노동자가 많이 없었습니다. 기후가 더운 남부의 목화 농장에서 일하는 것이 너무 힘들어 백인 하인들이 계속해서 일을 그만둔 것입니다. 게다가 그들은 흑인 노예들과 함께 일하는 것을 수치로 여겼습니다. 문제가 계속되자 남부는 기존의 계약 하인 제도 대신 흑인 노예 제도를 확대할 수밖에 없었습니다. 이를 위해 새로운 법까지 만들었죠. 그 결과 처음 20여 명으로 시작된 흑인 노예는 1860년 약 390만 명까지 증가했습니다. 심지어 남부 일부 지역에서는 흑인 노예 수가 백인 수를 능가하기도 했습니다. 이제 남부에서 노예의 존재는 떼려야 뗄 수 없는 관계가 되어버렸습니다. 그렇게 18세기 말부터 19세기에 걸쳐 노예 제도가 활발해졌습니다.

백인들은 흑인 노예를 부리며 편안한 생활을 누리고 큰돈을 벌어들인 반면, 흑인 노예들의 삶은 나날이 비참해져 갔습니다. 동이 트기도 전에 일어나 농장으로 끌려간 이들은 일일 수확량을 채우기 위해 하루 종일 고된 노동에 시달렸습니다. 노예들이 게으름을 피우거나 피곤한 기색을 보이면 가차 없이 처벌했으며 제대로 된 휴식 시간도 없었습니다. 혹시나 무기를 숨길까 봐 잠을 자는 오두막까지 수색당하는 일이 빈번했습니다. 힘들게 일한 노예들에게 주어진 음식이라곤 백인들이 먹다 남긴 것과 그들이 먹지 않는 하찮은 것들뿐이었고, 식사 시간조차 제대로 챙기지 않아 그들은 늘 배고플 수밖에 없었습니다. 게다가 노예 관리라는 목적하에 무자비한 폭행까지 이루어졌습니다. 노예는 주인이 돈을 주고 산 '재산'이기 때문에 처분도 주인의 자유였습니다. 따라서 마음껏 부려 먹는 것은 기본이고 비인간적으로 대했습니다. 노예들은 늘 굶주려 있고, 온몸에는 상처가 가득했으며, 그들에게서는 삶의 희망이라는 것을 찾을 수 없었습니다.

서로 다른 모습으로 발전한 남부와 북부는 노예 제도에도 확연한 차이를 보였습니다. 미국 북부에는 부두나 공장, 건설현장 같은 곳에 극소수의 흑인 노예만 존재했고, 남부는 점점 그 수가 증가했습니다. 게다가 산업화의 발달로 기계화를 이룬 북부는 점차 노예보다 숙련된 백인 기술자를 원했습니다. 값싸고 기술력 없는 흑인 노예의 일손은 필요 없었죠. 그러다 보니 북부에서는 노예 제도를 유지할 이유가 없었습니다. 19세기 서유럽에서 노예제 폐지 운동이 일어나면서 대부분의 북부 지역은 1850년대까지 점진적으로 노예 제도를 폐지했습니다.

그럼에도 남부는 "우리는 절대 노예 제도를 폐지할 수 없다"라고 주장

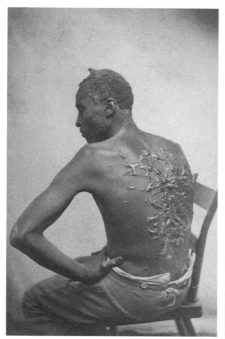
노예 등에 남은 채찍의 상처

노예에게 사용한 잔인한 도구들

했기에 북부와 부딪힐 수밖에 없었죠. 사실 북부에서 노예를 반대한 이유는 정치적 이해관계 때문이었습니다. 당시 도덕적 이유로 반노예 운동을 펼쳤던 사람들은 그리 많지 않았습니다. 북부 사람들은 대체로 노예 제도 자체보다 노예 제도의 '확산'을 반대했던 것입니다. 이 시기는 조면기의 발달로 남부의 목화 농장이 점차 서부로 확대 중이었습니다. 북부 사람들은 서부의 새로운 영토가 노예 제도를 허용하며 연방에 편입된 뒤 남부와 손을 잡을까 봐 불안해했습니다. 그렇게 되면 남부의 정치적 힘이 커질 수밖에 없기 때문이죠. 결국 북부가 강력하게 노예 제도 폐지를 주장한 것은 그들의 정치적 이익을 따진 최선의 선택이었습니다.

노예를 둘러싼 극단적 선택, 노예 생산

영국 식민지 시절부터 모든 것이 달랐던 미국 남부와 북부. 시간이 지나면서 남부(노예주)와 북부(자유주)의 차이는 점차 정치적인 문제로 떠오르기 시작합니다. 두 지역 사이에서 노예 제도로 인한 여러 가지 갈등이 계속해서 발생한 것이죠. 그러던 중 1808년 아프리카의 노예 수입을 금지하는 연방법이 통과합니다. 영국과 미국 양국에서 시작된 인신매매를 폐지하기로 한 것입니다. 이는 남부의 농업을 뒤흔들 생존의 문제였습니다.

이때 금지된 노예를 수입하다가 적발되면 벌금 800달러를 내야 했습니다. 오늘날 가치로 환산하면 약 2천만 원으로, 당시 보스턴에서 일하는 목수의 하루 일당이 1.75달러였습니다. 그러니까 1년 반 정도의 임금을 벌금으로 내야 할 만큼 엄청난 금액이었습니다. 노예선을 제작하다가 발각되면 2만 달러의 벌금을 부과했습니다. 이때 미국 전역에서는 자유주인 북부에 사는 흑인을 납치해 노예로 팔아넘기는 납치 사건까지 일어났습니다.

더 이상 노예를 사들이지 못한다는 청천벽력같은 소식에 남부 농장주들은 기발하고 극단적인 방식을 사용하기로 합니다. 노예는 대물림되므로 노예들의 자연 출산율을 높이기로 한 것입니다. 그들은 출산을 전담하는 여자 노예를 선별해 출산을 강요했습니다. 원래 노예는 미국 시민이 아니었기에 법적으로 결혼할 수 없었음에도 사실혼을 인정하고 자연 출산을 조장한 것입니다. 물론 노예들의 결혼은 노예 제도가 시작됐을 때부터 계속 이루어진 관행이었습니다. 다만 법으로 인정받지 못했기 때문에 부부간이나 부모 자식 간이라 하더라도 주인이 얼마든지 따로 떼어서 팔 수 있었습니다. 일부 농장주들은 노예끼리 결혼을 시킬 때 혼인서약의 '죽음이 우리를 갈라놓을 때까지'라는 부분은 삭제하기도 했습니다. 이는 노예가 결혼한 후에도 언제든 주인 마음대로 되팔기 위한 조치였습니다.

노예 수입이 금지됐지만 이미 미국 땅에 발을 들인 노예들의 삶은 전혀 나아지지 않았습니다. 오히려 비인간적인 대우는 나날이 심해졌죠. 처참한 현실에 남부 노예들은 탈출을 시도하기도 합니다. 탈출한 남부 노예들이 도망치듯 향한 곳은 자유가 있는 북부였죠. 계속해서 도망치는 노예들 때문에 골머리를 앓던 농장주들은 이들이 도망치지 못하게 8시가 되면 통행금지령을 내렸고 이 시간 이후에는 어떤 노예도 외출할 수 없게 감시했습니다. 그럼에도 도망치는 노예가 생기자 이들을 잡기

도망치는 노예와 그들을 쫓는 사람들[1]

Wilson.

Branded Slave from New Orleans.

노예 처벌 도구

위해 현상금을 내걸면서 '전문 노예 사냥꾼'까지 등장합니다. 죽기 살기로 도망치는 노예들 뒤로 전문 노예 사냥꾼, 마을 보안관, 치안 판사, 무장 기마 순찰대까지 뒤쫓는 상황까지 벌어진 것입니다.

이들에게 붙잡힌 노예에게는 아주 끔찍한 처벌이 기다리고 있었습니다. 채찍질은 기본이고 벌겋게 달군 인두에 몸을 지지거나 발목에 사슬과 쇠공을 달았습니다. 목에 족쇄를 채우고 마음대로 움직일 수 없게 만들었으며, 남자의 경우 거세까지 당하기도 했습니다. 기록에 의하면 1810년부터 1850년까지 탈출로 자유를 찾은 노예가 10만 명 정도나 된다고 합니다. 도망가다 잡히면 상상 이상의 끔찍한 형벌을 받아야 함에도 꾸준히 탈출했다는 것은 그만큼 노예로서의 삶이 지옥 같았다는 뜻이겠죠.

계속해서 도망치는 노예들을 막기 위해 남부의 농장주들은 아예 '도망 노예법'을 만듭니다. 남부에서 북부로 도망친 노예를 체포하고 단속을 강화하며, 도망친 노예가 자유주에서 잡히더라도 바로 주인에게 돌려보내야 한다는 법이었죠. 1808년에 이미 노예 수입을 금지하는 법이 통과됐는데 이를 역행하는 법을 만드는 아이러니한 상황이 벌어진 것입니다. 남부는 어떻게든 노예제를 지켜내려고 하고, 북부는 노예제 폐지를 주장하면서 미국 내 갈등의 골은 깊어져 갔습니다.

남북 전쟁의 도화선 드레드 스콧 판결

이제 노예 제도는 미국 내 모든 정치인들의 뜨거운 감자로 떠올랐습니다. 노예주의자들과 반노예주의자들의 무력충돌이 증가해 의회도 골치를 앓았기 때문이죠. 미국 공화당과 민주당 내에서도 노예 제도를 두고 찬반 의견이 분분했습니다.

이때 미국 역사를 뒤바꿀 중요한 사건이 발생합니다. 주인과 함께 북부의 자유주에서 오랫동안 살던 드레드 스콧Dred Scott은 가족과 함께 다시 고향인 남부 미주리로 돌아갔습니다. 그런데 북부에서는 자유의 몸이었던 그가 남부에서는 여전히 노예 취급을 받게 된 것입니다. 그는 주인이 죽은 후 소송을 제기합니다. "이미 북부에서 자유인의 신분을 얻었으니 더 이상 노예로 취급하지 말라"라며 자신의 자유를 주장하면서 말이죠.

소송은 많은 사람의 주목을 끌었습니다. 이는 드레드 스콧이라는 한 개인의 문제가 아니라, 노예 제도에 대해 사법부가 남부와 북부 중 어느 편의 손을 들어주느냐의 문제였기 때문입니다. 입법부와 행정부는 노예 제도가 정치적으로 지나치게 민감한 문제가 되자 오래전 이 문제에 대해 손을 놓아버린 상태였습니다. 연방 대법원이 어떤 판결을 할지 눈에 불을 켜고 지켜보는 사람이 많아진 가운데 판결을 내려야 하는 순간이 왔습니다. 미국 정치계도 집중했던 뜨거운 감자인 이 사건에 대해 대법원은 노예 제도를 찬성한 남부의 손을 들어줬습니다. 당시 대법원장은 남부 출신이었는데 그가 밝힌 드레드 스콧의 패소 이유는 다음과 같았습니다.

"노예(흑인)는 미국 시민이 아니다. 그러므로 소송을 제기할 수 없다!"

이 소송 자체가 무효라고 판결한 것입니다. 당시 판결문의 일부를 살펴보겠습니다.

"우리들은 그들(흑인)이 헌법상의 '시민'이라는 단어에 해당되지 않으며, 포함되지도 않으며, 포함되게 의도되지도 않았다고 생각한다. 그러므로 그들은 헌법상 미국의 시민들을 위하여 규정하고, 그들에게 보증하는 권리와 특권들 가운데 어느 것도 요구할 수 없다."

드레드 스콧의 판결로 남부는 거의 축제 분위기였습니다. 하지만 북부는 순순히 대법원의 판결을 인정하지 않았습니다. 노예 제도를 두고 남과 북의 지역갈등이 위험 수위를 넘고 있었던 상황에서 대법원의 판결로 남과 북은 더욱더 갈라지게 된 것입니다. 북부는 무슨 수를 써서라도 노예 제도를 폐지해야 한다며 뜻을 모았고, 남부도 노예를 잃을 수 없다며 더욱 똘똘 뭉쳤습니다.

노예 제도를 바라보는 그의 두 가지 시선

그로부터 3년 뒤인 1860년, 분열 직전에 놓인 미국은 대통령 선거를 앞두고 있었습니다. 남부는 노예 제도를 유지하기 위해 남부 출신이거나 남부에 우호적인 인물이 대통령이 되길 원했습니다. 그리하여 대통령 선거에 사활을 걸었습니다. 북부 또한 드레드 스콧 판결로 기세가 등등해진 남부의 코를 납작하게 만들고, 노예 제도 폐지의 흐름을 타야 했죠. 하지만 남부는 마땅히 내세울 만한 인물이 없었습니다. 반면 북부에서는 의외의 인물이 혜성처럼 등장했습니다. 일리노이주에서 성공한 변호사이자 정치인으로 두각을 나타낸 에이브러햄 링컨입니다.

무명 정치인이었던 링컨이 정치계의 스타로 떠오른 것은 어느 논쟁 덕분이었습니다. 대통령 선거 2년 전, 링컨은 일리노이주 연방 상원의원에 공화당 대표로 출마했습니다. 그의 상대는 민주당에서 강력한 차기 대통령 후보로 거론되던 스티븐 더글러스Stephen Douglas였습니다. 두 사람은 무려 7차례의 논쟁을 벌였는데, 링컨은 이렇게 말했습니다.

"분열된 집은 올바로 설 수 없다. 나는 이 나라가 절반은 노예 제도를 찬성하고, 절반은 반대하는 상태로 영원히 버텨낼 수는 없을 것이라고 생각한다."

그의 연설은 국민들에게 깊은 인상을 남깁니다. 하지만 이 논쟁에서 링컨은 노예 제도를 찬성하는 듯한 발언을 해서 훗날 많은 사람들이 의문을 제기하기도 합니다.

"나는 결코 백인과 흑인의 사회적, 정치적 평등을 믿지 않는다. 흑인에게 투표권을 주거나 백인과 결혼하는 것에 찬성하지 않으며 찬성한 적도 없다. 두 인종은 사회적, 정치적 평등을 위해서 동등한 관계로 살아가서는 안 된다. 나 역시 백인종에게 우월한 지위를 부여해야 한다는 데 찬성한다."

이 말만 들어보면 링컨 역시 노예제를 찬성하고 백인과 흑인을 구분 짓는 것처럼 보입니다. 하지만 링컨은 뒤이어 이렇게 말했습니다.

"그러나 이 기회를 빌려 다시 이야기하건대 나는 개인적으로 백인종에게 우월한 지위를 부여한다고 해서 흑인종이 모든 권리를 부정당해서는 안 된다고 생각한다."

물론 링컨 역시 인종에 내재된 본질적인 차이가 있다고 여겼습니다.

하지만 링컨은 분명 노예 제도를 반대했습니다. 그런 그에게 노예 제도보다 더 중요했던 것은 미국이 추구하는 자유와 평등의 가치를 지키는 것이었습니다. 자유와 평등을 지킨다는 것은 멀리 보면 노예들의 자유와 평등을 보장하자는 것이기도 합니다. 이 가치를 지키고 남부와 북부의 분열을 막기 위해서라도 노예 제도는 폐지되어야 한다고 주장한 것입니다.

링컨은 비록 연방 상원의원 선거에서는 패배했지만, 이 논쟁 이후 스타덤에 올랐습니다. 1860년 대통령 선거에서 북부 사람들은 노예 해방론자인 링컨의 깃발 아래 집결하며 일치단결했습니다. 링컨은 한 주의 이탈도 없이 북부의 압도적인 지지를 받으며 대통령에 당선됩니다. 그런데 링컨은 대통령 취임 연설에서 노예 제도를 찬성하는 듯한 발언으로 또다시 많은 사람의 입방아에 오르내립니다.

"나는 노예제가 있는 주들에서 노예제에 간섭할 목적이 직접적으로나 간접적으로나 없다. 나는 그렇게 할 법적인 권한이 없다고 믿고, 그럴 의향도 없다."

노예 제도 폐지를 주장하며 북부의 강력한 지지를 받은 노예 해방론자 링컨은 왜 이런 말을 했을까요? 미국의 정치 구조는 주에서 만든 제도를 연방에서 폐지하기 어렵습니다. 이 연설은 언뜻 보면 노예 제도를 찬성한 것 같지만 그보다는 연방제를 중요하게 여긴 것으로 볼 수 있습니다. 그는 항상 노예 제도는 옳지 않으며, 노예에 대한 법적인 자유를 줘야 한다는 자신의 개인적인 소신은 변하지 않았음을 강조했습니다. 다만 개인으로서의 링컨이 아닌 대통령으로서 현재 미국이 처한 가장 현실적인 문제를 먼저 해결하고자 했습니다. 그는 대통령이 되자 연방을 지키기 위한 책임감을 느꼈고 나라를 분열시키지 않고 통합하기 위해 이렇게 말한 것입니다. 만인의 평등 때문에 나라가 분열되도록 놔두는 것은 대통령으로서 올바른 처신이 아니라고 생각한 것이죠. 그리고 남북의 통합은 궁극적으로 노예 해방이라는 링컨의 목적을 이루는 데 긍정적인 역할을 할 것이라 믿었기에 우선순위를 고려해 연방제를 강조한 것입니다.

노예 해방 선언의 숨겨진 비밀

남부 사람들은 노예 제도 폐지를 주장하며 대통령이 된 링컨을 인정하지 않았습니다. 링컨의 당선과 함께 남부의 7개 주는 차례로 연방 탈퇴 선언을 합니다. 남과 북의 정치적 경쟁에서 중요한 지역이었던 사우스캐롤라이나를 시작으로 미시시피, 플로리다, 앨라배마, 조지아, 루이지애나, 텍사스가 연방에서 탈퇴한 것입니다. 그리고 이들 주는 1860년 12월에 남부 연합을 결성했습니다.

이듬해 4월 12일에 남부 연합군은 미국 연방군의 요새였던 '섬터'를 선제공격합니다. 이로써 미국 역사상 가장 참혹한 전쟁이자 가장 많은 희생자를 낳은 남북 전쟁이 시작됐습니다. 남북 전쟁은 4년 동안 200차례가 넘는 전투가 벌어질 만큼 치열했고 약 60만 명이 사망한 커다란 비극이었습니다. 이는 베트남 전쟁 이전까지 미국이 참전한 모든 전쟁의 사망자의 수를 합친 것보다 많으며, 제1차 세계대전으로 인한 재산 피해를 넘어선 규모입니다.

전쟁 전 남과 북의 전력 비교(1861)		
내용	북부	남부
주	23개	11개
인구	2,200만 명	900만 명
전투 가능 인력	400만 명	120만 명 (흑인 노예 350만 명)
산업 노동자 수	130만 명	11만 명
산업 생산량	150억 달러	1억 5,500만 달러
공장 수	11만 개	1,800개
철도 길이	2만 2,000마일	9,000마일
은행 예금액	1억 8,900만 달러	4,700만 달러
순금 보유액	5,600만 달러	2,700만 달러

　본격적으로 전쟁이 시작되자 사람들은 북부의 우세를 점치며 전쟁이 빨리 끝날 것이라 예상했습니다. 당시 북부는 인구, 노동자 수, 공장 수, 산업 생산량, 철도 등 모든 면에서 남부보다 앞서 있었습니다. 전력만 놓고 보면 남부로서는 처음부터 승산이 없었던 전쟁이었죠.

　하지만 남부는 정신력과 사기만큼은 북부보다 앞선다고 믿었습니다. 또 연방으로부터 독립을 쟁취하기 위해 남부 연합은 자신들의 영토만 잘 지키면 되지만, 북부는 남부 영토로 쳐들어가 그곳을 장악해야 하는 어려움이 있었죠. 게다가 당시 영국이나 프랑스 같은 강대국이 남부의 면화에 크게 의존하고 있던 상황이라 외국의 원조를 받기에도 남부가 훨씬 더 유리했습니다. 실제로 전쟁 첫해 남부 연합의 기세는 상당히 높았습니다. 이런 와중에 남부는 영국과 프랑스로 외교 특사를 파견해 '남부의 독립'을 승인받겠다며 북부를 압박합니다. 이들 국가가 개입한다면 자칫 전쟁이 길어지거나 전쟁을 포기해야 할 수도 있는 상황이었죠. 북부로서는 어떻게 해서든 그것만은 막아야 했습니다. 이때 링컨은 비장의 카드를 꺼냈습니다. 남부 연합 정부의 노예들에 대해 해방을 선포해 버린 것입니다.

"노예를 해방한다. 노예로 고용된 모든 사람들은 자유로울 것이다."

사실 이 위대한 인도주의적 선언에는 링컨의 정치적, 전략적 이유가 숨어 있습니다. 노예 해방을 선언함으로써 남부를 외교적으로 고립시키려고 한 것입니다. 당시 프랑스는 미국 남부와 문화적으로 가까웠고 영국은 경제적으로 가까웠습니다. 영국과 프랑스가 남부의 동맹군이 되면 링컨이 속한 북군이 매우 불리해지죠. 그래서 링컨은 "우리가 전쟁을 하는 이유는 노예를 해방하기 위함이다"라는 것을 알리면서, 영국과 프랑스가 쉽게 나설 수 없게 만든 것입니다. 미국보다 앞서 노예 해방을 한 두 나라가 노예제를 원하는 남부와 동맹을 맺으면 자국민들의 반감을 얻게 될 테니까요. 또 그전까지 북부의 전쟁 명분이 '미국 연방의 보존'으로 다소 모호했다면, 이제는 노예 해방으로 '인간의 자유'라는 보편적 가치를 내세울 수 있게 된 것입니다.

시간이 지나면서 링컨의 노예 해방 선언의 효과는 더 선명해졌습니다. 약 18만 명의 해방 흑인들이 북부 연방을 위해 군인, 선원, 노동자 등 직·간접적 도움을 준 것이죠. 결국 링컨의 '노예 해방 선언'은 남북 전쟁에서 신의 한 수가 되었습니다.

남과 북의 전력 차이에도 불구하고 꿋꿋이 버티던 남부는 시간이 지날수록 수세에 몰리기 시작합니다. 이런 상황 속에 북부가 승기를 잡게 되는 결정적인 전투가 벌어집니다. 미국 역사상 최악의 분열이라 불리며 남북 전쟁에서 가장 중요한 전투로 손꼽히는 게티즈버그 전투입니다.

위대한 연설의 탄생

　북부군의 계속된 남하로 불리한 상황에 놓인 남부 연합은 사생결단을 내리고 북군을 향해 진격하기로 합니다. 북부 연방도 이에 강하게 맞서며 총력전이 벌어집니다. 남부군 약 7만 5천 명, 북부군 약 10만 명이라는 어마어마한 병력이 게티즈버그에 모입니다. 그곳은 철도와 도로의 중심지였고, 부대 이동과 물자 보급을 위해 꼭 필요한 전략적 요충지로 이곳을 탈환하는 쪽이 전쟁의 승기를 잡을 가능성이 높았습니다. 남북의 사활을 건 전투는 3일간 지속됐고 치열한 전투 끝에 북군은 승리를 쟁취했습니다. 하지만 게티즈버그 전투에서만 약 5만 명의 사상자가 발생하며 양쪽 모두 막대한 손해를 입었습니다.

　그리고 4개월 뒤, 링컨은 게티즈버그를 방문해 전사자들을 기리기 위한 추모 연설을 합니다. 이날의 연설은 역사상 가장 훌륭하고 감동적인 연설 중 하나이자, 미국에서 가장 많이 인용되는 연설로 손꼽힙니다.

　　"우리 선조는 모든 인간이 평등하게 창조되었다는 전제하에 이
　　대륙에 자유를 기반으로 한 새로운 국가를 세웠습니다. (중략)
　　우리는 선조들이 모든 것을 바친 위대한 과업에 헌신해야 합니
　　다. 명예롭게 죽은 이들이 전력을 다해 모든 것을 바친 대의를

위해 헌신해야 합니다. 그분들의 숭고한 희생과 헌신이 절대 헛되지 않도록 굳게 결의합시다. 하나님의 보호 아래 이 나라는 노예 해방과 같은 새로운 자유의 탄생을 이루어낼 것입니다. 그리고 국민의, 국민에 의한, 국민을 위한 정치가 지상에서 영원히 사라지지 않도록 우리 모두 다 같이 노력합시다."

300단어가 채 되지 않는, 2~3분의 짧은 연설에는 대통령 링컨이 꼭 이루고 싶었던 메시지가 담겨 있습니다. 우리는 보통 '국민의, 국민에 의한, 국민을 위한 정부'라는 말만 기억합니다. 하지만 링컨이 진짜 하고 싶었던 이야기는 이것이 아닙니다. 이 연설에서 링컨은 단 한 번도 '미국', '적군'이라는 단어를 사용하지 않았습니다. 그에게 국가의 명칭은 중요하지 않았습니다. 그보다 국가가 추구하고자 하는 가치, 즉 '자유와 평등에 기반한 민주주의'가 더욱 중요했습니다. 그리하여 '진정한 미국의 가치가 무엇인지를 되새기자'라고 강조한 것입니다. 미국 역사의 가장 어두운 순간에 링컨은 국민들에게 진정한 민주주의와 미국이라는 나라가 추구해야 할 가치에 대한 절대적인 자부심과 긍지를 되새겼습니다. 내전의 혼란 속에 미국의 가치와 의미를 되물었을 뿐아니라, 내전 후에 미국을 어떻게 다시 세워야 하는지도 고민한 것이죠.

게티즈버그 연설 이전에도 대부분의 연설에서 링컨은 이렇게 말했습니다.

"모든 사람은 어디서나 자유로울 수 있다는, 내가 자주 표명했던 개인적인 바람을 수정할 생각은 조금도 없다."

링컨에게 가장 중요한 목표는 연방을 지키는 것이었지만 '모든 사람은 자유롭고 평등해야 한다'라는 개인적 소신을 버릴 생각 역시 추호도 없다는 점을 확실히 한 것이죠.

치열했던 게티즈버그 전투 이후에도 전쟁은 2년이나 지속됩니다. 하지만 마지막 9개월에 걸친 포위 공격으로 1865년 4월 초 남부의 수도였던 리치먼드가 결국 북군에 함락되고 맙니다. 이후 남부 연합 총사령관인 로버트 리Robert Lee 장군이 항복 문서에 서명하면서 4년여에 걸친 전쟁이 끝났습니다. 오랜 시간 수많은 사람들의 희생으로 약 400만 명의 노예가 자유를 얻게 된 것입니다.

남북 전쟁이 끝나고 고작 5일이 지났을 때, 링컨에게 어둠의 그림자가 다가왔습니다. 스트레스가 극심했던 링컨은 이를 달래기 위해 극장을 찾았습니다. 그리고 이 극장에서 암살사건이 일어납니다. 링컨은 전쟁 승리의 기쁨을 채 누리지 못하고 끝내 생을 마감했습니다.

백인 우월주의가 만든 괴물 KKK

남북 전쟁이 북부의 승리로 종결되며 흑인 노예를 해방했지만 미국 남부 지역 일부 백인들은 노예 해방을 인정하지 않았습니다. 흑인 노예에 대한 차별이 미국 사회에 뿌리 깊게 남아 있었기 때문입니다. 남부 지역에서는 해방된 흑인 노예들에게 직접적인 공격을 가하는 극단적인 단체까지 등장했을 정도였죠. KKKKu Klux Klan라 불리는 백인 우월주의 단체는 남북 전쟁이 끝난 후인 1865년 6명의 은퇴한 남부군 장교들에 의해 설립됩니다. KKK의 목적은 흑인들에게 테러를 가해서 그들

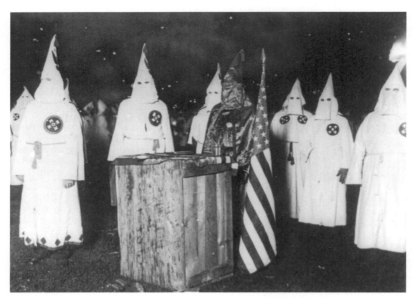
KKK의 모습

을 굴복시키고 남북 전쟁 이전의 노예와 다름없는 상태로 만들자는 것이었죠. 남북 전쟁 이후 남부에서는 KKK가 아니더라도 그 지역의 백인 일반인, 정치인, 공권력이 모두 흑인에 대한 노골적인 차별을 지지했습니다. 그중에서도 KKK는 매우 극단적인 단체로 수단과 방법을 가리지 않고 유색인종을 구타하고 방화, 살해하는 등의 무자비하고 잔인한 범죄를 저질렀습니다. 그들은 뾰족한 두건을 쓰고 자신이 백인임을 강조하는 흰 가운을 둘러쓴 채 돌아다니며 흑인 노예들을 공포에 떨게 했습니다. 이런 분위기 때문에 당시 미국에서는 흑인에게 '린치(정당한 법적 수속에 의하지 아니하고 잔인한 폭력을 가하는 일)'를 가하는 것을 큰 구경거리로 여겼습니다. "흑인 린치를 하겠다"라며 대놓고 광고를 했을 정도였죠. 한 흑인 남성을 묶어놓고 폭력을 휘두르는 모습을 수많은 사람

흑인 린치 모습

이 지켜보거나, 목에 줄을 걸고 다리 위에서 교수형을 시키며 즐거워하
는 등 잔인한 폭력이 이어졌습니다. 심지어는 린치당한 시체 앞에서 기
념사진을 찍기도 했습니다. 당시 흑인에 대한 공격은 남부 백인들이 동
조한 일종의 의식이었던 것입니다.

　흑인들은 KKK와 같은 극단적인 성향을 지닌 사람들의 폭력뿐 아
니라, 정치적·문화적으로도 끊임없는 차별을 견뎌야만 했습니다. 링컨

백인   유색인

여자   남자   유색인

백인과 유색인종 분리

의 '노예 해방 선언' 이후 흑인들은 미국의 일원으로 인정받으며 시민권을 보장받습니다. 물론 그들에게도 선거권이 주어졌습니다. 하지만 미국 남부는 이 역시 받아들이지 않았습니다. 백인 우월주의자들은 "유권자는 정치, 사회에 대한 최소한의 기본 지식이 있어야 한다"라는 명목으로 투표 전에 테스트를 진행했습니다. 문제는 테스트가 공평하지 않았다는 것입니다. 백인에게는 '고양이'와 '자유' 같은 쉬운 단어의 철자를 물었고, 'freedom' 대신 'fridum'이라는 잘못된 답도 통과시켰습니다. 그런데 흑인을 대상으로 한 질문은 달랐습니다. 일반인은 대답하기 어려운 난이도가 높은 질문을 던진 것이죠. 우리나라의 상황에 비유한다면 "헌법재판소의 재판관 9명의 이름을 대시오" 같은 것이었습니다. 이들 9명의 이름을 모두 맞히지 못하면 테스트를 통과하지 못해 투표할 수 없었습니다. 이렇게 불공평한 문맹 테스트를 통과해서 투표권을 얻어도 투표세 2달러를 내야 했습니다. 당시 2달러는 오늘날 화폐 가치로 약 20달러인데, 노예에서 막 해방된 흑인에게는 부담스러운 금액이었죠. 백인 우월주의자들은 흑인들이 투표권을 가지게 되면 흑인을 위한 각종 보장제도나 복지와 관련된 법을 통과시킬까 봐 수단과 방법을 가리지 않고 이를 막은 것입니다.

이렇게 불공정한 방법뿐 아니라 '합법적으로 흑인을 차별하기 위한 법'도 만듭니다. '흑백 인종 분리법'이 그것입니다. 이 법의 취지는 '분리하되 평등하다'입니다. 건물의 출입문, 화장실, 식수대, 버스 좌석 등 일상생활의 수많은 것부터 정치, 경제, 교육, 사회 등 다양한 측면까지 백인과 유색인 전용으로 분리되었습니다. 위독한 상태로 병원에 가도 흑인이라는 이유로 백인 병원에서 받아주지 않는 일까지 생겼습니다. 흑인들은 법적으로는 해방되었으나 실질적으로 자유롭지 못했습니다.

평등을 향한 학생들의 꿋꿋한 저항 운동

이런 상황에서 미국 남부 아칸소의 리틀록에서 차별의 절정을 찍는 사건이 벌어집니다. 1957년, 어느 화창한 가을날. 리틀록에 약 1,000명의 군인이 집합합니다. 그들이 일사불란하게 향한 곳은 다름 아닌 시내의 작은 고등학교. 백인만 다닐 수 있었던 리틀록 고등학교에 군인들이 나타난 이유는 이 학교에 입학한 최초의 흑인 학생 9명을 보호하기 위해서였습니다.

당시 미국 남부의 학생들은 흑인과 백인으로 나눠진 학교에 다녔습니다. 그러던 중 1954년에 흑백 인종 분리법을 폐지해야 한다는 소송이 제기됩니다. 브라운 대 교육위원회의 판례(당시 남부 17개 주에서 백인과 유색인종이 같은 공립학교에 다닐 수 없게 하는 법을 불법이라 판정했다)에 따라 결과는 승소. 이후 인종에 상관없이 흑인과 백인 모두 한 교실에서 공부할 수 있게 됐습니다. 그로부터 3년 후, 9명의 흑인 학생들이 등교를 결정합니다. 하지만 법원의 판결에도 불구하고 남부 지역 백인과 유색인종 분리 사람들은 이를 인정하지 않았습니다. 학교와 주민들은 흑인 학생들을 협박하며 등교를 방해했고 아칸소 주지사는 군대까지 동원해 흑인 학생들의 등교를 전면 차단합니다. 이를 알게 된 당시 대통령 아이젠하워와 연방 판사는 크게 분노하며 주지사를 압박했습니다. 결국 군대는 철수했지만 학생들의 안전을 위해서 특단의 조치가 필요한 상황이었죠. 아이젠하워 대통령은 제2차 세계대전에서 활약했던 미국 최정예 부대 1천 명을 센트럴 고등학교에 투입했고, 이들은 학생들의 등하굣길은 물론이고 수업을 받는 중에도 학교 밖에 대기하며 경호했습니다. 이런 보호 덕분에 학생들은 꿋꿋하게 학업에 열중할 수 있게 됐고 1년 뒤에 이 학교에서 최초의 흑인 졸업생이 탄생합니다.

미국은 1960년대에 들어서야 다양한 흑인 민권운동의 영향으로 흑인을 비롯한 소수 민족을 보호하는 민권법이 탄생했으며 제대로 된투표권을 얻게 되었습니다. 이는 링컨이 노예 해방을 선언하고 남북 전쟁이 끝난 지 100년이나 지난 뒤의 일이었습니다. 1865년 노예 해방 이후 분리된 평등이라는 이름으로 불평등은 계속됐고 흑인들은 조건 없는 평등을 위해 싸웠습니다. 21세기인 지금도 그들은 믿음을 갖고 싸워 나가고 있습니다. 링컨의 노력에도 불구하고 무려 100년이나 계속된, 아니 어쩌면 지금도 계속되고 있는 흑인에 대한 편견과 차별은 링컨이 얼마나 위대한 사람이었는지를 보여줍니다. 그는 아주 오래전부터 흑인 노예의 해방과 그들이 법적으로 평등한 대우를 받아야 한다고 주장했으며 실행에 옮겼습니다. 이것이 미국이 추구하는 자유와 평등이라는 가치와 부합한다고 믿었기 때문입니다.

'혐오' 문제는 미국뿐 아니라 모든 나라에 존재합니다. 나와 다른 사람에 대해 편견을 갖고 차별하는 이들이 생기는 것은 필연적인 문제나 다름없습니다. 하지만 우리는 링컨이 그랬던 것처럼 차별하거나 편견을 가진 사람보다는 그렇지 않은 사람이 더욱 많으며, 이들이 세상을 바꾼다는 것을 알아야 합니다. 노예 해방 이후에 100년이 훨씬 지나서야 흑인들이 진정한 해방을 얻은 것은 바뀔 것이라는 믿음으로 계속된 노력을 해왔기 때문에 가능했던 일입니다. 흑인들이 민권 운동에 뛰어들었을 때 부르던 노래가 있습니다.

'언젠가는 승리할 거야(we shall overcome someday)'

우리 역시 이런 확신과 믿음을 가지고 더 나은 가치와 소신을 지켜나가야 합니다. 중요한 것은 불의를 자행하는 그들이 아니라 그것을 막고 투쟁하며, 연대하고 믿음을 갖는 우리입니다.

주석 ──

네로 황제

1) 《타키투스의 연대기》 네로 편, 타키투스.
2) 《타키투스의 연대기》 13권 14장, 타키투스.
3) 〈The Shipwreck of Agrippina〉, Gustav Wertheimer.
4) 〈Poppea Brings the Head of Octavia to Nero〉, Giovanni Muzzioli, 1876.

엘리자베스 1세

1) 〈Queen Mary Tudor of England〉, Anthonis Mor Van Dashorst, 1554.
2) 《제국의 태양 엘리자베스 1세》, 앤 서머싯, 들녘, 2005.
3) 〈Defeat of the Spanish Armada〉, Philip James de Loutherbourg, 1796.
4) 〈Queen Elizabeth I, the Ditchley Portrait〉, Marcus Gheeraerts. 1592.

루이 14세

1) 〈The Palace of Versailles〉, Pierre Patel, 1668.
2) 〈Allegory of Louis XIV as Apollo on the Chariot of the Sun〉, Joseph Werner, 1664.
3) 〈What makes the King?〉, William Thackeray, 1840.

마리 앙투아네트

1) 〈Marie Antoinette with a Rose〉, Vigée Le Brun, 1783.
2) D'après Paul Bassenge et Charles-Auguste Boehmer, 1785.
   〈Collier de la Reine (reproduction en zircon)〉, cabinet des trésors Château de Breteuil
   Marie Antoinette.
3) 〈Marie Antoinette and her Children〉, Élisabeth Vigée-Lebrun, 1787.
4) 〈Storming of the Bastille〉, Jean-Pierre Houël, 1789.

나폴레옹

1) 〈Bonaparte franchissant le Grand-Saint-Bernard〉, Jacques-Louis David, 1800.
2) 〈Bonaparte franchissant les Alpes〉, Paul Delaroche, 1848.
3) 〈Le Sacre de Napoléon〉, Jacques-Louis David, 1807.
4) 〈El tres de mayo en Madrid〉, Francisco de Goya, 1814.
5) 〈Napoleons Réckzug aus Russland〉, Adolph Northen, 1851.

링컨

1) 《The suppressed book about slavery》, 'Running Away', Van Ingen Snyder, 1864.

참고 문헌 ——

루이 14세
1) 《루이 14세와 베르사유 궁정》, 생시몽, 이영림 역, 나남, 2009.
2) 《루이 14세는 없다》, 이영림, 푸른 역사, 2009.
3) 《근대 유럽의 절대군주는 어떻게 살았을까》, 임승휘, 민음인, 2011.
4) 《절대왕정의 탄생》, 임승휘, 살림, 2004.

벌거벗은 세계사 - 인물편

초판 1쇄 발행 2022년 2월 10일
초판 13쇄 발행 2024년 10월 25일

지은이 tvN 〈벌거벗은 세계사〉 제작팀
　　　　 김대보, 김봉중, 김장구, 김헌, 박구병, 윤영휘, 임승휘, 조관희, 조한욱
펴낸이 안병현 김상훈
본부장 이승은 **총괄** 박동옥 **편집장** 임세미
책임편집 정혜림 **마케팅** 신대섭 배태욱 김수연 김하은 **제작** 조화연

펴낸곳 주식회사 교보문고
등록 제406-2008-000090호(2008년 12월 5일)
주소 경기도 파주시 문발로 249
전화 대표전화 1544-1900 **주문** 02)3156-3665 **팩스** 0502)987-5725

ISBN 979-11-5909-589-4 (03900)
책값은 표지에 있습니다.